# 御定奇門寶鑒

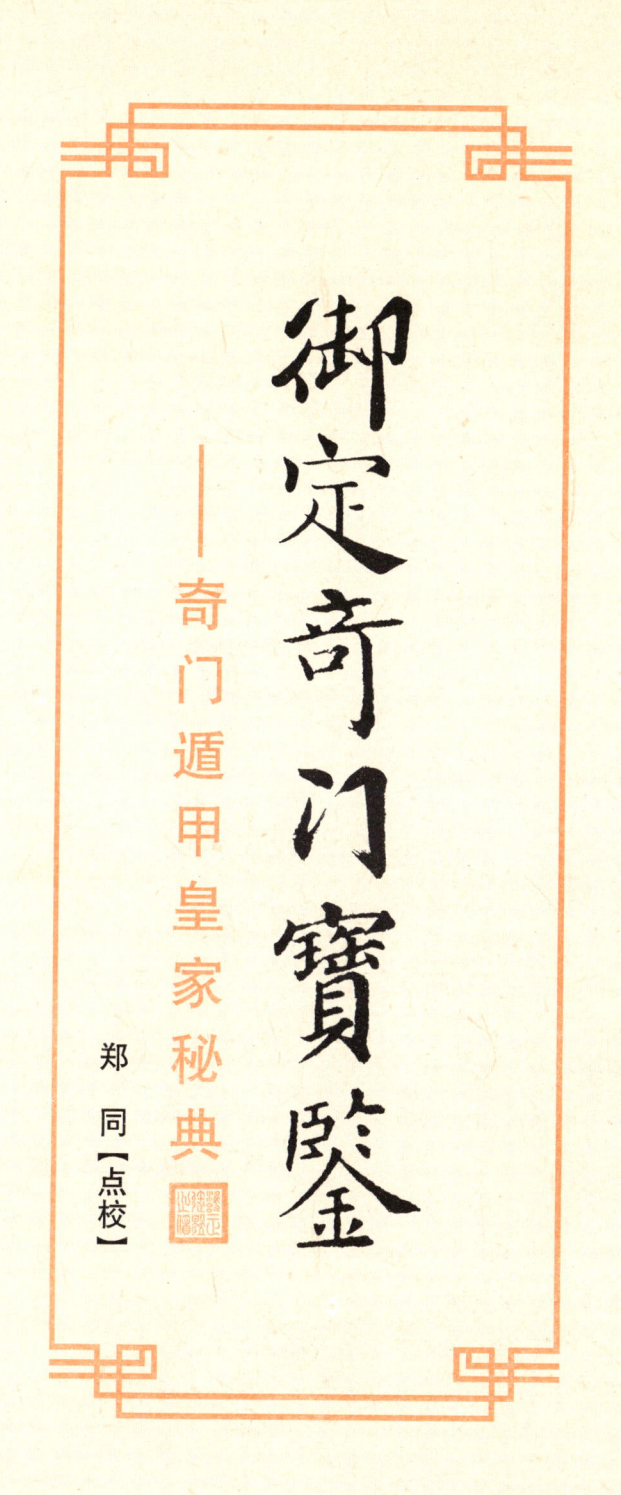

——奇門遁甲皇家秘典

鄭同【點校】

華齡出版社

责任编辑：苏辉　薛治
责任印制：李未圻

**图书在版编目（CIP）数据**

御定奇门宝鉴/郑同点校. —北京：华龄出版社，2013.6（重印）
ISBN 978-7-80178-683-8
Ⅰ.御… Ⅱ.郑… Ⅲ.占卜－中国－古代　Ⅳ.B992.2
中国版本图书馆 CIP 数据核字（2009）第 173704 号

声明：依据《中华人民共和国著作权法》及《中华人民共和国著作权法实施条例》，本书整理者依法享有本书的著作权。未经许可，不得以任何方式翻印本书。

| | |
|---|---|
| 书　　名：| 御定奇门宝鉴 |
| 作　　者：| 郑同　点校 |

| | | | |
|---|---|---|---|
| 出 版 人：| 胡福君 | | |
| 出版发行：| 华龄出版社 | | |
| 地　　址：| 北京市东城区安定门外大街甲 57 号 | 邮　编：| 100011 |
| 电　　话：| (010) 58122246 | 传　真：| (010) 84049572 |
| 网　　址：| http://www.hualingpress.com | | |

| | | | |
|---|---|---|---|
| 印　　刷：| 九洲财鑫印刷有限公司 | | |
| 版　　次：| 2009 年 10 月第 1 版　2020 年 2 月第 6 次印刷 | | |
| 开　　本：| 787×1092　1/16 | 印　张：| 24 |
| 字　　数：| 355 千字 | 印　数：| 20001～26000 |
| 定　　价：| 58.00 元 | | |

版权所有　翻印必究
本书如有破损、缺页、装订错误，请与本社联系调换

# 缘起

奇门遁甲之学是中华民族最珍贵的传统文化遗产之一，是先贤们经过长期观察、反复验证，总结出来的一种用时间和方位占断吉凶的术数之学。根据《古今图书集成·艺术典·术数集成》记载，奇门遁甲起源于四千六百多年前的黄帝时代。奇门遁甲是一门深奥的学问，它通过利用时间和空间因素来趋吉避凶，以选择最优的方案，而达到天时、地利、人和之目的。在奇门遁甲的演绎过程中，用八卦记载方位，用十天干而隐其一来配合九宫，以记载天象及地象之交错；用八门记载人事，用九星八神记载空间。有时间，有空间，充分表现出古人宇宙观的智慧。

我们都知道，奇门遁甲是一种时空交替的磁场表现，而人类的吉凶祸福与地球空间概念中的方向、日出日落、月圆月缺、春去秋来息息相关；而日出日落、春去秋来是宇宙星体随着时间变化的结果；相同的空间、方向，在不同的时间里，以宇宙观来看是完全不同的。所以说奇门遁甲是宇宙宏观的学问，有时间、空间的观念，是一种研究时空动力的超时代学问。在古代，奇门遁甲是兵法中的秘密武器，用来调兵遣将、出奇制胜，或者被最高决策者用来预测国家动静及战争胜败，深藏绝对不败的智慧；在现代，人们相信，奇门遁甲作为企业和个人的决策指南，更是出神入化，快速而又准确。

为了将时间的干支和二十四个节气密切联系起来，布局时按正授、超神、接气、置闰的规律，将上元符头和节气调整好。这样，我们就可以排出一种奇门遁甲的日历，从而用时间、方位即可占断吉凶。奇门遁甲是和古代天文历法之学联系最紧、综合性最强的术数，它将古代术数学家创造的阴阳、五行、天干、地支、河图、洛书、八卦、九宫等学说统统包容进去，并使之联系成一个有机的整体。因此，可以说奇门遁甲是中国的术数之王。

《御定奇门宝鉴》本是康熙御定的皇家秘本，自成书以来，一直深藏大内，民间难得一见；海内外的奇门研究者，无不梦寐以求。我的朋友李升召先生，多年前曾主持出版《故宫珍本丛刊》，居故宫整理藏书多年。以此因缘，我得以识见枕中秘宝。为了弘扬传统文化，与海内外的研究者们共享此珍贵的文化遗产，此次整理出版，全文一字不遗。由于卷帙浩繁，因此分此书为三个部分。其中，《御定奇门宝鉴》原本为内府朱墨精抄本，全书朱画框栏行格，墨笔端楷，前有目录，不著撰人姓氏。此部分为全书的理论总纲，计有奇门源流、遁甲总论、星门起例、门神捷要、奇门杂占、《元机赋》注解等，是为全书的关键部分。另外两个部分为《御定奇门阳遁九局》和《御定奇门阴遁九局》，为清康熙刻本，单面为局象图，详述阴阳遁各540局的所有图解；双面为对应的断语、占语与例释，对每一种局象做出了详尽的分析，是不可多得的奇门宝典。初学者可以直接查对局象，立知趋势好坏；专家们则可以通过深研各种局势，将奇门真义了然于胸。

1999年，台北武陵出版有限公司出版了《御定奇门宝鉴》中的阴阳遁各540局，为研究者们带来了福音。但此二书仅仅是影印了时盘，正文仅依原书句逗排列了一下，并未详加校勘，甚至于出现了几处局象与断语错排的情况。不知出版社是有意还是无意，至今也未见到《御定奇门宝鉴》的前面关键部分公诸于世，深以为憾。在华龄出版社和李升召先生的帮助下，我以故宫藏本为底本，以影印本《大奇门宝鉴》和南京图书馆所藏的《奇门宝鉴》为校本，并参考《四库全书》、《古今图书集成》所收录的奇门遁甲经典以及《奇门遁甲全书》、《奇门遁甲统宗大全》、《奇门金章》、《奇门法窍》、《奇门遁甲元灵经》等典籍，校正脱字及错误之处，整理出版了《御定奇门宝鉴》、《御定奇门阳遁九局》和《御定奇门阴遁九局》的简体字版。精力所限，识见所囿，如有错讹之处，尚祈各位先进不吝指正。

郑同

2009年9月于北京

# 目录

## 御定奇门宝鉴卷一

**奇门源流** ……………………………………………………………………（1）

**遁甲总论** ……………………………………………………………………（4）

**凡例** …………………………………………………………………………（6）

**释义** …………………………………………………………………………（10）

  释奇 …………………………………………………………………（10）

  释仪 …………………………………………………………………（10）

  释门 …………………………………………………………………（10）

  释星 …………………………………………………………………（11）

  释九宫之色 …………………………………………………………（11）

  释八神 ………………………………………………………………（12）

  释八卦分八节 ………………………………………………………（12）

释九宫 …………………………………………………………… (15)
释虚中合宫 ……………………………………………………… (15)
释六仪遁六甲 …………………………………………………… (16)
释符头 …………………………………………………………… (17)
释直符直使 ……………………………………………………… (17)
辨三氏奇门 ……………………………………………………… (18)
释阴阳刑德开阖 ………………………………………………… (20)
释三甲 …………………………………………………………… (21)
释三奇得使 ……………………………………………………… (22)
释三奇游六仪 …………………………………………………… (22)
释玉女守门 ……………………………………………………… (22)
释迫 ……………………………………………………………… (23)
释五不遇时 ……………………………………………………… (24)
释奇墓奇制与日时干墓同凶 …………………………………… (24)
释六仪击刑 ……………………………………………………… (24)
释游三避五 ……………………………………………………… (25)
释反吟伏吟 ……………………………………………………… (25)
释天辅时与五合时同吉异理 …………………………………… (26)
释天网 …………………………………………………………… (27)
释贪合受制 ……………………………………………………… (28)
释天将阴阳干支所属 …………………………………………… (28)
释地将顺逆气支所属 …………………………………………… (29)
释直辰 …………………………………………………………… (30)
释三门四户 ……………………………………………………… (30)
释天马 …………………………………………………………… (30)
释地私门 ………………………………………………………… (30)
释亭亭白奸 ……………………………………………………… (31)
释气应 …………………………………………………………… (32)
释勃格飞伏 ……………………………………………………… (33)
释庚丙同刑异破 ………………………………………………… (33)
释二吉四凶 ……………………………………………………… (34)
释日干门户神名 ………………………………………………… (34)

释出军运筹 …………………………………………………… (35)

　　释止宿闭戊 …………………………………………………… (37)

　　释六甲安营 …………………………………………………… (37)

　　释战斗背向 …………………………………………………… (37)

　　释六甲出征远行 ……………………………………………… (38)

注释《烟波钓叟歌》 ……………………………………………… (39)

遁甲隐公歌原注 …………………………………………………… (51)

汉阴居士歌 ………………………………………………………… (57)

神机赋 ……………………………………………………………… (59)

指迷赋摘 …………………………………………………………… (60)

专征赋摘 …………………………………………………………… (62)

混合百神 …………………………………………………………… (65)

## 御定奇门宝鉴卷二

起例 ………………………………………………………………… (69)

　　九星 …………………………………………………………… (69)

　　九星定位 ……………………………………………………… (69)

　　八门 …………………………………………………………… (70)

　　八门定位 ……………………………………………………… (70)

　　三奇 …………………………………………………………… (70)

　　六仪 …………………………………………………………… (70)

　　八神 …………………………………………………………… (70)

　　阳遁 …………………………………………………………… (71)

　　阴遁 …………………………………………………………… (71)

　　八节 …………………………………………………………… (71)

　　三元 …………………………………………………………… (72)

　　分顺逆法 ……………………………………………………… (72)

　　定三元法 ……………………………………………………… (72)

　　以旬首取符使法 ……………………………………………… (73)

直符加时干法 ……………………………………… (73)
直使加时支法 ……………………………………… (74)
小直加大直符法 …………………………………… (74)
阳遁十二节气分上中下歌 ………………………… (74)
阴遁十二节气分上中下歌 ………………………… (74)
附：年奇门起例 …………………………………… (75)
附：月奇门起例 …………………………………… (75)
附：日奇门起例 …………………………………… (76)
又法日奇门起例 …………………………………… (76)
又法日奇门起例 …………………………………… (77)
又一本遁年奇法名八节奇 ………………………… (77)
又一本遁月奇法 …………………………………… (77)
遁日奇法 …………………………………………… (77)
遁日门法 …………………………………………… (78)
日奇布五符法 ……………………………………… (78)
日奇起青龙法 ……………………………………… (78)
超神接气法 ………………………………………… (78)
置闰法 ……………………………………………… (79)
德刑 ………………………………………………… (79)
宝和义制伏 ………………………………………… (80)
五阳时 ……………………………………………… (80)
五阴时 ……………………………………………… (80)

## 九星所主 ……………………………………………… (81)

天蓬所主 …………………………………………… (81)
天任所主 …………………………………………… (81)
天冲所主 …………………………………………… (81)
天辅所主 …………………………………………… (81)
天禽所主 …………………………………………… (82)
天英所主 …………………………………………… (82)
天芮所主 …………………………………………… (82)
天柱所主 …………………………………………… (82)
天心所主 …………………………………………… (82)

**八门所主** ····· (83)
    开门所主 ····· (83)
    休门所主 ····· (83)
    生门所主 ····· (83)
    伤门所主 ····· (83)
    杜门所主 ····· (83)
    景门所主 ····· (84)
    死门所主 ····· (84)
    惊门所主 ····· (84)

**三奇喜怒** ····· (85)

**八宫类神** ····· (86)
    坎宫类神 ····· (86)
    坤宫类神 ····· (86)
    震宫类神 ····· (86)
    巽宫类神 ····· (87)
    乾宫类神 ····· (87)
    兑宫类神 ····· (87)
    艮宫类神 ····· (88)
    离宫类神 ····· (88)

**九星类神** ····· (89)
    天蓬类神 ····· (89)
    天芮类神 ····· (89)
    天冲类神 ····· (89)
    天辅类神 ····· (89)
    天禽类神 ····· (90)
    天心类神 ····· (90)
    天柱类神 ····· (90)
    天任类神 ····· (90)
    天英类神 ····· (91)

**八神类神** ····· (92)
    直符类神 ····· (92)

| | |
|---|---|
| 腾蛇类神 | (92) |
| 太阴类神 | (92) |
| 六合类神 | (93) |
| 勾陈类神 | (93) |
| 朱雀类神 | (94) |
| 九地类神 | (94) |
| 九天类神 | (94) |

**十干类神** ······ (95)

| | |
|---|---|
| 甲干类神 | (95) |
| 乙干类神 | (95) |
| 丙干类神 | (95) |
| 丁干类神 | (95) |
| 戊干类神 | (96) |
| 己干类神 | (96) |
| 庚干类神 | (96) |
| 辛干类神 | (96) |
| 壬干类神 | (97) |
| 癸干类神 | (97) |

**十二支类神** ······ (98)

| | |
|---|---|
| 子支类神 | (98) |
| 丑支类神 | (98) |
| 寅支类神 | (98) |
| 卯支类神 | (98) |
| 辰支类神 | (99) |
| 巳支类神 | (99) |
| 午支类神 | (99) |
| 未支类神 | (99) |
| 申支类神 | (100) |
| 酉支类神 | (100) |
| 戌支类神 | (100) |
| 亥支类神 | (101) |

**奇门吉格** …………………………………… (102)
    奇门会合 …………………………………… (102)
    三奇得使遇甲 ……………………………… (102)
    三奇得使游仪 ……………………………… (102)
    三奇得使 …………………………………… (102)
    三甲合 ……………………………………… (103)
    天辅时 ……………………………………… (103)
    威德时 ……………………………………… (103)
    五合时 ……………………………………… (103)
    直符宿吉 …………………………………… (104)
    青龙返首 …………………………………… (104)
    飞鸟跌穴 …………………………………… (104)
    玉女守门 …………………………………… (104)
    相佐 ………………………………………… (104)
    奇符相加 …………………………………… (105)
    龙虎二符 …………………………………… (105)
    天地合德 …………………………………… (105)
    日月合明 …………………………………… (105)
    阴阳化气 …………………………………… (106)
    龙凤呈祥 …………………………………… (106)
    九遁 ………………………………………… (106)
    三诈格 ……………………………………… (109)
    六假 ………………………………………… (110)
    三奇升殿 …………………………………… (111)
    奇游禄位 …………………………………… (111)
    奇门逢贵 …………………………………… (111)
    奇门遇马 …………………………………… (112)
    日丽中天 …………………………………… (112)
    玉兔中天 …………………………………… (112)
    玉兔乘凤 …………………………………… (112)
    玉兔游山 …………………………………… (112)
    玉兔归垣 …………………………………… (113)

| | |
|---|---|
| 龙腾碧海 | (113) |
| 凤入丹山 | (113) |
| 月朗南极 | (113) |
| 月入雷门 | (113) |
| 火行风起 | (114) |
| 子居母腹 | (114) |
| 火焰天门 | (114) |
| 玉女留郎 | (114) |
| 玉女游坤 | (114) |
| 天乙时孤 | (115) |
| 天马方 | (115) |
| 天三门 | (115) |
| 地四户 | (115) |
| 地私门 | (115) |
| 三胜地 | (116) |
| 五不击 | (116) |
| 天盘星克地盘星 | (116) |
| 地盘星克天盘星 | (116) |

**奇门凶格** (117)

| | |
|---|---|
| 伏吟 | (117) |
| 返吟 | (117) |
| 伏宫格 | (117) |
| 飞宫格 | (117) |
| 格勃 | (117) |
| 勃格 | (118) |
| 六仪击刑 | (118) |
| 五不遇时 | (118) |
| 时干入墓 | (118) |
| 门迫 | (119) |
| 天网 | (119) |
| 地网 | (119) |
| 三奇入墓 | (119) |

| | |
|---|---|
| 三奇受制 | (119) |
| 八门受制 | (119) |
| 九星受制 | (120) |
| 直符宿凶 | (120) |
| 青龙逃走 | (120) |
| 白虎猖狂 | (120) |
| 朱雀投江 | (120) |
| 螣蛇夭矫 | (120) |
| 太白入荧 | (121) |
| 荧入太白 | (121) |
| 太白拦门 | (121) |
| 羊入虎穴 | (121) |
| 凤凰折翅 | (121) |
| 火死金乡 | (121) |
| 火金同化 | (122) |
| 二龙战野 | (122) |
| 二虎争雄 | (122) |
| 青龙困顿 | (122) |
| 白虎迍邅 | (122) |
| 太白与天乙格 | (122) |
| 天乙与太白格 | (123) |
| 符勃 | (123) |
| 勃符 | (123) |
| 伏干格 | (123) |
| 飞干格 | (123) |
| 大格 | (124) |
| 小格 | (124) |
| 上格 | (124) |
| 刑格 | (124) |
| 格刑 | (124) |
| 岁月日干格 | (124) |
| 时干格 | (125) |

岁月勃格 …………………………………………………… (125)
日勃格 ……………………………………………………… (125)
奇格 ………………………………………………………… (125)
斗格时 ……………………………………………………… (125)
自刑时 ……………………………………………………… (125)

## 六仪加十干诸格 …………………………………………… (126)

甲戊加甲阳加戊青龙入地格 ……………………………… (126)
甲戊加乙　青龙入云格 …………………………………… (126)
甲戊加丙　青龙得明格 …………………………………… (126)
甲戊加丙　青龙返首格 …………………………………… (126)
甲戊加丁　青龙耀明格 …………………………………… (127)
甲戊加戊　青龙入地格 …………………………………… (127)
甲戊加己　青龙相合格 …………………………………… (127)
甲戊加庚　青龙恃势格 …………………………………… (127)
甲戊加辛　青龙相侵格 …………………………………… (127)
甲戊加壬　青龙破狱格 …………………………………… (128)
甲戊加癸　青龙相和格 …………………………………… (128)
己加甲即加己明堂重逢格 ………………………………… (128)
己加乙　日入地户格 ……………………………………… (128)
己加丙　地户埋光格 ……………………………………… (128)
直符己加丙　青龙返首格 ………………………………… (129)
己加丁　明堂贪生格 ……………………………………… (129)
己加戊　明堂从禄格 ……………………………………… (129)
己加己　明堂重逢格 ……………………………………… (129)
己加庚　明堂伏杀格 ……………………………………… (129)
己加辛　天庭得势格 ……………………………………… (130)
己加壬　明堂被刑格 ……………………………………… (130)
己加癸　明堂合华盖格 …………………………………… (130)
庚加甲即加庚太白重刑格 ………………………………… (130)
庚加乙　太白贪合格 ……………………………………… (130)
庚加丙　太白入荧格 ……………………………………… (131)
庚加丁　太白受制格 ……………………………………… (131)

| | | |
|---|---|---|
| 庚加戊 | 太白逢恩格 | (131) |
| 庚加己 | 太白大刑格 | (131) |
| 庚加庚 | 太白重刑格 | (131) |
| 庚加辛 | 太白重锋格 | (132) |
| 庚加壬 | 太白退位格 | (132) |
| 庚加癸 | 太白刑隔格 | (132) |
| 辛加甲即加辛 | 天庭自刑格 | (132) |
| 辛加乙 | 白虎猖狂格 | (132) |
| 辛加丙 | 天庭得明格 | (133) |
| 直符辛加丙 | 青龙返首格 | (133) |
| 辛加丁 | 白虎受伤格 | (133) |
| 辛加戊 | 龙虎争强格 | (133) |
| 辛加己 | 虎坐明堂格 | (133) |
| 辛加庚 | 虎逢太白格 | (134) |
| 辛加辛 | 天庭自刑格 | (134) |
| 辛加壬 | 天庭逢狱格 | (134) |
| 辛加癸 | 虎投罗网格 | (134) |
| 壬加甲即加壬 | 天牢自刑格 | (134) |
| 壬加乙 | 日入九地格 | (135) |
| 壬加丙 | 天牢伏奇格 | (135) |
| 直符壬加丙 | 青龙返首格 | (135) |
| 壬加丁 | 太阴破狱格 | (135) |
| 壬加戊 | 青龙入狱格 | (135) |
| 壬加己 | 天地刑冲格 | (136) |
| 壬加庚 | 天牢倚势格 | (136) |
| 壬加辛 | 白虎犯狱格 | (136) |
| 壬加壬 | 天牢自刑格 | (136) |
| 壬加癸 | 阴阳重地格 | (136) |
| 癸加甲即加癸 | 天网重张格 | (137) |
| 癸加乙 | 日沉九地格 | (137) |
| 癸加丙 | 明堂犯悖格 | (137) |
| 直符癸加丙 | 青龙返首格 | (137) |

| 癸加丁 | 螣蛇夭矫格 | (137) |
| 癸加戊 | 青龙入地格 | (137) |
| 癸加己 | 华盖入明堂格 | (138) |
| 癸加庚 | 天网冲犯格 | (138) |
| 癸加辛 | 华盖受恩格 | (138) |
| 癸加壬 | 天网覆狱格 | (138) |
| 癸加癸 | 天网重张格 | (138) |

## 三奇加八宫诸格 (139)

| 乙加乾 | 玉兔入林格 | (139) |
| 乙加坎 | 玉兔饮泉格 | (139) |
| 乙加艮 | 玉步青云格 | (139) |
| 乙加震 | 玉兔游宫格 | (139) |
| 乙加巽 | 玉兔乘风格 | (139) |
| 乙加离 | 玉兔当阳格 | (140) |
| 乙加坤 | 玉兔暗目格 | (140) |
| 乙加兑 | 玉兔受制格 | (140) |
| 丙加乾 | 光明不全格 | (140) |
| 丙加坎 | 癸生之格 | (140) |
| 丙加艮 | 凤入丹山格 | (141) |
| 丙加震 | 月入雷门格 | (141) |
| 丙加巽 | 火行风起格 | (141) |
| 丙加离 | 为帝旺之格 | (141) |
| 丙加坤 | 子居母腹格 | (141) |
| 丙加兑 | 凤凰折翅格 | (141) |
| 丁加乾 | 火照天门格 | (142) |
| 丁加坎 | 朱雀投江格 | (142) |
| 丁加艮 | 玉女游鬼户格 | (142) |
| 丁加震 | 玉女入雷门格 | (142) |
| 丁加巽 | 玉女乘风格 | (142) |
| 丁加离 | 玉女登堂格 | (142) |
| 丁加坤 | 玉女游地户格 | (143) |
| 丁加兑 | 玉女穿珠格 | (143) |

### 三奇加十干诸格 ······ (144)
    乙奇总论 ······ (144)
    乙加乙　奇中伏奇格 ······ (144)
    乙加丙　奇蔽明堂格 ······ (144)
    乙加丁　奇助玉女格 ······ (144)
    乙加戊　奇入天门格 ······ (145)
    乙加己　日入地户格 ······ (145)
    乙加己　三奇得使格 ······ (145)
    乙加庚　奇合太白格 ······ (145)
    乙加辛　青龙逃走格 ······ (145)
    乙加壬　奇神入狱格 ······ (146)
    乙加癸　奇逢罗网格 ······ (146)
    丙奇总论 ······ (146)
    丙加乙　月照沧海格 ······ (146)
    丙加丙　二凤和鸣格 ······ (146)
    丙加丁　星月光辉格 ······ (147)
    丙加戊　天遁格 ······ (147)
    丙加己　奇入明堂格 ······ (147)
    丙加庚　荧入太白格 ······ (147)
    丙加辛　奇神生合格 ······ (148)
    丙加壬　奇神游海格 ······ (148)
    丙加癸　奇逢华盖格 ······ (148)
    丁奇总论 ······ (148)
    丁加乙　玉女奇生格 ······ (149)
    丁加丙　奇神合明格 ······ (149)
    丁加丁　奇神相敌格 ······ (149)
    丁加戊　玉女乘龙格 ······ (149)
    丁加己　玉女施恩格 ······ (149)
    丁加庚　玉女刑杀格 ······ (149)
    丁加辛　玉女伏虎格 ······ (150)
    丁加壬　玉女乘龙游海格 ······ (150)
    丁加癸　朱雀投江格 ······ (150)

## 御定奇门宝鉴卷三

**门神捷要部** ………………………………………………………… (151)
**八门临时断决** ……………………………………………………… (152)
  开加乾乾 ………………………………………………………… (152)
  开加坎讼 ………………………………………………………… (152)
  开加艮遁 ………………………………………………………… (152)
  开加震无妄 ……………………………………………………… (153)
  开加巽姤 ………………………………………………………… (153)
  开加离同人 ……………………………………………………… (153)
  开加坤否 ………………………………………………………… (153)
  开加兑履 ………………………………………………………… (153)
  休加坎坎 ………………………………………………………… (154)
  休加艮蹇 ………………………………………………………… (154)
  休加震屯 ………………………………………………………… (154)
  休加巽井 ………………………………………………………… (154)
  休加离既济 ……………………………………………………… (154)
  休加坤比 ………………………………………………………… (155)
  休加兑节 ………………………………………………………… (155)
  休加乾需 ………………………………………………………… (155)
  生加艮艮 ………………………………………………………… (155)
  生加震颐 ………………………………………………………… (155)
  生加巽蛊 ………………………………………………………… (156)
  生加离贲 ………………………………………………………… (156)
  生加坤剥 ………………………………………………………… (156)
  生加兑损 ………………………………………………………… (156)
  生加乾大畜 ……………………………………………………… (156)
  生加坎蒙 ………………………………………………………… (157)
  伤加震震 ………………………………………………………… (157)
  伤加巽恒 ………………………………………………………… (157)
  伤加离丰 ………………………………………………………… (157)

| | |
|---|---|
| 伤加坤豫 | (157) |
| 伤加兑归妹 | (158) |
| 伤加乾大壮 | (158) |
| 伤加坎解 | (158) |
| 伤加艮小过 | (158) |
| 杜加巽巽 | (158) |
| 杜加离家人 | (159) |
| 杜加坤观 | (159) |
| 杜加兑中孚 | (159) |
| 杜加乾小畜 | (159) |
| 杜加坎涣 | (159) |
| 杜加艮渐 | (160) |
| 杜加震益 | (160) |
| 景加离离 | (160) |
| 景加坤晋 | (160) |
| 景加兑睽 | (160) |
| 景加乾大有 | (161) |
| 景加坎未济 | (161) |
| 景加艮旅 | (161) |
| 景加震噬嗑 | (161) |
| 景加巽鼎 | (161) |
| 死加坤坤 | (162) |
| 死加兑临 | (162) |
| 死加乾泰 | (162) |
| 死加坎师 | (162) |
| 死加艮谦 | (162) |
| 死加震复 | (162) |
| 死加巽升 | (163) |
| 死加离明夷 | (163) |
| 惊加兑兑 | (163) |
| 惊加乾夬 | (163) |
| 惊加休困 | (163) |

惊加艮咸 …………………………………………………… (164)
　　　惊加震随 …………………………………………………… (164)
　　　惊加巽大过 ………………………………………………… (164)
　　　惊加离革 …………………………………………………… (164)
　　　惊加坤萃 …………………………………………………… (164)
**五符主事** …………………………………………………………… (165)
**青龙主事** …………………………………………………………… (166)
**三奇静应** …………………………………………………………… (167)
　　　乾 …………………………………………………………… (167)
　　　坎 …………………………………………………………… (167)
　　　艮 …………………………………………………………… (167)
　　　震 …………………………………………………………… (168)
　　　巽 …………………………………………………………… (168)
　　　离 …………………………………………………………… (168)
　　　坤 …………………………………………………………… (169)
　　　兑 …………………………………………………………… (169)
**八门路应** …………………………………………………………… (170)
**八神路应** …………………………………………………………… (171)
**九星行军克应** ……………………………………………………… (172)
　　　天蓬 ………………………………………………………… (172)
　　　天芮 ………………………………………………………… (172)
　　　天冲 ………………………………………………………… (172)
　　　天辅 ………………………………………………………… (172)
　　　天禽 ………………………………………………………… (173)
　　　天心 ………………………………………………………… (173)
　　　天柱 ………………………………………………………… (173)
　　　天任 ………………………………………………………… (173)
　　　天英 ………………………………………………………… (174)
**九星值十二支克应** ………………………………………………… (175)
　　　天蓬 ………………………………………………………… (175)
　　　天芮 ………………………………………………………… (176)

天冲 ································································ (177)
　　天辅 ································································ (178)
　　天禽 ································································ (179)
　　天心 ································································ (180)
　　天柱 ································································ (181)
　　天任 ································································ (183)
　　天英 ································································ (184)
**八门应候** ·························································· (185)
　　休门 ································································ (185)
　　生门 ································································ (185)
　　伤门 ································································ (185)
　　杜门 ································································ (185)
　　景门 ································································ (185)
　　死门 ································································ (186)
　　惊门 ································································ (186)
　　开门 ································································ (186)
**八门加九宫克应** ·················································· (187)
　　休加坎 ···························································· (187)
　　休加艮 ···························································· (187)
　　休加震 ···························································· (187)
　　休加巽 ···························································· (188)
　　休加离 ···························································· (188)
　　休加坤 ···························································· (188)
　　休加兑 ···························································· (188)
　　休加乾 ···························································· (188)
　　休门入中宫 ······················································ (189)
　　生加艮 ···························································· (189)
　　生加震 ···························································· (189)
　　生加巽 ···························································· (189)
　　生加离 ···························································· (190)
　　生加坤 ···························································· (190)
　　生加兑 ···························································· (190)

生加乾 …………………………………………………………………… (190)
生加坎 …………………………………………………………………… (191)
生加中宫 ………………………………………………………………… (191)
伤加震 …………………………………………………………………… (191)
伤加巽 …………………………………………………………………… (191)
伤加离 …………………………………………………………………… (192)
伤加坤 …………………………………………………………………… (192)
伤加兑 …………………………………………………………………… (192)
伤加乾 …………………………………………………………………… (192)
伤加坎 …………………………………………………………………… (193)
伤加艮 …………………………………………………………………… (193)
伤加中宫 ………………………………………………………………… (193)
杜加巽 …………………………………………………………………… (193)
杜加离 …………………………………………………………………… (194)
杜加坤 …………………………………………………………………… (194)
杜加兑 …………………………………………………………………… (194)
杜加乾 …………………………………………………………………… (194)
杜加坎 …………………………………………………………………… (195)
杜加艮 …………………………………………………………………… (195)
杜加震 …………………………………………………………………… (195)
杜加中宫 ………………………………………………………………… (195)
景加离 …………………………………………………………………… (195)
景加坤 …………………………………………………………………… (196)
景加兑 …………………………………………………………………… (196)
景加乾 …………………………………………………………………… (196)
景加坎 …………………………………………………………………… (197)
景加艮 …………………………………………………………………… (197)
景加震 …………………………………………………………………… (197)
景加巽 …………………………………………………………………… (197)
景加中宫 ………………………………………………………………… (198)
死加坤 …………………………………………………………………… (198)
死加兑 …………………………………………………………………… (198)

| | |
|---|---|
| 死加乾 | (198) |
| 死加坎 | (198) |
| 死加艮 | (199) |
| 死加震 | (199) |
| 死加巽 | (199) |
| 死加离 | (199) |
| 死加中宫 | (199) |
| 惊加兑 | (200) |
| 惊加乾 | (200) |
| 惊加坎 | (200) |
| 惊加艮 | (200) |
| 惊加震 | (201) |
| 惊加巽 | (201) |
| 惊加离 | (201) |
| 惊加坤 | (201) |
| 惊加中宫 | (201) |
| 开加乾 | (202) |
| 开加坎 | (202) |
| 开加艮 | (202) |
| 开加震 | (202) |
| 开加巽 | (203) |
| 开加离 | (203) |
| 开加坤 | (203) |
| 开加兑 | (203) |
| 开加中宫 | (203) |
| 三门合奇路应 | (204) |
| 十干克应歌 | (205) |
| 十干相加出入时下克应 | (206) |
| 十干相加吉凶克应 | (207) |

## 御定奇门宝鉴卷四

**奇门杂占** ............................................................. (211)
  兵事分主客 ...................................................... (211)
  出兵方 .......................................................... (211)
  背击 ............................................................ (212)
  孤虚 ............................................................ (212)
  雄雌 ............................................................ (212)
  德刑 ............................................................ (212)
  亭亭白奸 ........................................................ (212)
  游都鲁都 ........................................................ (213)
  三胜地 .......................................................... (213)
  五不击 .......................................................... (213)
  趋三 ............................................................ (214)
  避五 ............................................................ (214)
  天马方 .......................................................... (214)
  旺相休囚 ........................................................ (214)
  天目 ............................................................ (214)
  地耳 ............................................................ (214)
  太岁 ............................................................ (215)
  月建 ............................................................ (215)
  太阴 ............................................................ (215)
  大将军 .......................................................... (215)
  时中将星 ........................................................ (215)
  天罡时 .......................................................... (215)
  破军加时法 ...................................................... (216)
  天营 ............................................................ (216)
  四神 ............................................................ (216)
  占风 ............................................................ (216)
  旬中地丙日 ...................................................... (216)
  五将方 .......................................................... (217)

| | |
|---|---|
| 下营法 | (217) |
| 迷路法 | (217) |
| 涉险法 | (217) |
| 出入山中法 | (218) |
| 逃避法 | (218) |
| 太阳临时法 | (218) |
| 九星吉凶歌 | (218) |
| 甲癸丁己 | (218) |
| 行兵杂摘 | (219) |
| 演卦 | (220) |
| 直符直使演卦例 | (220) |
| 八门演卦例 | (221) |
| 主客雌雄 | (221) |
| 阵势得失 | (221) |
| 期候 | (222) |
| 六亲克应 | (222) |
| 六神克应 | (222) |
| 八卦克应 | (223) |
| 支应 | (224) |
| 洞庭老人奇门捷径占法 | (225) |
| 演数七要 | (225) |
| 九星歌诀 | (226) |
| 九星克应歌诀 | (227) |
| 中宫直日九星歌诀 | (228) |
| 九星吉凶歌诀 | (229) |
| 九星祈晴祷雨歌诀 | (230) |
| 数主吉凶歌诀 | (230) |
| 占年时丰歉 | (231) |
| 射覆 | (231) |
| 灵机赋 | (232) |
| 军机妙论 | (233) |
| 战讼说 | (233) |

| | |
|---|---|
| 五七妙诀 | (234) |
| 精微赋 | (234) |
| 透天关 | (235) |
| 凿心歌诀 | (236) |
| 八卦性情体式 | (236) |
| 八卦轨限 | (237) |
| 九曜加临 | (237) |
| 造长三白占家宅歌诀 | (239) |
| 奇门捷要占天时法 | (240) |
| 奇门捷要占地理法 | (242) |
| 奇门捷要占人物法 | (245) |
| 又占来意法 | (251) |

## 奇门灵占 ······ (255)

| | |
|---|---|
| 占雨 | (255) |
| 占晴 | (256) |
| 占贼盗敌兵来去 | (256) |
| 占贼情虚实 | (257) |
| 占伏兵有无 | (257) |
| 占升迁 | (258) |
| 占上任吉凶 | (258) |
| 占科举会试中否 | (259) |
| 占新任官善恶并何处人 | (259) |
| 占殿试甲第 | (260) |
| 占岁考等第 | (260) |
| 占文宗按临日期 | (261) |
| 占武举 | (261) |
| 占婚姻 | (261) |
| 占求财 | (262) |
| 占词讼 | (263) |
| 占走失 | (263) |
| 占捕亡 | (263) |
| 占失财物 | (264) |

占寿数 …………………………………………………… (264)
占修造 …………………………………………………… (265)
占田禾 …………………………………………………… (265)
占官事催提缓急 ………………………………………… (265)
占刑狱重轻 ……………………………………………… (266)
占兴讼或呈状准不准 …………………………………… (266)
占罪人开释 ……………………………………………… (266)
占罪轻重 ………………………………………………… (266)
占出狱 …………………………………………………… (267)
在外占家中安否 ………………………………………… (267)
占店主善恶 ……………………………………………… (267)
占远信 …………………………………………………… (267)
占道途吉凶 ……………………………………………… (268)
占请人来否 ……………………………………………… (268)
占行期 …………………………………………………… (268)
占登舟 …………………………………………………… (268)
占招赘 …………………………………………………… (269)
占交易 …………………………………………………… (269)
占贸易 …………………………………………………… (269)
占见贵人 ………………………………………………… (270)
占定一岁丰歉 …………………………………………… (270)
占放债 …………………………………………………… (271)
占索债 …………………………………………………… (271)
占合伙 …………………………………………………… (271)
占官事牵连 ……………………………………………… (271)
占访友 …………………………………………………… (272)
占病生死 ………………………………………………… (272)
占胎孕 …………………………………………………… (272)
占分居 …………………………………………………… (273)
占迁移 …………………………………………………… (273)
占行人 …………………………………………………… (273)
占回乡 …………………………………………………… (274)

占同伴善恶 …………………………………………………………………… (274)

占捕盗 ………………………………………………………………………… (274)

占人谋害 ……………………………………………………………………… (275)

占遇难逃避方向 ……………………………………………………………… (275)

占鸦鸣 ………………………………………………………………………… (275)

占雀噪 ………………………………………………………………………… (276)

占雪 …………………………………………………………………………… (276)

占攻城 ………………………………………………………………………… (276)

占守城 ………………………………………………………………………… (276)

占援兵 ………………………………………………………………………… (277)

占胜败 ………………………………………………………………………… (277)

占闻报虚实 …………………………………………………………………… (277)

占贼临境可居否 ……………………………………………………………… (277)

占水陆 ………………………………………………………………………… (278)

占行兵迷失道路 ……………………………………………………………… (278)

## 御定奇门宝鉴卷五

元机赋上 ……………………………………………………………………… (279)

## 御定奇门宝鉴卷六

元机赋下 ……………………………………………………………………… (317)

# 御定奇门宝鉴卷一

## 奇门源流

奇门之说，论者谓始于黄帝，删于吕望张良。汉以前，往往散见于他书。至于《隋志·艺文志》，[1]专书始有一十三家。唐益倍之。则其学之来，亦不在近矣。《阴符经》曰："爰有奇器，是生万象。八卦甲子，神机鬼藏。"张良[2]注云："六癸为天藏，可以伏藏。由是言之，即奇门之权舆也。"《大戴礼记·明堂篇》曰："明堂者，古有之也。凡九室。二九四，七五三，六一八。"盖即河图之义，而奇学之九宫。《汉书·艺文志》，有《明堂阴阳》

---

[1] 点校者注：正文中五号楷体所排文字，故宫藏本无，据上下文或他本校补，用五号楷体字排入以示区别。下同。不再注释。

[2] 张良（约公元前251—前186），字子房，汉族，汉初三杰之一，伟大的谋略家、政治家。传为汉初城父（《后汉书注》云："张良出于城父"，即今安徽亳州市东南）人。先世原为韩国贵族。秦灭韩后，他图谋恢复韩国，结交刺客，在博浪沙（在河南原阳东南）狙击秦始皇未遂，逃亡至下邳（今江苏睢宁北）。秦末农民起义中，率部投奔刘邦，不久游说项梁立韩贵族成为韩王，为韩申徒，以韩申徒之职率军协助平定关中，刘邦西入武关后，在峣下用计破敌；鸿门宴上帮助刘邦脱离险境；灞上分封时"为汉王请汉中地"。后韩王成被项羽杀害，复归刘邦，为其重要谋士。楚汉战争期间，"长计谋平天下"，都为刘邦所采纳，提出不立六国后代，联合英布、彭越，重用韩信等策略，又主张追击项羽，歼灭楚军。汉朝建立，封留侯。见刘邦封故旧亲近，诛旧日私怨，力谏刘邦封凤怨雍齿，释疑群臣。刘邦曾赞其"运筹帷幄之中，决胜于千里外，子房功也"。传见《史记·留侯世家》、《汉书·张良传》。

二十三篇，又《明堂阴阳》五篇。宣帝时，魏相①表采②《易阴阳》，及《明堂》、《月令》，言五帝所司各有时。东方之卦，不可以治西方；南方之卦，不可以治北方。乃以八卦方位，配明堂之九室。

《后汉书·张衡传》："郑元既注九宫之说。"而《南齐书·高帝本纪》注云："九宫者，一为天蓬，二为天内③，三为天冲，四为天辅，五为天禽，六为天心，七为天柱，八为天任，九为天英。皆有太过不及之占。"《唐会要》："元宗三载十月，术士苏嘉庆上言，请于京城置九宫坛。五数为中，戴九履一，左三右七，二四为上，六八为下，符于遁甲。武宗会昌二年正月，左仆射王起等奏，按《黄帝九宫经》及萧吉《五行大义》，所谓一宫天蓬，卦坎，行水，方白者，与今奇门之宫星无异。"惜乎《隋志》、《唐志》所列诸家，今皆不传，岂其秘之勿泄耶？抑显晦各有时也。

宋之仁宗，以洗马④杨维德⑤，纂六壬，则曰《神应经》；纂奇门，则曰

---

① 魏相（？—前59）字弱翁，济阴定陶人，西汉著名大臣。他先后任茂陵令、扬州刺史、河南太守、大司农、御史大夫等职。霍光死后，官至丞相，封高平侯。魏相治郡有方，深得民心。在任茂陵令时，因政绩突出，后被征为谏议大夫。魏相匡扶正义，抑制外戚势力，为西汉的强盛做出了贡献。宣帝即位后，征魏相为大司农，后升为御史大夫。魏相被任命丞相后，他整顿吏治，抑治豪强，选贤任能，平昭冤狱。并要求各地官吏省诸用，宽赋税，奖励百姓开荒种田，积粮解困。从此，汉朝的实力大大增强。魏相熟谙兵法，有雄韬大略，为确立西汉在西域的统治地位立下了功劳。公元前65—前61年（元康年间），匈奴不断派兵扰乱边关，由于魏相的建议，皇帝未动用武力而使匈奴归服。魏相为人严毅，刚正不阿，与丙吉同心辅政，君臣交泰，人民安乐，视事九年，于公元前59年（汉神爵三年）卒，谥宪侯。

② 颜师古注：表谓标明之。采，撮取也。

③ 即天芮。

④ 洗（xiǎn）马，即太子洗马。官名。秦始置。汉时亦作先马。太子出行时为前导，故名。秩比六百石。东汉时员额十六人。晋减为八人，兼掌图籍。南朝齐只设一人。当梁名典经局洗马，掌文翰，职务与汉洗马不同，员额八人，取甲族有才名者任之。陈同。北齐有典经坊洗马二人。隋改名司经局洗马。唐同，一度改称司经大夫。明、清亦有司经局洗马，属于詹事府，为从五品官，实仅为翰林官迁转阶转梯。

⑤ 杨维德，宋代天文学家、星占学家和堪舆学家，大中祥符三年（1010年）左右任司天监保章正，专司占候变异。

《符应经》。今亦不能见其全。得毋好古之士，尚有什袭而藏者乎？明之宸濠①称乱，王守仁②收揽异术，乃有李成吾者，进以《奇门真传》，今之所谓"李氏奇门"者也。仇鸾③门下士有林士徵者，以奇门占兵，屡有奇验。锦衣陆炳④序其书而传之，人呼为"林氏奇门"。陶仲文⑤以李、林二氏之书，参以他书而缪紊之，曰《陶真人遁甲神书》。盖胜国之以奇门著见者，三家而已矣。

考诸奇门之序，出于《都天撼龙经八十一论》者，凡九。其一曰《都天九卦》，二曰《人地三元》，三曰《行军三奇》，四曰《造宅三白》，五曰《遁形太白之书》，六曰《八山撼龙之诀》，七曰《转山移水九字元经》，八曰《建国安基万年金镜》，九曰《元宫入福救贫生仙产圣》。今所传者，《造宅三白》耳，外俱不得而见闻。或者名山石室之藏，精光不能终废，更有取而修明者乎？庶几拭目俟之矣。⑥

---

① 朱宸濠（1479—1521），安徽凤阳人，明太祖朱元璋五世孙。初，封上高王，弘治十二年（1499），袭封宁王。正德十四年（1519），朱宸濠借口明武宗荒淫无道，集兵号十万造反，略九江、破南康，出江西，帅舟师下江，攻安庆。四十三天之后，朱宸濠大败，与诸子、兄弟一起为王守仁所俘，押送北京，废为庶人，伏诛，除其封国。

② 王阳明（1472—1529），名守仁，字伯安，浙江余姚人，因被贬贵州时曾于阳明洞（今贵阳市修文县）学习，世称阳明先生、王阳明。是我国明代著名的哲学家、思想家、政治家和军事家，是二程、朱、陆后的另一位大儒，"心学"流派的创始大师，著有《王文成公全书》、《阳明全书》行世。隆庆二年，诏赠"新建侯"，谥"文成"。

③ 仇鸾（？—1552），明陕西镇原（今属甘肃）人，字伯翔。出身将家。任甘肃总兵，以阻挠军务为总督曾铣所劾，革职逮问。乃投靠严嵩，约为父子，得重用。嘉靖二十九年（1550）任平虏大将军，迎战鞑靼国俺答军时溃败，敌军既退，又讳败冒功，加至太子太保，深受世宗宠信。后与严嵩争宠失和，被陆炳揭其私及不轨之事，革职忧惧而死。

④ 陆炳（1510—1560），字文明，平湖人。祖墀以军籍隶锦衣卫，父松袭职。稍长，武健沉鸷。明嘉靖十一年（1532）武进士，授锦衣副千户，父卒后转任指挥佥事，进指挥使，掌南镇抚司。嘉靖十八年，随世宗南巡至卫辉，夜行宫失火，冒死救世宗，深得宠幸，擢为都指挥同知，掌锦衣卫事。未几，擢都督佥事，又升都督同知。后因功进左都督，加太子太保，再加少保，兼太子太傅。嘉靖三十九年卒，谥武惠，赠忠诚伯。

⑤ 陶仲文（1475—1560），原名典真。湖北黄冈人，曾受符水于湖北罗田万玉山，与邵元节为友。少时为县掾，喜好神仙方术。陶仲文主要录神宵雷法之传，他曾请逮雷坛于各乡县。共弟子知名者为王永宁、郭弘经。

⑥ 原书正文小注：天芮，《汉书》作内。天蓬，《唐书》作逢。

## 遁甲总论

遁甲为兵而设。兵为阴象，为诡道，故取诸遁，谓其遁于六仪之下而不见其形也。盖甲为至尊之神，宜藏而不宜露，宜和而不宜乖，宜生扶而不宜克制。所喜者惟土，所憎者惟金。惟其喜土也，故奇门始起之宫，例以六戊随之。甲逆而戊亦逆，甲顺而戊亦顺。如形之与影，两相附而不相离。惟其憎金也，故有乙之合以伺其内，有丙丁之威以制其外。乙者甲之同气，丙丁者甲之子嗣。如手足之卫腹心，臣子之卫君父。鼎足之形成，而后甲有苞桑①之固矣。先王之建万国亲诸侯，其义亦准诸此。

故阴阳顺逆者，造化之定理。戴九履一者，河洛之精蕴。配以八门，八卦列矣。加以三盘，三才②正矣。重以三奇，三光③耀矣。积时置闰，岁功④

---

① 《易经·否卦·九五》："其亡其亡，系于苞桑。"孔颖达疏："若能其亡其亡，以自戒慎，则有系于苞桑之固，无倾危也。"后因用"苞桑"指帝王能经常思危而不自安，国家就能巩固。《后汉书·吴汉盖延等传论》："光武审《黄石》，存苞桑，闭玉门以谢西域之质，卑词币以礼匈奴之使，其意防盖已弘深。"李贤注："言圣人居天位，不可以安，常自危惧，乃是系于苞桑也。"宋黄庭坚《书磨崖碑后》诗："明皇不作苞桑计，颠倒四海由禄儿。"宋邵伯温《闻见前录》卷十九："或覆餗而终焉，或苞桑而振者。"

② 三才：天、地、人。《易经·系辞下》："有天道焉，有人道焉，有地道焉，兼三才而两之。"

③ 指日、月、星。又以日、月、五星合称三光。《庄子·说剑》："上法圆天以顺三光，下法方地以顺四时，中和民意以安四乡。"《白虎通·封公侯》："天道莫不成于三，天有三光，日、月、星；地有三形，高、下、平；人有三尊，君、父、师。"汉班固《灵台诗》："三光宣精，五行布序。"

④ 一年的时序。《汉书·律历志上》："权者，铢、两、斤、钧、石也……四万六千八十铢者，万一千五百二十物历四时之象也。而岁功成就，五权谨矣。"南朝宋沈约《悯国赋》："时难纷其未已，岁功迫其将徂。"《北史·循吏传论》："为政之道，宽猛相济，犹寒暑迭代，俱成岁功也。"明宋濂《燕书》之三三："阴阳合而大化彰，寒暑正而岁功成，夫妇和而家政理，天道也，亦人道也。"

成矣。一节三元，① 二十四气②备矣。以六十时干为经，以四时八节③为纬，二九四，七五三，六一八，相摩相荡，而四千三百二十之局以成。④ 大之为风云龙虎之机宜，小之为动静行藏之趋避。范围天地而不过，曲成万物而不遗，百姓日用而不知。虽其中不无诡谲荒唐，悖于圣贤之论；今但取其生克制伏，近于理者，著之于篇，以前民用，而辅易道之所未备。凡欲教为子者之思孝，教为臣者之思忠，不至于前有谗而不知，后有贼而不见，未必非修齐治平者一助也。至于书符诵咒，似属不经，概不录入。

---

① 按二十四节气论算，每个节气为十五天，一节又分上、中、下三元，每元为五天。一节三元，全年二十四节气的元数则是3*24=72。

② 二十四气是二十四节气的正规名称。它是我国传统历法制度的重要组成部分，对农业生产更有重要指导意义。由于农历是一种阴阳历而不是阳历，对农业生产的指导方面存在不足（某一日期对应的详细季节不确定），我国从很早就注意对太阳周年视运动的研究，并根据对太阳黄经的观测总结出一种特殊的阳历——二十四气。二十四气分十二节气和十二中气。有时也通称为节气，即通常说的二十四节气。十二节气：立春、惊蛰、清明、立夏、芒种、小暑、立秋、白露、寒露、立冬、大雪、小寒。分别称正月、二月……腊月节，但不一定在名称所在的月份。十二中气：雨水、春分、谷雨、小满、夏至、大暑、处暑、秋分、霜降、小雪、冬至、大寒。分别称正月、二月……腊月中，除极特殊的情况外，一般在所称的月份中。中气成为农历确定月序的依据，没有中气的月份被视为上一个月的重复，称闰月。

③ 四时：春、夏、秋、冬。八节：立春、春分、立夏、夏至、立秋、秋分、立冬、冬至。泛指一年中的各个节气。

④ 这一段讲解了奇门定局之由来。我国古代把每天二十四个小时分为子、丑、寅、卯、辰、巳、午、未、申、酉、辛、亥十二个时辰，每个时辰相当于现在的两个小时。时家奇门是一个时辰一个格局，按奇门历法，每年冬至上元到第二年冬至上元为一个循环，总共是360日。每天十二个时辰，一个时辰一个格局，全年的局数是12*360=4320，为四千三百二十局。但在这4320局中，实际上每一局是重复了四次的。拿阳遁一局来说，冬至上元、惊蛰上元、清明中元、立夏中元，都完全一样，皆属于阳遁一局。这四个元共二十天，但落实到时家奇门排局，其格局类型以每个时辰一个格局计算，并不是12*20=240，而是12*20/4=60（因每一局重复了四次）。即六十个格局，正好占据了从甲子到癸亥这十天干与十二地支的六十种结合。阳遁一局是如此，其它各局也无不如此，即都重复了四次。所以全年360日，4320个时辰，因为就格局讲都重得了四次，全年时辰的格局类型则为4320/4=1080（局）。这就是传说的黄帝命风后创立的一千零八十局。又据说传到姜太公吕望时，将这一千零八十局简化为七十二局。这七十二局不难理解，因按二十四节气论算，每个节气为十五天，一节又分上、中、下三元，每元为五天。一节三元，全年二十四节气的元数则是3*24=72。

# 凡例

一、奇门久已失传，人树一帜。敝帚千金，无从别白。今一字一义，有两说三说者，并存之以备参考。

一、奇门众说纷然，取其理之正者为首行，列于后或分注者为次。不敢私心去取，然亦略见低昂。

一、奇门兵事，避忌甚多。凡三胜地、① 五不击②之外，又有太岁、月建，③ 俱不可击。旺气所在，亦宜避之。所谓"春不东伐，秋不西征"者是也。与夫"亭亭白奸、④ 三门四户、⑤ 天马方⑥"之类，须从岁月太阳查算，书中未能预载。

一、奇门最重格局。如龙回首、⑦ 鸟跌穴，⑧ 吉矣。如逢庚为直符，则

---

① 天乙九天生门也。第一胜，直符天乙宫，即天上直符所乘之宫，乃天乙宫也。上将宜居之，坐其宫，击其对冲。第二胜，我居九天之上，击其冲，敌不能当我之锋。阴遁天上直符，前一为九天。阳遁天上直符，后一为九天。第三胜，上将引兵出生门，复坐生门宫，击对冲死门。如生门又合乙、丙、丁三奇临宫，更为元吉。

② 一直符，二九天，三九地，四生门，五直使也。上五宫俱乘旺气，我将居之则胜，不可击敌之所居。

③ 太岁：地盘岁支之宫。月建：一名地宝，一名小时。《经》曰：能知地宝，万事无殆。故宜背之。

④ 亭亭者，天之贵神也。白奸者，天之奸神也。求神之法：以月将加正时视神后所临之下，为亭亭方；功曹胜光天魁临孟辰，为白奸方。二神常合于巳亥，格于寅申。将兵者合时宜战，格时宜守。余时皆背亭亭，击白奸，大胜。

⑤ 三门者，太冲小吉从魁也。四户者，除危定开也。凡急难时，不及择奇门，以月将月建加正时，视三将四建之下，为天门地户。乘其方去，百恶不能害。

⑥ 天马者，房日兔也。房为天驷，故曰"天马"。兔隶于卯，卯为太冲。每月太冲下天马方，故又曰"太冲天马"。凡急难时，不及择奇门，以月将加月建，视太冲所临之下，乘其方去，凶恶不能侵，剑戟不足畏。

⑦ 龙回首，又称青龙回首、青龙返首。指天盘甲直符加地盘丙奇，为大吉之象。天上六甲，加于地下六丙之宫，名曰"青龙回首"。主客皆利，而主尤吉。此时安坐在宫，可以举造百事，利见大人。行兵大胜，利于为主。扬威万里，一敌万人。《烟波钓叟歌句解》："天上甲子加地丙，名青龙返首。"葛洪曰："此局吉，宜举百事。虽无吉门卦局，亦可用事。"

⑧ 丙为飞鸟，凡丙奇加地盘直符旬甲，为飞鸟跌穴。如值此时，利为百事。更得吉门相合，其吉无上。惟利君子，不利小人。将兵背生击死，百战百胜。

为格勃、①勃格，②又不可用。龙走③雀投，④凶矣，为主者不害。虎狂⑤蛇矫，⑥凶矣，为客者不害。皆有活诀，不可一例。

一、奇门选择，最重衰旺休囚。⑦如开门本吉，但其性属金，如临土宫金位，及当季夏三秋，所谓"得时得地，时之最吉者也"。如在春夏，而临于木火，则金气大衰，岂得为吉？凡八门⑧皆然，三奇⑨亦然。

一、选择⑩以奇门会合为上吉。若有门无奇，犹为可用；有奇无门，则当另择矣。然如捕猎用伤门、逃亡用杜门、吊唁用死门之类，皆当择其得时得地，即为上吉，又不专重奇门也。

---

① 甲申庚直符，加地下丙为格勃。以庚为甲之格，丙又为庚之勃也。此时凶应在外，诸事不利，不作返首论。

② 天上丙，加地下甲申庚直符，为勃格。此时凶应在内，不作跌穴论。

③ 青龙逃走：天上六乙，加地下六辛，金能克木，龙虎相战，主凶。若得三奇门云遁，可用。

④ 朱雀投江：天上六丁，加地下六癸，主有惊恐。用兵防有奸人灾祸，应十日。

⑤ 白虎猖狂：天上六辛，加地下六乙，主客不利，凡事皆凶。

⑥ 螣蛇夭矫：天上六癸，加地下六丁，百事不利。即得奇门，免灾而已。犯此者，宜向直符上，转候换局，即吉也。

⑦ 衰旺休囚，指五行的旺相休囚死。所谓"旺相休囚死"就是把十个天干和十二个地支不分阴阳把它放在春夏秋冬四季里，用四季来衡量它的旺衰，衡量出来的结果以"旺相休囚死"来表示。如，春天木旺火相水休金囚土死，夏天火旺土相木休水囚金死，秋天金旺水相火囚木死，冬天水旺木相金休土囚火死。这里的春天指寅卯月，夏天指巳午月秋天指申酉月，冬天亥子月，四季指辰戌丑未月（土旺之季）。

⑧ 八门就是：休门、生门、伤门、杜门、景门、死门、惊门、开门。一般来说，开、休、生三吉门，死、惊、伤三凶门，杜门、景门中平，但运用时还必须看临何宫及旺相休囚。古人有歌曰：吉门被克吉不就，凶门被克凶不起；吉门相生有大利，凶门得生祸难避。吉门克宫吉不就，凶门克宫事更凶。

⑨ 三奇指"丙、乙、丁"三天干。乙乃甲之妹，甲以妹乙嫁于庚，乙与庚合而能救甲，故乙为一奇。丙为甲之子，丙火能克庚金而救甲，故丙为二奇。丁为甲之女，丁火亦能克庚金而救甲，故丁为三奇。

⑩ 选择，中国古代方术的一种，特指推算日辰吉凶的占卜术，亦称择吉或择日、诹日、诹吉。指诸事进行之前，依据一定的理论，先行拣选吉利日子，而被选到的日子即为"吉日"。流传在民间的择吉之法甚多，体例猥杂，动多矛盾，故而清代乾隆年间，官方统一择吉之法，经乾隆御定，成书为《钦定协纪辨方书》三十六卷，为世俗所遵行。

一、阴阳宅选择。① 粗工②但知奇门会合为吉，不知阳宅③须与宅主生命，④ 配合门奇之生旺。阴宅⑤须与山头化⑥命，配合门奇之生旺。若德⑦禄贵马、⑧ 三合⑨六合⑩之理，皆宜参考。

一、选择止用奇门，则诸家可废。然亦须检点，必当配合斗首五行。⑪太阳、吉凶星煞，无有避忌，而又能合于奇门，方为万吉。故造宅迁葬之家，往往有查至十余年而后得。盖欲求其纯吉无凶者，甚难也。

---

① 阴阳宅选择，即堪舆术，此处特指用奇门术选择阴宅或阳宅以求得吉之术。

② 指入门而不能精通之人。

③ 阳宅即房屋，是人们休养生息和工作的场所。最主要的是住房和工作场所。随着人类文明的进步，人在阳宅中度过的时间越来越多，阳宅的风水格局与身心健康的关系是非常密切的。

④ 生命，指与宅主之命相生。命，指一个人的五行属性。古代用天地天干地支表示人出生的年、月、日、时，合起来是八个字，常将一个人的命用八字表达，故称八字。八字的表达了人出生时太阳的位置，根据阴阳五行的原理来推算人的性格与这种性格所呈现的人生方向。古代阴阳五行学者认为，天地之间皆五行；故将天干地支套上五行，人一生的命运就可以从五行的"冲刑生克合"推算出来。

⑤ 所谓阴宅，就是安葬祖先灵柩的地方，也就是坟墓，是祖先得以长眠安息的地方，故称之为阴宅。

⑥ 化指制化。制即克制，化即化生。五行学说认为，化生和克制是互相为用的，事物生中有克，克中有生，才能维持其相对的平衡协调。这样生克的配合，称为制化。举木为例：木能克土，但土能生金，金又能克木，通过这种调节，使木不能过度克土。其余类推。

⑦ 德指天德。天德者，三合之气也。如正、五、九月建寅午戌，合火局，故以火为德。正月丁，九月丙，五月乾，戌火墓在乾宫也。二、六、十月建卯未亥，合木局，故以木为德。六月甲，十月乙，二月坤，未木墓在坤宫也。三、七、十一月建辰申子，合水局，故以水为德。三月壬，七月癸，十一月巽，辰水墓在巽宫也。四、八、十二月建巳酉丑，合金局，故以金为德。四月辛，十二月庚，八月艮，丑金墓在艮宫也。寅、申、巳、亥月乃五行长生之位，故配阴干；辰、戌、丑、未乃五行墓库之位，故配阳干；子、午、卯酉乃五行当王之位，故以配墓辰。本宫之卦不用支而用干者，支地也，干天也，名曰"天德"，故用天干。又用四卦以代辰、戌、丑、未者，不用地支故也。

⑧ 指天禄、天贵、天马，皆为岁中吉神。详请参看《钦定协纪辨方书》。

⑨ 三合者，取生、旺、墓三者以合局也。水生于申，旺于子，墓于辰，故申、子、辰合水局也。木生于亥，旺于卯，墓于未，故亥、卯、未合木局也。火生于寅，旺于午，墓于戌，故寅午戌合水局也，金生于巳，旺于酉，墓于丑，故巳、酉、丑合金局也。

⑩ 指子与丑合，寅与亥合，卯与戌合，辰与酉合，巳与申合，午与未合，称十二地支六合。

⑪ 斗首五行，不知其所自起，为其说者皆托之杨筠松。凡斗首，俱以坐山所属五行为主、为我、为元辰；我生者为廉贞、为子孙；生我者为贪狼，为官星；我克者为武曲，为妻财；克我者为破军，为鬼贼。凡择日期，以年月为上、为外、为出，日时为下、为内、为入。元辰宜生旺有气，宜生出不宜死绝、受克。廉贞、子孙只喜一位，重见则泄气损子孙。贪狼、官星不宜生入、克入，宜休囚。武曲、妻财宜生旺有气、宜生入克入，不宜生出、克出。破、鬼宜休囚克出，不宜生旺有气。

一、奇门占法，要分动静之用。静则止查直符直使时干，看其生克衰旺何如；动则专看方向。盖动者，几之先见者也。如闻南方之事，则占离位；闻北方之事，则占坎位。凡鸦鸣鹊噪，东鸣则看震，西鸣则看兑。此皆不能胶柱鼓瑟、刻舟求剑①者也。诸占例此。

一、奇门占法，其说不一。如占天时之法，有专看直符者，有专看格局者。有专看天蓬天英，为水火二星者。有专看壬癸丙丁，为晴雨所司者。有专看雨师风伯、雷公电母等神者。其说既不可全非，其理亦不可偏废。临时会意，头绪纷然。灵机所触，皆难预决。诸占放②此。

---

① 胶柱鼓瑟、刻舟求剑，均出自寓言故事，比喻固执拘泥，不知变通。柱：瑟上调节声音的短木。瑟：一种古乐器。是用胶把柱粘住以后奏琴，柱不能移动，就无法调弦。刻舟求剑的典故则广为人知，此处不再解释。

② 同仿。

# 释义

## 释奇

乙为日奇，丙为月奇，丁为星奇，故名"三奇"。然读如"奇偶"之"奇"亦通。盖戊、己、庚、辛、壬、癸，皆有六甲遁乎其中，是甲与六仪相偶也。乙、丙、丁则单行矣，故名奇。兵家所谓《握奇经》[①]者，亦音"奇偶"之"奇"，义亦相同。

## 释仪

仪者用也，为甲所用也，亦有仪卫之义。盖甲遁于仪中，而仪则卫乎其外也。

## 释门

五行之理，畏克喜生。甲木位于东，庚金位于西，东西相对，木之畏金也甚矣。故用奇以制庚，庚制而退休于坎，以就水之生，故正北为休门。休于北而对于南，有向明而治之象。景者大也，故正南为景门。水能滋木，金

---

[①] 《握奇经》乃中国古代关于八阵布列的兵书，又名《握机经》、《幄机经》。1卷，380余字（一本360余字）。相传其经文为黄帝臣风后撰，姜尚加以引申，汉武帝丞相公孙弘作解。其版本现存有汲古阁本、红杏山房本等。《握奇经》以天地风云四阵为正，龙虎鸟蛇四阵为奇，四正四奇总为八阵。大将居阵中掌握机动兵力（即所谓"余奇"之兵），称为"握奇"。布阵时，先由游军于阵前两端警戒；布阵毕，游军撤至阵后待命。作战时，四正与四奇之兵与敌交锋，游军从阵后出击配合八阵作战，大将居中指挥，并以"余奇"之兵策应重要作战方向。由于经文简略，关于四正四奇的方位，在布阵和作战时的作用，两者变换演化关系，后人解释不尽一致。

能生水。生则金气泄，泄则木气舒。故金水之间，西北为开门。有开必有阖，故对开为杜门。杜者，言阳气欲尽也。木既休于水，则水气畅。故水木之间，东北为生门。有生必有死，故对生为死门。死者，言落其实而取其材也。庚欲犯甲，甲既休于北，而对之者惟有卯木，不无受伤之患。此伤而彼亦惊。故正西为惊门，正东为伤门。

### 释星

蓬、任、冲、辅、英、芮、柱、心、禽，其立义皆本于甲。而其取义，则因于节气。盖甲既遁而星乃显其用，谓之星者，必晦而后现，犹夫甲之必遁而后显也。冬至之木，阳意已动。蓬者逢也，言能复逢其阳也。故一宫曰"逢"。立春乃可以任其性矣，故八宫曰"任"。春分则其气益畅，故三宫曰"冲"，冲者动也。至于立夏，扶苏四荫，附之者益众，故四宫曰"辅"。夏至而英华尽露矣，故九宫曰"英"。立秋而敛，故二宫曰"芮"，芮之为言内也。秋分黄落，厥干独存，故七宫曰"柱"。立冬则体竭内含，中藏仁德，故六宫曰"心"。惟土则四时相依于木，有禽之象焉，故中五曰"禽"。

### 释九宫[①]之色

两仪[②]立而后五性[③]分，青黄赤白黑者，五方[④]之正色。九宫之色有七，而色不同，不可以五方论。如坎在北，色主黑，而九宫主白；坤土宜黄，而九宫主黑；兑金主白，而九宫主赤，此从九宫时气之色而言也。坎艮皆白，万物未萌之色也。方春而芽，白者渐有青意，而犹未青，故曰"碧"，属震。

---

① 九宫：指乾宫、坎宫、艮宫、震宫、中宫、巽宫、离宫、坤宫、兑宫。其中，乾、坎、艮、震属四阳宫，巽、离、坤、兑属四阴宫，加上中宫共为九宫。
② 两仪：天地。《吕氏春秋·大乐》："太一出两仪，两仪出阴阳。"
③ 五性，指世间万物的金木水火土等五种五行属性。
④ 五方指东、南、西、北、中央。

初夏属巽，色重于青，故曰"绿"。盛夏在离，其气薰灼，故不曰"赤"而曰"紫"。过夏而神色渐秾，故曰"黑"。秋深在兑为赤，丹黄凋落矣。交冬为乾，万物归根，无色可见，故亦曰"白"。黄主土，四季有之，故不配于八月，非正色间色之谓也。

## 释八神

八神者，天乙、螣蛇、① 太阴、六合、朱雀、② 白虎、③ 九地、九天也。天乙常随甲而分时干，故亦名直符。阳局顺行，阴局逆行，依次临方，不循宫次序。凡兵占，以天乙所在，坐击其冲，扬兵于九天，安营于九地，伏兵于太阴，匿形于六合，间谍用朱雀，侦探用白虎，惊扰用螣蛇，各有所司也。或有用元武、④ 勾陈⑤者，朱雀之下，即可兼看元武；勾陈之下，即可兼看白虎。

## 释八卦分八节

八节者，冬至、立春、春分、立夏、夏至、立秋、秋分、立冬也。冬至一阳生，生于阴之极也。夏至一阴生，生于阳之极也。故冬至起于坤，夏至起于乾，以先天卦之接应也。是以立春起于震，春分起于离，立夏起于兑，

---

① 也作"腾蛇"。古书上说的能飞的蛇。螣蛇为奇门中八神之一。
② 朱雀本为南方七宿之总称，此处被取为奇门八神之一。《书·尧典》："日中星鸟。"传："鸟，南方朱鸟七宿。"疏："南方朱鸟七宿者，再天成象，星座鸟形。《曲礼》说军陈象天之行：前朱雀，后玄武，左青龙，右白虎；雀即鸟也。"
③ 二十八宿的西方七宿（奎、娄、胃、昂、毕、觜、参），其形象虎，位于西方，属金，色白，总称白虎。奇门取用为八神之一。
④ 元武，即玄武。清代避康熙皇帝玄烨之讳而改玄为元。《书·尧典》："宵中星虚，以殷仲秋。"传："虚，玄武之中星。"按：玄武即北方七宿之总称。
⑤ 勾陈，古星宿名，属紫微垣。中国古星名，有星六颗，属现在星座体系中的小熊座，勾陈即小熊座α星，也就是现在的北极星。

行东蔀①之生气而隶于北,立秋起于巽,秋分起于坎,立冬起于艮,行西蔀之杀气而隶于南。

一节绕三气,一元统五日,一日统十二时,一时为一局,五百四十局为一卦,八卦合得四千三百二十局,以成一岁。此轩辕氏②之始制也。

一节分三气,一气立四十五局,岁得一千零八十局。此风后③演轩辕氏四局为一局之制也。

冬至甲子生于一。一,数之始也。夏至甲子生于九。九,数之终也。故冬至起于坎,夏至起于离,此后天卦之节应也。是以立春起于艮,春分起于震,立夏起于巽,顺行阳气而履于左;立秋起于坤,秋分起于兑,立冬起于乾,逆行阴气而戴于右。一节统三气,一气统三候,一候为一局,九局为一卦,八卦合得七十二局,以成一岁。此太公望④约十五局为一局也。

---

① 此处"蔀"通"部",指方位的意思。"蔀",本为古历法名词。我国汉初所传六种古代历法,以十九年为章,章有七闰,四章为蔀,二十蔀为纪,六十蔀为元。《后汉书·律历志》:"成日为没,并岁气之分,如法为一岁没。没分于终中,中终于冬至,冬至之分积如其法,得一日,四岁而终。月分成闰,闰七而尽,其岁十九,名之曰章。章首分尽,四之俱终,名之曰蔀。以一岁日乘之,为蔀之日数也。以甲子命之,二十而复其初,是以二十蔀为纪。纪岁青龙未终,三终岁后复青龙为元。"

② 轩辕氏:即黄帝。传说黄帝姓公孙,后因生于姬水改姓姬。国内有熊,故亦称有熊氏。与蚩尤战于涿鹿之野,斩杀蚩尤;又败炎帝于阪泉,诸侯尊为天子,以代神农氏。因有土德之瑞,土为黄色,故号黄帝。

③ 风后,传说为黄帝的宰相。相传黄帝做一梦,梦见一场罕见的大风,把大地上的尘垢刮得荡然无存,只剩下一片清白的世界。黄帝惊醒后,自我圆梦,心里暗叹:"风为号令,执政者也。垢去土,后在边。天下岂有姓风名后者哉?"于是他食不甘味,寝难安席,到处留神察访,终于梦想成真,在海隅(运城市解州镇社东村)这个地方找到了风后,即拜为相。今山西省运城市解州镇东门外社东村有一块"风后故里"的大碣石和"风神庙",芮城风陵渡有其墓并以此为地名。由于风后是黄帝的第一任宰相,故后人称他为"开辟首相"。风后发明的指南车以及阵法天下无双,帮助黄帝统一中原,做出了不可磨灭的贡献。最著名的"风后八阵兵图"对我国古代的军事史、古代军论的形成和发展都有重大的学术意义和价值。

④ 太公望即姜子牙,姜姓,吕氏,名望,字子牙,号飞熊,也称吕尚或姜尚。商朝末年人。汉族(华夏族),商末东海上人士(现今河南许昌,另一说法是安徽临泉姜寨)。其始祖四岳伯益佐大禹治水有功而被封于吕地,因此得吕氏。姜子牙出世时,家境已经败落了,所以姜子牙年轻的时候干过宰牛卖肉的屠夫,也开过酒店卖过酒,聊补无米之炊。但姜子牙始终勤奋刻苦地学习天文地理、军事谋略,研究治国安邦之道。姜太公佐武王灭殷,是武王克殷的最高军事统帅与西周的开国元勋。功成而封于齐,是齐国的缔造者,齐文化的创始人,亦是中国古代的一位影响久远的杰出的韬略家、军事家与政治家。历代典籍都公认他的历史地位,儒、道、法、兵、纵横诸家皆追他为本家人物,被尊为"百家宗师"。

八节分二至，二至分阴阳，阳统十二气，顺行九宫，为阳九局。冬至、惊蛰、清明、立夏四气，三元甲子起于一、七、四宫；小寒、立春、谷雨、小满四气，三元甲子起于二、八、五宫；大寒、春分、雨水、芒种四气，三元甲子起于三、九、六宫。阴统十二气，逆行九宫，为阴九局。夏至、白露、寒露、立冬四气，三元甲子起于九、三、六宫；小暑、立秋、霜降、小雪四气，三元甲子起于八、二、五宫；大暑、秋分、处暑、大雪四气，三元甲子起于七、一、四宫。每一宫统四元，每一元统六十时，四元合得二百四十时为一局，岁四千三百二十时为十八局。此留侯又约四局为一局也。

汉阴居士曰：天地之理，阴阳生杀而已矣。含两间而吐四时者，理中之气也。气无理不畜，理无气不舒。阴阳生杀者，所以畜其气而舒其理者也。故庖羲氏俯仰以画卦，轩辕氏即卦以分节，亦各缘阴阳生杀，发其含吐舒畜而已矣。八节之义，冬者阴也，其音翕，阴之理也；夏者阳也，其音张，阳之理也。春者，阳之生气也，故其音张而发；秋者，阴之杀气也，故其音翕而敛。此阴阳理气自然之翕张敛发，故运行四时，而生成百物也。至者极也，分者中也，立者止也。先天坤以纯阴居北，阴至于纯而阴极矣，故曰"冬至阴极则阳生"。阳生则阴止，故震一阳生于东北，曰"立春"。离以阳含阴而居东，阳之生气得乎中，是以二阳含一阴而中分之，故曰"春分"。阳过其中而气渐盛，若不知其所止，则必至于极，故兑以一阴止二阳于东南，曰"立夏"。乾以纯阳居南，阳至于纯而阳极矣，故曰"夏至"。阳极则阴生，阴生则阳止，故巽一阴生于西南，曰"立秋"。坎以阴含阳而居西，阴之杀气得乎中，是以二阴含一阳而中分之，故曰"秋分"。阴过其中而气渐盛，若不知其所止，则必至于极，故艮以一阳止二阴于西北，曰"立冬"。此羲皇二圣，① 卦、节一揆之旨也。后天卦位虽易，而八方八节不能易。其所能易者，则阴阳升降之气；而所不能易者，则阴阳配合之理也。故曰"天地之理，阴阳生杀而已矣"。

---

① 羲皇二圣：羲皇指伏羲。考原文，二圣当指轩辕皇帝与风后二位圣人。

## 释九宫

九宫者，四正、四维、中央也。其体则先天阴阳往来顺逆之序，其用则洛书戴履左右肩足之数，其义则一也。但先天之序隐，隐则布局繁而难；洛书之数显，显则布局简而易。是以太公、留侯于奇门布局，则用洛书之数，起元仍用先天之节。盖去难而取易，舍繁而用简耳。《易》赞曰："易则易知，简则易从。"太公、留侯，真明"易简"而得其理者也。

## 释虚中合宫

五行分位五方，左旋相生。正北水生正东木，正东木生正南火，正南火生中央土，中央土生正西金，正西金生正北水。惟中央无门，故虚而土寄合于西南，以续金火之气，亦见坤为万物之母也，此中五所以合于坤二也。一本阳局中五合于二，阴局中五合于八，先天巽以一阴生于西南，震以一阳生于东北。冬至一阳生于阴之极，故用阳局，而以中五寄巽，以姤其阴气。夏至一阴生于阳之极，故用阴局，而以中五寄震，以复其阳气。是阳局顺阴而逆阳，阴局顺阳而逆阴。阴阳互交于五之寄宫，而后得乙与庚合，而甲始无畏。脱中五不寄于震巽，则后天之坤艮，不得属土，而洛书之二八，不能相交。且中五之土，有阳无阴，有死门而无生门，亦非通论。所以悟真结胎，用先天之数。东南合五，西北合五，中宫分五，为三家相见。盖其分阴阳于震巽者，即二少之合阴阳于二长也。其说于理无为周备，但旧本多从前说，故遵之。

东南合五者，木往生火，木三火二，合成五也。木往必经兑，故后天巽代兑为木。西北合五者，金来生水，金四水一，合成五也。金来必经艮，故后天乾代艮为金。盖以图之生数合之也。不言成数有合者，以其去本位之生数即成五，不必合也。中分五者，分土之成数，西南东北各得其五也。故曰

"数往者顺，知来者逆"也。

## 释六仪遁六甲

六仪遁六甲者，六甲统六仪，仪用而甲不用也。其仪维何？干有十而宫惟九，甲不入宫，则奇仪无首；甲若居宫，则奇仪缺位。是以甲统其仪，用仪之用以为用，而不自用也。假令甲以奇仪分布九宫，顺则仪在前，奇在后；逆则仪在后，奇在前。今举顺布以类其余。如布冬至第一局，先布三奇于后，乙居九，丙居八，丁居七。次布六仪于前，戊居一，己居二，庚居三，辛居四，壬居五，癸居六。此奇本局之定位也。一局为一元，一元统五日，五日统六十时，六十时分六甲，六甲统六仪。自甲至癸，一宫一干，遍历九宫，为终一甲；六历九宫，为终一元。一元终，又起首甲，为第二局。本局甲子起一宫，顺遁九宫，至癸酉仍归一宫，则首甲所监之九干，终于一戊之本局，定位居一。甲子十干，始于一而终于一。甲子与戊同宫，是戊遁甲子，故统曰"甲子戊"。甲戌续癸酉起二宫，宫遁一干至癸未，仍归二宫。二为己本局之定位，是甲戌与己同宫，故统曰"甲戌己"。甲申续癸未起三宫，宫遁一干至癸巳，仍归三宫。三为庚本局之定位，是庚遁甲申，故统曰"甲申庚"。甲午续癸巳起四宫，宫遁一干至癸卯，仍归四宫。四为辛本局之定位，是甲午与辛同宫，故曰"辛遁甲午"，而统曰"甲午辛"。甲辰续癸卯起五宫，宫遁一干至癸丑，仍归五宫。五为壬本局之定位，是甲辰与壬同宫，故曰"壬遁甲辰"，而统曰"甲辰壬"。甲寅续癸丑起六宫，宫遁一干至癸亥，仍归六宫。六为癸本局之定位，故曰"癸遁甲寅"，而统曰"甲寅癸"。举此一局，而局局如是；布此一元，而元元如是。故甲子戊、甲戌己、甲申庚、甲午辛、甲辰壬、甲寅癸，旬首之甲，莫不统仪以遁，则仪用即甲用，故曰"用仪之用以为用，而不自用"也。

六甲统仪不统奇者，仪为庚之党羽，奇为甲之腹心也。奇仪分布九宫，六甲又遁诸干于九宫者，备星门之为符使，所为遁宫也。

## 释符头

符头者，符合上元首甲也。甲子、己卯、甲午、己酉，四日为符头。盖一气统三元，分上中下三局。一局统五日，五日统六十时为一纪，一纪即一元纪法。以十干加十二支，首尾相合为一终。干以甲为首，癸为尾；支以子为首，亥为尾。故自甲子至癸亥，合得六十为一纪，谓之一元。奇门选时之法也，时非日不能得元，元非气不能得局，是以一气统三元为三局，分上中下以别之。再别为周，再周为变，故终十二纪，而天地之气一变。岁得日纪六。凡日纪一，统时纪十二，而变一气，是以谓之六气也。凡变气一，统节气四，故四分日纪，以起各气之元。用甲己二干，遁起甲子时为元首。二干加仲为上，加孟为中，加季为下。以仲之甲己四日，遁起甲子时，合时纪上元之首，故曰"符头"也。

## 释直符直使

符使者，星门用时之异名也。直者，代甲而直其用也。甲以星门为体，以奇仪为用，故奇仪无定位，而星门有定宫也。星为符者，即凭执之符也。门为使者，即甲巡行之使也。故凡甲在之宫，即以直宫之星为符，以直宫之门为使也。干本十也，以配十二支，而变为六十干，故甲称六而仪亦称六也。奇仪者，九干之体；六十干者，奇仪之用也。故奇仪随元，分职九宫；而六十干亦随元，分遁九宫也。六十干分遁九宫，则六甲干首，亦在其中，何以概言为奇仪之用也？盖以身先之，而分其势以弱之也。若六甲不率五十四干分遁，则各干各聚于一宫，非所谓"强木弱金"也。何也？以木弱金而强木者也。故凡甲在之宫，而癸辄临之。所以甲子遁戊，而癸酉亦遁戊，金盗土以生水也。甲戌遁己，而癸未亦遁己，土相比以求益也。甲申遁庚，而癸巳亦遁庚，火制金以防合也。甲午遁辛，而癸卯亦遁辛，木助火以制金也。甲辰遁壬，而癸丑亦遁壬，土相连以败水也。甲寅遁癸，而癸亥亦遁癸，水相合以益木也。是以甲子癸酉遁戊，而戊应配之辰，与子酉合。甲戌癸未遁己，而己应配之卯，与戌未合。甲辰癸丑遁壬，而壬应配之子，与辰丑合。甲寅癸亥遁癸，而癸应配之亥，与寅亥比合。惟甲申癸巳遁庚，而庚应配之寅，则冲申而害巳，故巳火克庚金，而申金又克寅木也。甲午癸卯遁辛，而辛应配之丑，则生辛制卯而盗午，故午火克辛金，而卯又克丑土也。甚矣！金之不能忘情于木也。故仪顺而奇应之以逆，仪逆而奇应之以顺，有以也。或曰：甲遁于仪，不能遁于奇，何以言为奇仪之用也？盖以静为体，以动为用也。奇仪之于卦无定位，于局有定宫也。有定宫则谓之静，故曰"奇仪为九干之体"也。六甲随元遁于仪，故奇合六仪之干，亦随甲遁于宫。遁则非静矣，故曰"六干为奇仪之用"也。夫六甲不遁于六仪，则九星不能直其符；九干不遁于九宫，则八门不得直其使。歌曰："直符常以加时干，直使逆顺时支去。"谓每甲用时，以当直之星符，临奇仪本局之定位，以当直之门使，巡奇仪本元之遁宫也。譬之用人，其人体在是，而以符监之；其人用在彼，而以使察之，则何所为而不善哉！故云善藏其用，以儆戒无虞也。

## 辨三氏奇门

一、《李氏奇门真传》，不顾尊甲之义，止以节气为准。如云辛卯日午时立春，是日癸巳时，犹用大寒下元。自甲午时起，至癸巳日亥时止，共三十时。先用立春下元阳二局，谓之残局。自甲午日子时起，至戊戌日亥时止，共六十时。后用立春上元阳八局。己亥日子时起，至癸卯日亥时止，共六十时。用立春中元阳五局。又自甲辰日子时起，至丙午日申时止，共三十三时，仍用立春下元阳五局为补局。谓以此三十三时，补足先用残局，以成一元。丙午日丁酉时，交雨水节，亦如立春，先用下元补局。嗣此而后，气气皆同。直至甲午日子时，交寒露节，三元顺序，始为正受。至己酉日，乃用霜降超起，超至次年戊戌日芒种，超过四日；超至辛丑日大雪，超过七日；又超至次年癸卯日芒种，过九日。余无再超之理，即以己酉日，叠作芒种闰奇。盖以接气为拆补，谓"拆补宁多二三时，起超不可过九日"。如过九日，即当置闰也。

考古法，以甲子、己卯、甲午、己酉为符头者，缘尊甲以制奇门，故立符以定元首也。是以符头为体，节气为用，非节气则不能入局，非符头则不能起元。故于二至之前，置闰引气，以归符头也。李氏超闰既用古法，则接气亦当如古法，何得创为拆补以乱符头？若谓拆补是接气之准，则符头不得超前气而为超神；若谓超神为置闰之基，则气余不得因拆补而为节气。此易知者也。如必以气为准，则超神亦当用拆补法，不宜于本气，接后气之超。倘曰符头已到，不得不超，而接气符头未到，何以下元返用于上元之先耶？脱依此法，不但下元用于上元之先，中元亦可用于上元之先矣。况甲午符头，仅得一元五日六十时。若用残局补合三元，又系己卯符头所辖。宁有当辖者不能用，而顾用于不当辖者乎？殊违尊甲之旨也。

一、《林氏奇门》，以周天三百六十五度四分度之一。太阳日行一度，历十二辰。二十四气为一周，奇用七十二候，止三百六十日，余日之度成闰奇，以合天道气候。凡一节气三十日五时二刻，以三十日为六候，余五时二刻为闰始。一岁二十四气，积其余得五日三时为一候，作闰候，故二十年有二十一候之闰。第一年在天正冬至上候起，至芒种末，闰上候；第二年在小满末，闰中候；第三年在立夏末，闰下候。周而复始。一至一年，二至二十一年，三至四十一年，四至六十一年，循环不已。积四百一十六年而天正冬至，仍闰上候。

考古法，正受之后起超者，盖尊甲子为上元之首也。故超四十余气，遇芒种大雪，重用本气三元，以续阴阳终极之气，俾三元之次序不紊耳。林氏不究古义，谓李氏置闰为非，创为闰候之法，自谓奇门功臣。不知李氏超闰，正合古义，第以拆补用于接气淆乱符头，然于三元次第，犹有上中下之分别也。若林氏二十年闰二十一候，则三元次第不分，四仲符头无用矣，不亦奇门之罪人乎？殊违尊甲之旨也。

一、《陶真人遁甲神书》，超闰以二氏为准，加临以古法为非。谓禽芮不宜同宫，奇仪逐时有异，创立阴阳一百六十二图。《自序》云"启千古不传之秘"。其法阳遁一局，一宫起甲子戊，二宫起甲戌己，三宫起甲申庚，四宫起甲午辛，五宫起甲辰壬，六宫起甲寅癸，七宫起丁奇，八宫起丙奇，九宫起乙奇。直符直使，不载图中。若甲子时用事，即以直符天蓬，直使休门，同加于坎一宫，天盘地盘相同。凡甲己日之戊辰时，乙庚日之己卯时，丙辛日之庚寅时，丁壬日之辛丑时，戊癸日之壬子时、癸亥时，此六时各归各宫。故同甲子时者，共为一局第一图，永定不易。如用乙丑时，本局地盘不动，以天盘甲子戊加乙于九宫，再加甲戌己于一宫，甲申庚于二宫，甲午辛于三宫，甲辰壬于四宫，甲寅癸于五宫，加丁奇于六宫，加丙奇于七宫，加乙奇于八宫，以蓬休符使加于离九宫。凡甲己之乙丑、甲戌时，乙庚日之戊寅时，丙辛日之己丑时，丁壬日之庚子、辛亥时，戊癸日之壬戌时，七时六甲，各加其干。故同乙丑时者，共为一局第二图，亦永定不易。如此阴阳各立九局，每局各位九图，共为一百六十二图。

考古法，东部四卦，一少交于西南；西部四卦，二少交于东北者，交于阴阳始生之地也。故后天坤艮位其地，而以五寄之。唯其有寄宫也，然后得乙与庚合而丙居其功。冬至四节，六甲从乎顺行；夏至四节，六甲从乎逆布者，从其卦爻往来之序也。故后天洛书代其序，而以时遁之。惟其有遁宫也，然后得符与使分，而甲藏其用。此理渊微，未易测也。陶氏不究古义，疑太公留侯捷法，为后人附会。谓时远难稽，无足凭信，遂用飞掌加临，立成图局，以为附合洛书。夫飞掌之法，乃近代形家排山之法，非古法也。脱如其说，使九星可入中宫，禽芮亦不并混，不知直使仅有八门，又将何法以分九宫乎？颠倒星宫，殊违尊甲之旨也。

## 释阴阳刑德开阖

阴阳刑德开阖者，阴刑阳德，阳开阴阖也。冬至德在卯，刑在酉；夏至德在酉，刑在卯；春分德在午，刑在子；秋分德在子，刑在午；立春德在辰，刑在戌；立秋德在戌，刑在辰；立夏德在未，刑在丑；立冬德在丑，刑在未。凡刑德所在，三气共之。刑德不及寅申巳亥者，以四孟为四生，故不及也。蓬、任、冲、辅、禽谓之阳星，凡五阳星加时为开；英、芮、柱、心谓之阴星，凡四阴星加时为阖。将兵以开阖分主客，以刑德定坐击。阖为主，开为客；坐阳德，击阴刑，是也。

### 释三甲

三甲者，孟甲、仲甲、季甲也。凡上元入局，甲子、甲午直符为仲甲；中元入局，甲寅、甲申直符为孟甲；下元入局，甲辰、甲戌直符为季甲。三元三甲直符之时，举事视刑德为动静，将兵视刑德为战守，皆以在门决之。在门者，刑德在直使之门也。冬至三气，卯为德，酉为刑。凡三元入局，五百四十时中，五卯时德在门，五酉时刑在门。德在门之时，宜动宜战；刑在门之时，宜静宜守。三气元中，孟甲、仲甲直符旬内，有刑亦有德。惟季甲直符甲辰旬中，有刑而无德；甲戌旬中，有德而无刑。立春三气元中，凡五辰时德在门，五戌时刑在门。孟甲、季甲直符旬内，有刑亦有德。惟仲甲直符甲子旬中，无刑而有德；甲午旬中，无德而有刑。春分三气元中，凡五午时德在门，五子时刑在门。立夏三元气中，凡五未时德在门，五丑时刑在门。六气十八元中，仲甲、季甲直符，有刑亦有德。惟孟甲直符甲寅旬中，无刑而有德；甲申旬中，无德而有刑。夏至十二气，直符同，刑德反是。凡德在门之时，阳星加之为尽开，阴星加之为半开；刑在门之时，阳星加之为半阖，阴星加之为尽阖。故《经》云："能知三甲，一开一阖。不知三甲，六甲尽阖。"

三氏诸书，以仲甲为刑德在门，此时主客皆不利，惟宜退藏隐伏。孟甲为阳在内，阴在外，此时利主，宜坚壁守城。季甲为阴在内，阳在外，此时利客，宜扬兵动众。又以甲申庚为刑门。又注：六甲之时，阳星合孟，内开外阖；合仲，半开半阖；合季，外开内阖。阴星合孟，内半开，外尽阖；合季，外半开，内尽阖。不知何所取义，存之以备博洽之考。

## 释三奇得使

三奇得使者，谓得三吉门直使加奇也。凡开、休、生加乙、丙、丁，为吉门合三奇，利为百事。更得吉门作直使，为得使，谋为尤利。

## 释三奇游六仪

三奇游六仪者，谓奇间于仪中，仪加奇而奇复游其仪也。左仪加奇，则奇游于右仪；右仪加奇，则奇游于左仪。乙游己辛，丙游戊庚，丁游壬癸，必为当旬直符来加方是。假如阳一局，乙奇在九宫，甲午辛在四宫，居右；甲戌己在二宫，居左。若乙亥时，甲戌直符来加乙于九宫，则乙游于右仪之辛。若乙未时，甲午直符来加乙于九宫，则乙游于左仪之己，此时利为百事，若得吉门更利。丙丁仿此。左右间一宫者亦是，如阳三局乙奇是也。

## 释玉女守门

玉女守门者，地盘六丁守直使之门也。甲子直符庚午时，甲戌直符己卯时，甲申直符戊子时，甲午直符丁酉时，甲辰直符丙午时，甲寅直符乙卯时，值此六时，则直使遁于丁奇所在之宫。丁为玉女，故曰"玉女守门"也。此时利谋秘密、阴私之事，乘玉女守门方出，人不能见。入宜营建、宴会、和乐之事。若遇三奇吉门直使，又得太阴临合地户，宜福食远行，出入皆吉。

以上三格，三氏诸书，各有异同。李以甲戌、甲午为乙奇得使，甲子、甲申为丙奇得使，甲辰、甲寅为丁奇得使，林陶因之。林以甲己时丙，乙庚时辛，丙辛时乙，丁壬时己，戊癸时壬，为玉女守门时。李陶皆以"玉女守门"为"三奇游六仪"，考《钓叟歌》与诸说不合。歌云："吉门偶尔合三奇，值此《经》云百事宜。更合从旁加检点，余宫不可有微疵。三奇得使诚堪使，六甲遇之非小补。乙逢犬马丙鼠猴，六丁玉女骑龙虎。号为三奇游六仪，又有玉女守门时。若作阴私和合事，请君但向此中推。"此十二句是承上接下，一串说来者。若从三氏以游仪为得使，以守门为游仪，则于歌义大相戾矣。歌云"甲遇"者，谓得使之时，复遇直使之甲加之，其吉更倍，非以游仪为得使也。且得使遇甲，惟丙辰、丁酉二时有之。阴阳二局，仅各三见。阳一局八宫、三局一宫、五局三宫，阴六局八宫、四局六宫、二局四宫，为丙奇得使遇甲。阳三局九宫、五局二宫、七局四宫，阴九局三宫、四局七宫、二局五宫，为丁奇得使遇甲。至于乙奇以及他时，则遇甲而不得使，或得使而不遇甲矣。矧①《经》中止载游仪守门二格，无得使之格。若必谓游仪为得使，是以仪为使，而不以门为使也；必谓守门为游仪，是以门为仪，而不以甲为仪也。何则？玉女守门者，守其宫以待直使之门，来加所遁之时也。玉女，丁奇也。既以丁奇所在之宫，守直使来加为守门，只可谓之"八门游丁奇"，奚可谓之"三奇游六仪"乎？至于林以甲己时丙等为守门，则尤不可解矣。且三奇游六仪，惟阳一局、阴九局全见。阳一四七局，阴八六三局，惟丙奇见；阳三六九局，阴七四一局，惟乙奇见。其诀以一奇间于二仪之中，如天盘左仪直符加奇，则其奇游于右仪；右仪直符加奇，则其奇游于左仪。故曰"乙逢犬马丙鼠猴，六丁玉女骑龙虎"也。若依陶氏定图，每一时以奇仪顺序一易，则天盘与地盘异矣，大将何据以为得使乎！

### 释迫

迫者，门制其宫也。开门临三四宫，休门临九宫，生门临一宫，景门临

---

① 矧，音 shěn，意为另外，况且，何况。

六七宫，伤、杜二门临二八宫，死门临一宫，惊门临三四宫，凡此为迫，不利诸事。《经》云："吉门被迫，吉事成凶。凶门被迫，凶灾愈甚。"值此惟宜安静，不宜举动。

### 释五不遇时

五不遇时者，时干克日干也。凡值此时，诸事不利。《经》曰："时干克日有灾厄，甲日从午逆数之。若到戌亥便越过，万事如逢俱不宜。"其法以庚加午逆行，越过戌亥，为时之定局；次以日干甲从庚上逆数其下，即本日五不遇时也。凡十干环列，顺数七干，逆数五干，皆克第一干。顺数者，止论其干，故名"七杀"。逆数者，合论其干支，故曰"五不遇时"。

### 释奇墓奇制与日时干墓同凶

奇墓者，乙奇临二宫，丙奇丁奇临六宫也。二宫藏未，六宫藏戌；乙木墓于未，丙丁火墓于戌。故乙奇墓二，丙丁墓六也。墓则气绝，不利举动，动即有凶，合奇门半吉。

奇制者，乙奇临六七宫，木制于金；丙丁奇临一宫，火制于水也。三奇受制，占与墓同。盖奇为尊甲而设，临于墓制，则甲己无辅，故为凶也。

乙未、丙戌、丁丑三日时，谓之日时干三奇入墓，其凶与墓、制同。凡戊辰、壬辰、己未、癸未、辛丑五时，为时干入墓，不可用，以干困于支也。

旧本有戊戌、丙戌、丁丑、己丑四时，无戊辰、己未、辛丑三时，今改正之。

### 释六仪击刑

刑者，子刑卯，戌刑未，申刑寅，午刑午，辰刑辰，寅刑巳也。甲子戊仪加三宫，甲戌己仪加二宫，甲申庚仪加八宫，甲午辛仪加九宫，甲辰壬仪、甲寅癸仪加四宫，为击刑。以三宫藏卯，二宫藏未，八宫藏寅，九宫藏午，四宫藏辰巳也。凡值此时最凶，不宜举动百事。强有出者，车破马伤，兵败将杀。一本甲戌加八宫，甲申加四宫，甲寅加二宫，亦是。

### 释游三避五

三五者，生死二气顺逆之通名也。其法有二时，一日游避时，以十二支环列，日后三辰为生气，日前五辰为死气。谓逆三时干生日干，顺五时干受日干之克也。一符游避时，以十干环列，取符前三干为生气，符后五干为死气。谓逆五时干克符干，顺三时干受符干之生也。凡生气所在之方，不合奇门，亦宜游；死气所在之方，即合奇门，亦宜避。故曰"避三避五"。

李氏以三为震三宫，五为寄坤之五宫；谓震为木生之位，坤为死门之乡；凡六甲直符，宜游震避坤也。林氏以直符加丙为游三，加戊为避五。谓丙受甲生，戊受甲克也。陶氏以冬至后，天乙直使在一二三四为行阳，六七八九为行阴；夏至后，天乙直使在九八七六为行阳，四三二一为行阴。冬至后，自九至一，中分五之南为阳，五之北为阴；夏至后，自一至九，中分五之北为阳，五之南为阴。谓阴阳二使，各行半道，利害难分，故有避五之义也。愚谓奇门以尊甲立义，要使甲不受制，然后为尊甲也。林氏避五，虽非古义，然犹未违尊甲之旨，但不知三五有顺逆耳。若李氏以六甲直符宜游震避坤，则是凡百举动，皆由正东而避西南矣。且甲子直符临震宫名"击刑"，阴局中五寄艮宫得生门，不又为游刑避生乎？至于陶氏利害难分之说，则溺于飞掌，更谬于二氏矣。

### 释反吟伏吟

反吟者，反复不能宁处而呻吟也。凡星门各有定位，若加临于对冲之位，即为"反吟"，如蓬加英、休临景是也。伏吟者，伏匿不能变动而呻吟也。凡星门各加临于本位，即为"伏吟"，如蓬加蓬、休加休是也。如值二吟，若得太阴合奇门盖之，其凶减半。伏时宜收敛货财，隐匿什物；反时宜发散财货，分给仓廪。凡值二吟，不利举动。

陶氏图中，有时干而无遁宫，故反伏二吟，支离舛谬，已不足论。但谓六甲序为伏吟，则于三甲阖辟之义不啻，更属荒唐。夫奇门之所以必遁其甲者，盖主静以立人极之意也。是以六甲之时，符使各安其位，定而能静，谓之遁甲，不为伏吟。甲遁之后，奇仪用事，符使分宫，则星不得不动，以加所用之时；干门不得不动，以临所遁之时支。惟其动也，而后加临对宫，有反复不宁之悔；加临本宫，有伏匿不变之悔。悔者，悔其妄动，故曰"反吟、伏吟"。若以六甲序为伏吟，是以静而致悔矣，岂遁甲之旨也耶！尝考六十时中，星伏惟六时：甲子直符戊辰时，甲戌直符己卯时，甲申直符庚寅时，甲午直符辛丑时，甲辰直符壬子时，甲寅直符癸亥时，此阴阳二局星伏之定时也。凡六癸时为门伏，阴阳二局皆同。惟禽星直符多一庚时，任星芮星直符多一丁时。如禽星直符阳一局庚戌时，二局庚子时，三局庚寅时，四局庚辰时，五局庚午时，九局庚申时，死门伏。阴九局庚戌时，八局庚子时，七局庚寅时，六局庚辰时，五局庚午时，一局庚申时，生门伏。芮星直符阳一局、任星直符阴九局，丁丑时；阳二阴八，丁卯时；阳六阴四，丁巳时；阳七阴三，丁未时；阳八阴二，丁酉时；阳九阴一，丁亥时；阳局死门伏，阴局生门伏。此门伏之定时也。反吟取冲，头绪烦多，不能悉载，故未考定，于局中见之。

## 释天辅时与五合时同吉异理

天辅时者，甲子、甲戌、甲申、甲午、甲辰、甲寅时也。此六时，符使未分，奇仪安位；惟天乙贵人，辅甲而遁，故曰"天辅时"。《经》云："天辅之时，有罪无疑。斧钺在前，天犹赦之。"谓甲为青龙，贵人乘龙，万神呵护，摄伏诸凶，故为吉也。凡值此时，宜雪冤理枉，解纷释难，诸事皆吉。五合时者，时与日之干相合也。甲己相合，乙庚相合，丙辛相合，丁壬相合，戊癸相合，为五合。凡值此时，吉神用事，凶煞退藏，故其吉与天辅时同。宜谋为和合隐秘诸事，不宜雪理解释，故曰"同吉异理"。

林氏以五合时为天辅时，谓五合吉时，对五不遇凶时也。陶氏以六丁为天辅时，谓丁为甲之正生，庚之正克也，能制庚辅甲也。又云：若以甲为天辅时，有犯三甲开阖，必丁是而甲非。不知三甲开阖，谓当阴刑阳德之时，星符加临，有阴阳开阖之分也。如不当刑德，则阳星加时为开，阴星加时为阖，与丁何与？

## 释天网

天网时者，八门临伏之时，即癸酉、癸未、癸巳、癸卯、癸丑、癸亥六时也。凡百出入，皆由于门；八门临伏，如张网于门，出入见罹，故曰"天网"。如值此时，诸事不利，惟逃亡隐伏，出其方，人不能获。然网有高低，出有俯仰，非可造次。凡急难避匿时，视天上癸临何宫。临四宫为入墓，不宜出。临一二三宫为低，临六宫为触冠，不宜出；临七八九宫为高。高时以左手食指掩人中，仰面踣步而去。低时以两臂负刀，俯身匍匐而去。俱至六十步外，坦行无疑。凡癸亥时，为天网四张，东西南北，皆无路可出。惟阳九局、阴一局有之。《经》曰："天网四张，万物尽伤。强有出者，必罹其殃。"凡值此时，只宜安静，不可妄动。

三氏俱以癸临之下为天网时。凡甲寅值符，十时皆不可用。若在八九之宫，谓之四张。此时尺数高，任其往来。其说谬甚！夫既谓之四张，则无路可出矣，又从何处往来？且甲寅为天辅时，甲加丙为朱鸟跌穴时，戊午、己未、庚申、辛酉、壬戌五时，直使同临，为天乙持衡时。而阳一二三五局、阴二四六局，皆吉门直使。此六局丙辰时，又为丙奇得使遇甲，最为难得之时，岂可概以为天网时乎？

## 释贪合受制

贪合受制者，庚贪乙合，受制于丙丁也。凡金木气旺时，元首临其位，则乙庚合于二气交会之宫，而为丙丁所制。故三奇用而六甲尊，此可以观圣人乘时之妙矣。局法冬至以后，木气旺，后天三为木位。故阳局甲子起三宫，则乙庚合于西南，而丁即窥于南，丙即伺于北。夏至以后，金气旺，后天七为金位。故阴局甲子起七宫，则乙庚合于东北，而丁即窥于北，丙即伺于南。故曰"庚贪乙合，而受制于丙丁也"。

陶氏定图，五还中宫。故阳三阴七，无乙庚之合，且谓古法。禽芮同宫，五二莫辨，是独指阳遁说矣。若兼阴阳总说，何以不言禽任同宫，五八亦莫辨乎？近见作十八图活局者，亦以五专寄坤。注曰"水土生于申，申寄坤，故土亦寄坤"，则又星家之说矣。

## 释天将阴阳干支所属

天将者，贵人、螣蛇、朱雀、六合、勾陈、青龙、天空、白虎、太常、元武、太阴、天后也。此十二神应乎天干，故曰"天将"，即日将也。求将之诀：始子申，终未丑；避魁罡，不冲首。干取合，用惟九；阴阳分，顺逆数。又诀：乾宫甲子申，支分干不分。此是纳甲法，支始乾，干终坤。日干寻纳合，支上贵人生。

其法以乾坤艮兑坎离震巽环列，以十干甲起于乾，一卦一干，纳至辛，止于巽。又纳壬于乾、癸于坤，则乾坤名纳二干，故曰"乾纳甲壬，坤纳乙癸。艮纳丙，兑纳丁，坎纳戊，离纳己，震纳庚，巽纳辛"也。阳局求贵人入宫，先用纳甲，如序顺列；次以十二支除去冲首，及魁罡三支。阳贵支以子为首，午冲子，罡在辰，魁在戌。去午、辰、戌三支不用，余九支。以子纳于乾之甲下，一卦一支，顺纳至亥，仍纳于乾之壬下。则乾纳壬亥甲子，坤纳乙癸丑，艮纳丙寅，兑纳丁卯，坎纳戊巳，离纳己未，震纳庚申，巽纳辛酉，为阳贵入宫之定卦。凡阳局用贵，以日干寻纳甲合神，本日贵人，即起于合神所纳之支。如甲戊庚三日，求贵人所起，甲与己合，己为甲之合神；戊与癸合，癸为戊之合神；庚与乙合，乙为庚之合神。即寻己癸乙三干，纳在何卦。离纳己，己纳未，则甲日贵人起于未。坤纳乙癸，乙癸同纳丑，则戊庚贵人起于丑是也。冬至以后，皆用此局。阴局求贵人入宫，先用纳甲，如序逆列；次以十二支，除去冲首及魁罡三支不用。阴贵支以申为首，寅冲申，魁罡在戌辰。去寅戌辰三支不用，余九支。以申纳于乾之甲下，一卦一支，逆纳至酉，仍纳于乾之壬下。则乾纳壬酉甲申，坤纳乙癸未，艮纳丙午，兑纳丁巳，坎纳戊卯，离纳己丑，震纳庚子，巽纳辛亥，为阴贵入宫之定卦。凡阴贵用局，以日干寻纳甲合神，本日贵人，即起于合神所纳之支。如甲戊庚三日，求贵人所起甲合神，己纳于离，丑纳于己，则甲日贵人起于丑。戊合神癸，庚合神乙，乙癸纳于坤，未纳于乙癸，则戊庚二日，贵人起于未是也。夏至以后，皆用此局。

或曰：八卦纳十干，奈何独称纳甲？盖乾纳甲壬二干，阴阳贵人支首，皆纳于乾之甲下。恐误纳于壬，故称纳甲以徽之也。曰：阳贵支以子为首是矣。阴贵支以申为首，何义也？盖先天坤在子。后天坤在申，故用子申为首也。何以从坤而不从乾也？先阴后阳之理也。阴极则阳生，阳生而万物生，故从坤则机生；阳极则阴生，阴生而万物息，故从乾则机息矣。不观儿在母腹乎？母呼亦呼，母吸亦吸，寂然不动者，息机于阴也。及其生也，呴的一声，则机生于阳矣。故曰"天地再造，必先有阴而后有阳也"。《阳贵立成歌》曰："甲羊戊庚牛，己鼠乙寻猴。丙鸡丁猪位，壬兔癸蛇游。辛从虎上起，阳贵顺相求。"《阴贵立成歌》曰："甲牛戊庚羊，乙鼠己寻猴。丙猪丁鸡位，壬蛇癸兔游。辛从马上起，阴贵逆推求。"

### 释地将顺逆气支所属

地将者，神后、大吉、功曹、太冲、天罡、太乙、胜光、小吉、传送、从魁，天魁、登明也。此十二神应乎地支，故曰"地将"，即月将也。求将之诀：神后子起，登明亥止。以亥逆躔，娵訾雨水。月月气足，一将一出。将加正时，吉凶可卜。

### 释直辰

直辰者，建、除、满、平，定、执、破、危，成、收、开、闭也。以其逐月随斗所建，分直月内日辰，故曰"直辰"。如正月立春后，斗柄建寅，即用寅为月建。本月内，凡寅日，即以建加之，则建寅加卯，满辰、平巳，定午、执未，破申、危酉，成戌、收亥，开子、闭丑，各直其日之辰矣。余月类推。

### 释三门四户

三门者，太冲、小吉、从魁也。四户者，除、危、定、开也。凡急难时，不及择奇门，以月将月建加正时，视三将四建之下，为天门地户。乘其方去，百恶不能害。

### 释天马

天马者，房日兔也。房为天驷，故曰"天马"。兔隶卯，卯为太冲，每月太冲下天马方，又曰"太冲天马"。凡急难时，不及择奇门，以月将加月建，视太冲所临之下，乘其方去，凶恶不能侵，剑戟不足畏。

### 释地私门

私门者，太阴、六合、太常所临之方也。以月将加正时，用日干寻纳甲合神所纳之支，即以贵人泊其支，依阴阳顺逆，布定十二贵神；然后视三神所临之下，即地私门方。以地盘定其方，故曰"地私门"。私门之方，更得奇门凑合，百事乘之大吉。

右三门四户、天马私门，皆急则从神之法也。三氏诸书，以地户用时建法。月建四孟，则四仲时为地户；月建四仲，则四季时为地户；月建四季，则四孟时为地户。是用地户时，而非用地户方矣。又以天马用月建临法。正月子起辰，二月子起巳，顺行，视每月月建下为天马方。是月建天马，而非太冲天马矣。又谓三天将，宜为天三门；三地将，宜为地三门。且云"小吉为门"，其义莫解。曷若去小吉，以成参天两地更妙。尝考小吉，未将也；太冲，卯将也；从魁，酉将也。未为二气交会之门，卯酉为日月出入之门，故以三神为天门也。太阴、太常、六合，司秘密之神也。太常象于未，六合象于卯，太阴象于酉，故以三神为私门也。

## 释亭亭白奸

亭亭者，天之贵神也。白奸者，天之奸神也。求神之法：以月将加正时，视神后所临之下，为亭亭方；功曹、胜光、天魁临孟辰，为白奸方。二神常合于巳亥，格于寅申。将兵者合时宜战，格时宜守。余时皆背亭亭，击白奸，大胜。

三氏诸书，以寅午戌上见孟神为白奸。白奸与亭亭对为格，合为囚。囚格之时，不利有为。然考《经》中谓"背亭亭击白奸，百战百胜"，盖坐子击午，以水制火，故百战百胜也。所称白奸者，为北方三白之奸神也。坎宫一白，与离宫九紫相对，何奸之有？惟是乾宫六白，藏有戌；艮宫八白，藏有寅；寅戌与离宫午，三合结成火局，而藏于坎子之左右，是以寅戌为白奸也。凡子加巳，则寅加未，戌加卯，午加亥。亥为寅之合神，未为午之合神，卯为戌之合神。寅卯交相合，卯戌交相合，三神贪合，不能为奸，故宜战。凡子加申，则寅加戌，戌加午，午加寅。三神互格，相与为奸，故宜守。子加亥，则寅加丑。亭、奸互加其合神，亦谓之合。子加寅，则戌加子。奸来制亭，亭反生奸，亦谓之格。此亭、①奸之格合也。寅戌加巳亥，则亭、奸互相合；寅戌加寅申，则亭、奸互相格。此寅戌二奸之格合也。若以寅午戌上见孟神为白奸，不惟非白奸之义，且亦无格合之时矣。故详古以明之。三氏又有日月亭亭法：正卯二神顺行，为月亭亭；火局亥，木局寅，水局巳，金局丑，为日亭亭。诸书亦间有之，姑存之以备博洽之考。

### 释气应

气应者，符使之行，旺相休囚与气相应也。九星：蓬水，英火，冲、辅木，任、芮、禽土，柱、心金。以我生之月为旺，我同之月为相，我克之月为休，克我之月为囚，生我之月为废。如水星旺于寅卯月，相于亥子月，休于四五月，囚于辰戌丑未月，废于申酉月是也。余以类推。此星符之气应也。八门气应法，以旺、绝、胎、没，死、囚、休、废环列，逐节以本门加于旺地审之。如冬至三气，以休门加旺，则生门绝，伤门胎，杜门没，景门死，死门囚，惊门休，开门废是也。余以类推。此门使之气应也。

三代气应之法：假令甲己之日，日中庚午时，冬至己巳以前，尚在大雪气内，仍作大雪上局。庚午以后，方用冬至上局，厥气乃应，谓之气应。不知此即拆局补局之法也。又谓冬至以后，得一百八十二日六十二分半，历子午东部，阳气相应，宜用阳遁；夏至以后，得一百八十二日六十二分半，历子午西部，阴气相应，宜用阴遁。二遁各有二使。冬至气应，阳使起一宫，阴使起九宫；夏至气应，阴使起九宫，阳使起一宫。故曰"天乙直使，气宫异所"也。冬至起应阳，阳使顺行，阴使逆行；夏至起应阴，阴使顺行，阳使逆行。所以冬至上元甲子起一宫顺行，夏至上元甲子起九宫逆行，至戊辰会合于五宫。二气交应，利害难分，故曰"避五"也。按：所谓"避五"

---

① 点校者注：亭，故宫藏本作"午"字，今据他本改正。

者，避日建第五辰死气也。天乙直使起宫异所者，谓符使同起于甲遁之宫，各异于加临之所也。不言直符而言天乙者，天乙随六甲加时，言天乙即言直符也。阳使阴使者，休生伤杜在东部，谓之阳使；景死惊开在西部，谓之阴使。冬至休门起于一，则景门临于九；夏至景门起于九，则休门临于一。盖一定之序，非阴阳各有二使也。夫气应者，谓气气皆应也。若专言二至气应，是余气可不必应，则又与前假令相戾矣。二氏之说多类此，故揭此以概其余也。

### 释勃格飞伏

丙为勃，凡丙加庚为勃飞，亦名伏干；庚加丙为勃伏，亦名飞干。干者，庚为岁月日时干也。凡勃飞凶应在内，故曰"伏干"；勃伏凶应在外，故曰"飞干"。

庚为格，凡庚加甲为格飞，亦名伏干。甲加庚为格伏，亦名飞干。干之义与勃同。

诸书浑言勃格，与岁月日时干互相加临为飞伏，非也。尝考《经》注："勃者乱逆也，格者闭塞也；飞者见于上也，伏者隐于下也。"甲为十干之长，庚来相制，甲不能用，如政令之闭塞也，故以庚为甲之格。甲畏于庚，以乙合庚，庚贪合而受制于丙，如制伏乱逆也，故以丙为庚之勃。若浑言岁月日时干，是以反首、跌穴，亦为勃伏、勃飞矣。故揭《经》义以明之。

### 释庚丙同刑异破

庚加癸为刑，丙加己为刑，盗气同也。庚丁相加为破，丙壬相加为破，冲制异也。凡值此时，不利有为。

诸书以庚加癸为大格，加壬为小格，加己为刑格，加三奇为奇格。尝考《经》中，以庚丙为格勃者，以庚为甲之杀，丙为庚之杀；后制前为格，前制后为勃,所谓"同干异支"者也。同干异支者,以同旬干支合论也。如甲子旬,庚为甲之杀,丙为庚之杀,其干之为杀则同。而庚所加者午,午与子对冲,故曰"格";丙所加者寅,寅与午三合,故曰"勃"。相克又相冲,则隔塞甚矣,故注为"闭塞"也。相合又相制,则勃逆甚矣,故注为"乱逆"也。干以盗气为刑,支以前四位为刑。庚加癸为第四干,丙加己为第四干,干同则支同,故曰"同刑"也。阳干以后四支为破,阴干以前四支为破。庚加丁为后四,丁加庚为前四,是庚之干支自相同。干逢克则破,支逢冲则破,壬丙相加为克,子午寅申辰戌相加为冲,是丙之干支自相同,故曰"异破"也。若以庚加壬癸为大小格,加己为刑格,则其于义不通矣。奇格者,谓奇有三格也。庚丙相加为贼格,庚丁相加为破格,庚乙相加为合格。所云"格"者,乃"格局"之"格",非"格对"之"格"也。后人缘有"庚为格"之义,遂不考《经》,而以庚加三奇为奇格,误矣。或曰:支何以前四位为刑也?盖以盗气为刑也。曰:戊己非巳午之盗气,四季非四生之盗气,何以皆谓之刑也?盖戊己藏于巳午,四季墓于四生,各从其类盗气也。曰:三刑之位何居也?孟为生刑,仲为旺刑,季为墓刑,故曰"三刑"也。墓刑亦名"自刑",以其同类,反从四生自相盗气也。别有三刑,见六壬式中。

## 释二吉四凶

丁甲相加,为阴阳化气;丁乙相加,为龙凤呈祥。凡值此二格,利为百事。甲乙相加,为二龙战野;庚辛相加,为二虎争雄;甲戊相加,为青龙困顿;庚壬相加,为白虎迍邅。凡值此四格,百事不利。

化气、呈祥二格,一切谋为俱吉,不必合奇门亦吉,故曰"二吉"。龙战、困顿下诸格,若得太阴合奇门盖之,避其方,乘奇门而出,犹可谋为。

## 释日干门户神名

甲为天辅青龙,乙为天德蓬星,丙为明堂天威,丁为太阴玉女,戊为天武天门，己为地户六合，庚为天狱天伐，辛为天庭天尉，壬为天牢天廪，癸为天藏华盖。

## 释出军运筹

凡将兵宜出天门戊，入地户己，过太阴丁，居青龙甲，驻兵击其冲，百战百胜。如阳一局甲己之日甲子时出军，戊在一宫，己在二宫，丁在七宫，即领兵从正北出天门，从西南入地户，由正西过太阴，还于正北甲子上居青龙，击其冲大胜。

运筹之法，以枫木为六筹，长一尺二寸，盛以绢囊，于月蚀夜向月祭之。凡急难时，画地一周，以六为数，分为二十四方。从正北子地起左旋，一方记一字，分四维八干十二支，即"子癸丑艮、寅甲卯乙、辰巽巳丙、午丁未坤、申庚酉辛、戌乾亥壬"二十四字，环列为记也。记讫，又以十二支玉女，从庚上起子，顺布于八干四维。布讫，然后左手持六筹，立于本日方上，叩齿三通。以右手取其筹，如诀顺序，运于支辰之方。每运一筹，大呼其神降临局所。运筹毕，视两支夹干之方，先成者为天门，后成者为地户。就从天门方出，又从地户方入。由本日玉女方出，鬼神呵护，凶恶不侵。运筹诀："鼠行狗窦，牛收兔阡。虎蹲蛇窟，兔入牛栏。龙吟马续，蛇蟠猴跧。马泉龙浴，羊食鸡凌。猴升猪屋，鸡立羊簿。狗窥鼠出，猪伺虎眠。"每日一句，周而复始，运筹呼神。一青龙，二朱雀，三勾陈，四螣蛇，五白虎，六元武。每呼其神君降临局所，顺序呼运，周而复始。

凡地户不成，拾第一筹续呼而运之，即成。其孤筹对天门者，即天门开方；对地户者，即地户闭方。

凡军行野宿，及避难止息，皆用闭戊之法。摄伏群凶，无有恐怖。其法用刀从艮上起，画地一周，以六为率。画毕，于旬中戊上取土，以倍六为率。如画地六步，取土一石二斗；六十步，十二石之类。以土分为六股，堆于六戊之上，从本旬戊上起，依诀均之，互相接续，布满周匝。然后刀埋于取土之方，回身入中央祝之，遂宿于中。

闭戌诀："鼠穴土塞，均接虎穴。虎穴土盈，均接龙门。龙门土垌，均接马岭。马岭土宽，均接猴山。猴山土灵，均接狗城。狗城土足，均接鼠窟。"

假令甲子旬野宿闭戌，用六步为率，以刀从艮方起，画地一周，分为十二支方。本旬戌在辰，即于辰方，取土一石二斗，分作六股，堆于辰、午、申、戌、子、寅六方毕，持刀于辰上，念"龙门土垌，均接马岭"，即将辰上土，用刀运连午上；又念"马岭土宽，均接猴山"，即将午上土，运连申上；又念"猴山土灵，均接狗城"，即将申上土，运连戌上；又念"狗城土足，均接鼠窟"，即又将戌上土，运连子上；又念"鼠窟土塞，均接虎穴"，又将子上土，运连寅上；又念"虎穴土盈，均接龙门"，即又将寅上土，运连辰上。周遭成一壁垒矣，即将刀埋辰方土坑中，入中央面坑祝曰："泰山之阳，恒山之阴。盗贼不起，虎狼伏行。城廓不完，闭以金关。千凶万恶，莫之敢干。"祝毕，即于中宿，百神呵护。余旬仿此。

所祝假令子日运筹，本日玉女在庚方，即从庚上起，画地一周。在庭六步，在野六十步，或六百步或三百六十步，俱以六为率，分周为二十四方，各记四维八干十二支讫。乃以左手持六筹，立于子地，叩齿三通。以右手取一筹，念"鼠行狗窦"，即走戌方，将筹运于戌地，大呼"青龙神君，降临局所"。转身行至丑上，又取一筹，念"牛收兔阡"，即走入卯方，将筹运于卯地，大呼"朱雀神君，降临局所"。转身行至寅上，又取一筹，念"虎蹲蛇穴"，即走入巳方，将筹运于巳地，大呼"勾陈神君，降临局所"。转身行至卯上，又取一筹，念"兔入牛栏"，即走入丑方，将筹运于丑地。大呼"腾蛇神君，降临局所"。转身行至辰上，又取一筹，念"龙吟马续"，即走入午方，将筹运于午上，大呼"白虎神君，降临局所"。则午与巳两筹之中，先成天门于丙矣。转身行至巳上，又取一筹，念"蛇蟠猴跧"，即走入申方，将筹运于申地，大呼"元武神君，降临局所"。地户不成，又转身行至戌上，拾第一筹，趋至午上，念"马泉龙浴"，即走入辰方，将筹运于辰地，大呼

"青龙神君,降临局所"。则辰与卯两筹之中,后成地户于乙矣。即从丙方出天门,于局外左绕;又从乙方入地户,由庚方乘玉女而去,则万神拥护,诸恶潜藏。此局二孤在丑申二方,丑对天门为天门开方,申对地户为地户开方。余类推。

## 释止宿闭戊

皆同。

## 释六甲安营

凡安营立寨,以六为法,每一人占地六尺,量人多少积之,俱要合六,如六十步、六百步之类。周围设垒,布成四维八干十二支局式,以旬中六甲加支,一旬一易。大将居青龙,旗鼓居蓬星;士卒居明堂,伏兵居太阴;奇兵居天门,裨将居地户;斩断居天狱,治事居天庭;蒭粮居天廪,兵器居天藏。

## 释战斗背向

第一宜背太岁大将军。凡寅卯辰年在子,巳午未年在卯,申酉戌年在午,亥子丑年在酉。

第二宜背月建大将。凡遇寅午戌月在卯,亥卯未月在子,申子辰月在酉,巳酉丑月在午。

第三宜背孤击虚。凡甲子旬,戌亥孤,辰巳虚。甲戌旬,申酉孤,寅卯虚。甲申旬,午未孤,子丑虚。甲午旬,辰巳孤,戌亥虚。甲辰旬,寅卯孤,申酉虚。甲寅旬,子丑孤,午未虚。

第四背游都,击鲁都。凡甲己日,游在丑,鲁在未。乙庚日,游在子,鲁在申。丁壬日，游在巳，鲁在亥。戊癸日，游在申，鲁在寅。

第五背天雄，击地雌。凡寅午戌月在寅，亥卯未月在亥，申子辰月在申，巳酉丑月在巳。

第六背生神，击死神。寅月生子死午，卯月生丑死未，辰月生寅死申，巳月生卯死酉，午月生丑死戌，未月生巳死亥，申月生午死子，酉月生未死丑，戌月生申死寅，亥月生酉死卯，子月生戌死辰，丑月生亥死巳。

第七背干游，击干鲁。寅月游丙鲁壬，卯月游丁鲁癸，辰月游坤鲁艮，巳月游庚鲁甲，午月游辛鲁乙，未月游乾鲁巽，申月游壬鲁丙，酉月游癸鲁丁，戌月游艮鲁坤，亥月游甲鲁庚，子月游乙鲁辛，丑月游巽鲁乾。

## 释六甲出征远行

凡出征远行，先立六甲局所。从本月旬甲起，乘青龙，历蓬星，过明堂，出天门，入地户，居太阴，然后长往，则百恶不侵，万事皆吉，慎不可犯天庭、天牢、天狱三方。

## 注释《烟波钓叟歌》①

轩辕黄帝战蚩尤，涿鹿经年苦未休。偶遇天神授符诀，登坛致祭谨虔修。神龙负图出洛水，彩凤衔书碧云里。因命风后演成文，遁甲奇门从此始。一千八十当时制，太公删成七十二。逮于汉代张子房，一十八局为精艺。先须掌上排九宫，纵横十五在其中。

九宫者，一坎，二坤，三震，四巽，五中，六乾，七兑，八艮，九离，乃先天之数。纵横数之，皆十五也。

次将八卦论八节，一气统三为正宗。阴阳二遁分顺逆，一炁②三元人莫测。

八卦者，乾、坎、艮、震、巽、离、坤、兑。八节者，立春、春分、立夏、夏至、立秋、秋分、立冬、冬至。统三者，一节而统三气，八节统二十四气。冬至统小寒、大寒，在坎宫；立春统雨水、惊蛰，在艮宫；春分统清明、谷雨，在震宫；立夏统小满、芒种，在巽宫；夏至统小暑、大暑，在离宫；立秋统处暑、白露，在坤宫；秋分统寒露、霜降，在兑宫；立冬统小雪、大雪，在乾宫也。"一气三元"者，每一气十五日，分为上中下三局也。"二遁分顺逆"者，阳遁三元，五日一换皆顺，如冬至自一而七而四也；阴遁三元，五日一换皆逆，如夏至自九而三而六也。

五日都来换一元，超神接炁为准的。二至之前有闰奇，此时叠节累乘之。

超者，过越也。神者，日辰也。接者，迎接也。节者，节炁也。超神者，节气未到，甲己符头先到，谓之超。接炁者，节炁先到，甲己符头后

---

① 又名《鬼谷三元歌》。
② 炁，读作 qì。在本书中，一般同"气"。但是，炁是中国哲学和道教中常见的概念，代表着一种形而上的神秘能量，并不同于气。

到，谓之接。正授者，如甲子、己卯、甲午、己酉四符头所临之日，恰用所得之节炁，即为正授奇也。超接既过，余即无再超之理。超不过十，接不过五。若符头先到七日，便当作闰。其置闰之法，每年须于芒种、大雪二节之后。二节相近二至，乃天地中分，置闰必须于此。

　　认取九宫为九星，八门时逐九星行。

　　九宫，坎一至离九也。九星，天蓬至天英也。八门，休至开也。

　　九宫逢甲为直符，八门直使自分明。

　　如冬至阳遁一局，甲子在坎，自甲子时管下至癸酉时，俱以坎本宫天蓬为直符，本宫休门为直使。

　　符下之门为直使，十时一易堪凭据。

　　如阳一局，甲子至癸酉十时已过，则天蓬休门，俱已谢事矣。次即甲戌时，甲戌在坤，即以坤本宫天芮为直符，本宫死门为直使。管至癸未十时，则又易也。

　　直符常以加时干，直使逆顺时支去。

　　时干者，用时之干，甲、乙、丙、丁、戊、己、庚、辛、壬、癸是也。甲每遁于戊、己、庚、辛、壬、癸之六仪；而六仪与三奇，则各占一宫；但视时干所在，即以直符加之，此常法也。直使则视时干所在逆顺者，如阳一局甲子在坎一，则乙丑在坤二，丙寅在震三，历四五六七八九仍归坎一，皆顺也。阴九局甲子在离九，则乙丑在艮八，丙寅在兑七，历六五四三二一仍归离九，皆逆也。

　　六甲元号六仪名，三奇即是乙丙丁。

　　六甲者，甲子、甲戌、甲申、甲午、甲辰、甲寅。六仪者，戊、己、庚、辛、壬、癸。三奇者，乙为日奇，丙为月奇，丁为星奇。

　　阳遁顺仪奇逆布，阴遁逆仪奇顺行。

　　冬至后用阳遁，顺布六仪，如一局戊起坎一，己坤二，庚震三，辛巽四，壬中五，癸乾六；逆布三奇，如一局乙在离九，丙在艮八，丁在兑七。夏至后用阴遁，逆布六仪，如九局戊起离九，己艮八，庚兑七，辛乾六，壬中五，癸巽四；顺布三奇，如一局乙在坎一，丙在坤二，丁在震三。余局仿此。

吉门偶尔合三奇，值此经云百事宜。

开、休、生，乃北方三白最吉之神。又于三奇中合得一奇者，即谓得奇得门；而又得诸吉星一二佐助之，斯为全美。此时宜出兵征讨，发号施令，百事胥①顺也。

更合从傍加检点，余宫不可有微疵。

如得开、休、生三门，又合乙、丙、丁三奇，未为全吉，犹忌余宫犯格。先贤隐其天机妙处，未言其故，所以奇门不吉者百十余格，不犯此，即犯彼，非精究难知。如余宫有犯，若得直符直使时干相佐，则又何妨？盖符使与干，乃三奇八门，一时之主宰也。若用乙奇，余宫切忌逃走、猖狂。庚加乙等格，不为吉。若投江、夭矫，不必忌矣。

三奇得使诚堪使，六甲遇之非小补。

谓得三吉门直使加奇，而又遇直符也。凡乙、丙、丁三奇，得与开、休、生之直使相合，为三奇得使，诚可取而用之矣。若再遇直符之甲来加，谋为尤无不利也。

旧解非。

乙逢犬马丙鼠猴，六丁玉女骑龙虎。又有三奇游六仪，号为玉女守门扉。

据上下文义，当云"号为三奇游六仪，又有玉女守门扉"。言地盘之乙，得甲午、甲戌为直符来加；而天盘之乙，又游于甲午、甲戌之仪，为乙奇游仪；丙丁仿此，乃所谓"三奇游六仪"也。俗本讹传，遂以游仪为守门，殊不可解。玉女守门，言丁奇守于直使之门也。

若作阴私和合事，请君但向此中推。

谓当守门之时，宜作阴私和合诸事。

天三门兮地四户，问君此法知何处。太冲小吉与从魁，此是

---

① 胥：音 xū，副词，意为都、皆。《诗·小雅·角弓》：尔之教矣，民胥效矣。

天门私出路。地户危除定与开，举事皆从此中去。

酉、卯、未为天三门，以月将加所用正时，看天盘"卯、酉、未"三字落何方。如巳为月将，加午时上，顺数千"未申酉戌亥子丑寅卯辰"，即"申、辰、戌"上，乃天三门也。地户有四，以月建加所用时上，看"危、除、定、开"四字，落何方向。如己亥年八月午时，以建加午上顺轮去，未除，戌定，丑危，辰开，即"辰、戌、丑、未"四方向上，得四地户。

六合太阴太常君，三辰元是地私门。更得奇门相照耀，出门百事总欣欣。

以天月将加所用正时，看贵人所泊何宫，即于贵人上，起贵、腾、朱、六、勾、青；空、白、常、元、阴、后，顺逆而行。阳贵人出于先天之坤，子上起甲午顺布。乙癸在丑，庚与乙合，戊与癸合，取干德合者为贵人，故戊庚二干阳贵在丑是也。己干在未，甲与己合，故甲干阳贵在未。阴贵人出于后天之坤，申上起子逆行，乙癸在未，庚戊相合，故甲干阴贵在丑。自亥至辰，阴阳贵顺行；自巳至戌，阴阳贵逆行。若得六合太阴太常三神，与奇门同临其方者，百事大吉。

太冲天马最为贵，卒然有难宜逃避。但当乘取天马行，剑戟如山不足畏。

以月将加所用正时，顺轮去，遇"卯"字住处，即是太冲天马方也。凡有急事，从天马上而出，可以避祸。

三为生炁五为死，盛在三兮衰在五。能识游三避五时，造化真机须记取。

《经》云："天道不远，三五反覆。趋三避五，恢然独处。"如冬至阳一局，甲己日子时，以休门为直使。平旦丙寅时，得三乃生炁，吉。晨食时戊辰得五，乃害气，凶，百事不宜。又云："重阳有重吉，重阴有重凶。"重阳三宫，重阴七宫。

就中伏吟为最凶，天蓬加着地天蓬。天蓬若到天英上，须知即是反吟宫。

天盘天蓬加地盘天蓬上，曰"伏吟"。天盘天蓬加地盘天英上，曰"反吟"。

八门反覆皆如此，死在生门生在死。假令吉宿得奇门，万事皆凶不堪使。

生门仍在本宫生门，谓之"伏吟"。生门加在对冲死门，谓之"反吟"，不吉。此时纵得吉门，反覆多变。余仿此。

六仪击刑何太凶，甲子直符愁向东。戌刑在未申刑虎，寅巳辰辰午刑午。

甲子直符加地震三，甲戌直符加地坤二，甲申直符加地艮八，甲寅直符加地巽四，此谓"相刑之刑"。甲午直符加地离九，甲辰直符加地巽四，谓之"自刑之刑"。

三奇入墓好详之，乙日那堪得未时。丙丁属火火墓戌，此时诸事不须为。更兼六乙来临六，星奇临八亦同之。

加六乙日奇，下临坤二宫，木库在未。又临乾六宫，乃阴生于午，墓戌也。六丙月奇，六丁星奇，下临乾六宫，火库居戌，丁奇又临艮八，亦乃阴生于酉，墓丑也。纵遇三奇，皆不吉，举事凶。

又有时干入墓宫，课中时下忌相逢。戊戌壬辰兼丙戌，癸未丁巳丑同凶。

乙庚日，丁丑、癸未、丙戌三时是也。丙辛日，己丑、壬辰、戊戌三时是也。已上乃时干入墓。

五不遇时龙不晴，号为日月损光明。时干来克日干上，甲日须知时忌庚。

甲日庚午时，乙日辛巳时，丙日壬辰时，丁日癸卯时，戊日甲寅时，己日乙丑时，庚日丙子时，辛日丁酉时，壬日戊申时，癸日己未时，已上俱为七杀时。阳克阳时，阴克阴时。

奇与门兮共太阴，三般难得总来临。若还得二亦为吉，举措行藏必遂心。

冬至后用阳遁，以直符前二位为太阴；夏至后用阴遁，以直符后二位为太阴。此言奇、门、太阴三位，同到者大吉，但难得。若奇、门有一与太阴同者，亦吉也。

更得直符直使利，兵家用事最为贵。当从此地击其冲，百战百胜君须记。

如直符在离，即背离击坎；直符在乾，即背乾击巽。此又与坐孤击虚者不同。

天乙之神所在宫，大将宜居击对冲。假令直符居离九，天英坐取击天蓬。

天乙者，即直符也。

甲乙丙丁戊阳时，神居天上要君知。坐击须凭天上奇，阴时地下亦如之。

甲、乙、丙、丁、戊五阳时，利为客，宜先举兵，高旗鸣鼓，耀武扬威，取胜。己、庚、辛、壬、癸五阴时，利为主，宜后举兵，低鼓衔枚，待敌而后决胜。

若见三奇在五阳，偏宜为客自高强。忽然逢着五阴位，又宜为主好裁详。

阳时利为客，阴时利为主。不分阴阳二遁，俱从此议。

直符前三六合位，太阴之神在前二。后一宫中为九天，后二之神为九地。

如阳遁坎一宫，甲子时，直符到坎，逆布九天。直符坎，九天乾，九地兑，元武坤，白虎离，六合巽，太阴震，螣蛇艮。阴遁坎一宫，甲子时。直符在坎，顺布九天。直符坎，九天艮，九地震，元武巽，白虎离，六合坤，太阴兑，螣蛇乾。直符、九天、九地、太阴、六合，五吉神也。

九天之上好扬兵，九地潜藏好立营。伏兵但向太阴位，若逢六合利逃形。天地人分三遁名，天遁月精华盖临。地遁日精紫云蔽，人遁当知是太阴。

天丙奇生门与地丁合，得月华之蔽，为天遁。天乙奇开门与地己合，得日精之蔽，为地遁。天丁奇休门与太阴合，得星精之蔽，为人遁。

生门六丙合六丁，此为天遁甚分明。开门六乙合六己，地遁如斯而已矣。休门六丁共太阴，欲求人遁无过此。庚为太白丙为惑，庚丙相加谁会得。六庚加丙白入荧，六丙加庚荧入白。

天庚加地丙，为白入荧，又为金入火乡。天柱天心，惊门开门到离宫，亦是。天丙加地庚，为荧入白，又为火入金乡。天英景门到乾兑二宫，亦是。歌曰："二星加处气凶横，纵得奇门慎勿行。此时若欲移方去，金火之乡是恶神。"

白入荧兮贼即来，荧入白兮贼即灭。丙为勃兮庚为格，格则不通勃乱逆。

天盘丙加地盘直符庚，为勃格，主纲纪紊乱。但甲申直符带庚，加十干时，俱不吉。《经》云："六丙符为勃，火星焚大屋。移室且安然，独自闻愁哭。"又云："庚若加于时日干，惟宜固守即为安。百凡遇此凶难测，说与时师仔细看。"

丙加天乙为勃符，天乙加丙为飞勃。

此承上文言天乙者，皆甲申庚直符也。丙加地盘直符之庚为勃格。天上直符之庚，加于地之六丙，为飞勃，亦名符勃。凡举事用兵，主纲纪紊乱。

庚加日干为伏干，日干加庚飞干格。

六庚为太白，加于日干，为伏干格，主客俱不利。《经》曰："干上如逢太白临，伏干之日必遭擒。"又今日之干，加于六庚，为飞干格，主客两伤。《经》曰："干若反临庚，飞干格自明。战争俱不利，为客得平平。"

加一宫兮战于野，同一宫兮战于国。

加一宫者，庚加日干，或日干加庚，俱不利。战于野，凶。同一宫者，乃天乙太白同宫，即战于国。俱不利，主客两凶。占人在否，格则不在；占人来否，格则不来。

　　庚加直符天乙伏，直符加庚天乙飞。

　　《经》云："庚加直符为伏宫，若要交锋不见功。主客此时俱不吉，惟宜刁斗警营中。"凡占见人不在，来人不来，此时不宜先举。如立春下元，阳遁，坤五起甲子，甲己日壬申时，六壬在乾。即以天芮为直符，加乾上，却得辅庚，下临坤二宫，名"天乙伏宫格"也。《经》云："飞宫直符加六庚，两敌相争主却赢。若值此时宜固守，出时大将必遭擒。"如春分中局阳遁，离宫起甲子，甲己日庚午时，六庚在坤二宫。庚午时，乃甲子旬管下，甲子在离。即以天英为直符，加于庚时干坤上。即直符加六庚，乃天乙飞宫格也。

　　庚加癸兮为大格，加己为刑格不宜。

　　《经》云："六庚加癸为大格，求人不见事难通。"凡值大格，车破马损，人离财散。如秋分下局阴遁，巽四宫起甲子，甲己日丙寅时，六庚在坤二宫，以天辅直符。加时干丙上，六乾宫即得天芮，六庚临艮八宫癸上，此名大格也。《经》云："六庚加六己，尺地须千里。车马远疲劳，军兵中格止。"如值刑格出兵，车破马倒，中道而止；士卒逃亡，多招凶咎。如大寒上局阳遁，震三宫起甲子，甲己日丙寅时，天冲直符，加丙时干坎上，即得天禽六庚加四巽巳上，此名刑格也。

　　庚加壬时为上格，又嫌岁月日时迟。

　　六庚加六壬为上格，如当此时，不利出师。又曰："六庚加年干，为岁格，凶。"如甲子年，庚加甲子干上是也。辛丑年立春中局，阳遁五宫，五中起甲子，甲己日癸酉时，癸干在坎，中五天禽寄坤。即以天芮为直符，加坎一宫，见天柱六庚，下临辛年干上艮八宫，此名岁格也。

　　六庚加月朔为月格。以己月干为例，如立春上局阳遁，艮八宫起甲子。甲己日丁卯时，庚在坎上，丁时干在中寄坤，甲子在艮，天任为直符加坤。己月干在离，加蓬庚到离己上，是庚加己月朔为月格。

　　六庚加日为日格，凶。小暑下局阴五遁，己日丙寅时，天禽为直符，加丙时干兑上，庚在震，己干在巽，芮加兑得冲。庚加巽己，是六庚加日干之上，为日格也，不吉。

六庚加本用时干者，为时格。如小寒上局阳二遁坤宫，丙辛日己丑时，六庚在巽四宫，己丑时，亦乃甲申旬管下，天辅为直符。加己时干震三宫，此名时格。凡遇庚为直符者，管下十时，皆为时格，凶。

更有一般奇格者，六庚谨勿加三奇。此时若也行兵去，疋[①]马只轮无反期。

天庚加地丙丁，及加天英景门，乃下克上，先举者凶。天庚加地乙，及加冲辅伤杜门，乃上克下，先举者胜。

六癸加丁蛇夭矫，六丁加癸雀投江。

《经》云："六癸加六丁，夭矫迷路程。忧惶难进步，端坐却安宁。"天癸加地丁，名为螣蛇夭矫格，此时用事不利。如冬至下局阳四遁，丙辛日，半夜戊子时，六癸在九离。戊子时，乃甲申旬，甲申在乾，天心为直符，加戊时干巽四上。丁原在坎，见天英癸加坎，名"夭矫"，纵得奇门，勿用。丁属火，为朱雀；癸属水，丁加癸，名雀投江。《经》云："六丁加六癸，朱雀入流水。口舌犹未了，官事使人耻。"或有词讼，自陷刑狱。或闻火起，不必往救。如夏至中局阴三遁，甲己日，壬申时用事。此时六丁在乾六宫，壬申时甲子旬管下，甲子在震，以天冲为直符，加壬时干艮八宫，六丁下临兑七宫癸上，是"朱雀投江"之格。

六乙加辛龙逃走，六辛加乙虎猖狂。

金为太白，又名白虎；木为青龙。金克木为龙虎相斗，不吉。《经》云："六乙若加辛，金木不相亲。龙神也须遁，乐逸不求嗔。"盖乙属木为青龙，故乙加辛为"青龙逃走"。如立秋上局阴二遁坤宫，丙辛日己亥时。此时乙在三宫，辛在八宫。己亥时，甲午旬管下。甲午在艮，天任为直符。加时干己上坎宫，则见三宫之乙。下临艮八宫，逢辛，是"青龙逃走"。《经》云：

---

① 疋音 pǐ，同"匹"。

"六辛加六乙，白虎也悲哀。若干钱财事，须防自己灾。"六①辛加六乙，名"白虎猖狂格"，此时不宜举事。如小暑中局阴二遁，坤宫起甲子，甲己日壬申时，乙在三宫，辛在八宫。壬申时，甲子管下，甲子在坤。天芮为直符，加壬时干兑七宫顺去，见任辛下临震三宫，是"白虎猖狂格"。

请观四者是凶神，百事逢之莫举行。

螣蛇夭矫，朱雀投江，青龙逃走，白虎猖狂。已上四格，俱主凶，不宜举事。

丙加甲兮鸟跌穴，甲加丙兮龙返首。

天丙加地甲，乃飞鸟跌穴格，百事大吉。赤松子云："进飞得地，云龙聚会。君臣燕喜，举动皆利。"此时从生而击死，百战百胜，定然无疑。如大寒上局阳三遁，震宫起甲子，丙在坎，甲己日丁卯时，天冲直符加丁时干离上，即六丙下临六甲于三宫，此名"飞鸟跌穴"。出兵远行，百事大吉。天甲加地丙，名"青龙返首格"，百事大吉。不问阴阳二遁，得此局，更合奇门，上吉。如冬至上局阳一遁，甲己日丙寅时，丙在艮，以甲子天蓬为直符。加丙时干于艮八宫，得甲加丙同在艮宫，即为"青龙返首格"。此时举兵，万事大吉；从生击死，一敌万人。

只此二者是吉神，为事如意十八九。

言前"鸟跌穴"、"龙返首"二局，万事大吉。若得奇门，行兵出战，求谋、嫁娶、造葬，俱吉利。

吉门若遇开休生，诸事逢之总称情。伤宜捕猎终须获，杜好邀遮及隐形。景上投书并破阵，惊能擒讼有声名。若问死门何所主，只宜吊死与行刑。蓬任冲辅禽阳星，英芮柱心阴宿名。

先天坎一为阳，离九为阴；艮八为阳，坤二为阴；震三为阳，兑七为阴；巽四为阳，乾六为阴。后天冬至阳生于子，坎一艮八，震三巽四，属阳，天道顺行；夏至阴生于午，离九坤二，兑七乾六，属阴，天道逆行。故

---

① 点校者注：原文为"天"字，显系"六"字之误。从他本改正之。

以蓬、任、冲、辅、禽五星属阳，英、芮、柱、心四星属阴。阳宫而得阳星，阴宫而得阴星也。

辅禽心星为上吉，冲任小吉未全亨。大凶蓬芮不堪遇，小凶英柱不精明。

天辅文曲纪星，天禽廉贞纲星，天心武曲纪星，已上乃北斗文曲、廉贞、武曲三大吉星。天冲禄星，天任辅星，为次吉。天蓬贪狼星，天芮巨门星，大凶不可用。天英弼星，天柱破军星，小凶，有奇门可用。

大凶无气变为吉，小凶无气亦同之。

凶星乘休、废、囚、死、绝气，返吉可用。以天蓬水星为例，休于巳午月，废于申酉月，囚于四季月。天蓬凶星，值此月分无气，若得吉奇吉门佑助，亦可用之，有气者生旺也。以天蓬水星为例，相于亥子月，旺于寅卯月。亥子寅卯月得天蓬旺相，切不可用。

吉星更能逢旺相，万举万全功必成。若遇休囚并废没，劝君不必进前程。

吉宿得旺相气，上吉。不得旺相气，中平。若乘死绝休囚气，亦不吉。以天辅木星为例，相于寅卯月，旺于巳午月，休于辰戌丑未月，囚于申酉月。申酉月得天辅吉星者，减力。

要识九星配五行，各随八卦考羲经。坎蓬星水离英火，中宫坤艮土为营。乾兑为金震巽木，旺相休囚看重轻。与我同行即为相，我生之月诚为旺。废于父母休于财，囚于鬼分真不妄。假如水宿乃天蓬，相在初冬与仲冬。旺于正二休四五，其余仿此自研穷。急则从神缓从门，三五反覆天道亨。

凡遇事势急迫，又无奇门可出，须从直符加临之地，及太冲天马方，并六戊天门下而出，则吉。此所谓"急则从神"也。三者三吉门，五者五凶门，事稍缓可从吉。《经》云："阴阳二遁有闭塞，八方皆无门可出。"果有急事，又可倚张良运筹，玉女返闭局，出天门，入地户，乘玉女而去，吉无不利。

十干加伏若加错，入库休囚百事危。

加伏者，乃加临之地。加错者，加凶宿之上。入库者，三奇入墓。八门入墓，并休囚时候，所为之事，皆不吉也。

十精为使用为贵，起宫天乙用无疑。

谓阳遁阳使，起一终九；阴遁阴使，起九终一。起宫天乙者，乃天直符加地盘上也。

宫制其门不为迫，门制其宫是遁推。

吉门被迫，则吉事不成；凶门被迫，则凶事尤甚。宫制其门曰"门迫"，门制其宫曰"宫迫"。门生宫为"和"，宫生门为"义"。开门临三四宫，休门临九宫，生门临一宫，景门临七宫，此为"吉门被迫"，则吉事不成。伤门、杜门临二宫、八宫，死门临一宫，惊门临三四宫，此为"凶门被迫"，其凶尤甚。

天网四张无路走，一二网低有路通。三至四宫行入墓，八九高强任西东。

《经》曰："天网四张，万物尽伤。"此时不可举事。神有高下，必先知之。时得六癸，必看高低。又曰："但将天乙居何地，尺寸低时匍匐行。"如一二宫网低，可匍匐，两臂负刀，割断天网而出。天乙在三四宫，谓之网高，断不可出，出必伤也。若被客围，事势急迫，可从卯未酉天三门宫而出，更合奇门为妙。天乙直符在坎，其神去地一尺；天乙在坤，其神去地二尺；天乙八宫，其神去地八尺。又曰："天网四张不可当，此时用事主灾殃。若是有人强出者，立便身躯见血光。"飞虫尚自避于网，"事忙匍匐出门墙"可也。三至四宫有辰为水墓，故曰"入墓"。

节气推移时候定，阴阳顺逆要精通。三元积数成六纪，天地未成有一理。请君歌理精微诀，非是贤人莫传与。

## 遁甲隐公歌 原注

遁数二万千六百，削去只存千八十。禁在兰台不记秋，太公删成七十二。子房作局十八收，阴阳二气图中布，掌上排星应九州。

蓬一荆州，芮二冀州，冲三青州，辅四徐州，禽五豫州，心六雍州，柱七梁州，任八兖州，英九扬州，谓之九州也。

天有九星分九野，

即蓬、任等九星，冀、兖等九州也。

上有八门常转移。

九州之上，又有八门应八卦，则开乾、休坎、生艮、伤震、杜巽、景离、死坤、惊兑。

二遁三元当周局，顺逆三奇与六仪，

冬至阳遁，逆布三奇，顺布六仪。夏至阴遁，顺布三奇，逆布六仪。乙丙丁是三奇，六甲首是六仪。即甲子管六戊，甲戌管六己，甲申管六庚，甲午管六辛，甲辰管六壬，甲寅管六癸，此为六仪也。五日用一局，一气十五日，分上中下三元也。

直符直使加宫干，方位消停辨盛衰。

直符者，乃是本旬甲得的九星，随时干转。直使者，乃是八门所得之门为直使，先从戊、己、庚、辛、壬、癸六仪后，寻乙、丙、丁三奇；阴阳二遁，方决休咎。

盛地当用所推地，天乙宫中更勿疑。

天乙者，乃时旬甲也。若背天乙、直符、直使、九天、生门之方，击之，百战百胜也。

九天生门皆吉庆，从强击弱振雄威。

九天之上，可以扬兵。背生门而击死门者，大胜也。

直使九天都为力,不击之地莫施为。

直符方、直使方、生门方、天乙方。天乙者,即是本时旬头甲方。此五行之强方,不可击之,只宜背之,大胜。

藏伏只宜居九地,

九地之方,最宜伏藏,不见形影,即六癸方是。

六合之方路坦夷。

此方最宜逃亡,神灵幽蔽,不见逃亡之形。

三奇出方万事吉,但能倚此免灾危。

三奇者,乙、丙、丁也。若合开、休、生三吉门者,不背之,出此门,敌之必胜。可宜至诚,天自佑之。且如阳一局,甲子日,癸酉时,此甲蓬星直符加六宫,休门直使加一宫,其下是休门与丙奇临坎,又是甲子首位,谓之三奇得使。又阴九局甲子日癸酉时,此甲英直符加四宫,景门直使加九宫,则开门下与乙奇临六宫,甲子在六,谓之得使,是以吉也。

生门合丙加六丁,天遁华盖为日精。开门合乙加于丙,地遁紫微方最灵。休与丁奇合前二,人遁太阴能蔽形。斗甲三奇游六仪,玉女门中遇吉星。

欲知玉女之门,须知六丁所在。假如阳一宫,地盘六丁在七兑宫,甲子有丁卯,甲戌有丁丑,甲申有丁亥,甲午有丁酉,甲辰有丁未,甲寅有丁巳。阳遁九宫,在地盘三宫,此玉女守门时。利阴私会合,行兵大胜。

玉女常居干四维,子日在庚顺求之。丑日在辛子上是,寅日从乾逐位移。

遁甲玉女之时,大有应验。

天门子丑及于寅,三日俱来丙上轮。卯辰巳往庚方去,午未申从壬上行。酉戌亥来居甲上,行军宜向悉沾恩,

遁甲从玉女方行军,斯时阳合孟甲,内开外阖;合仲甲,半开半阖;合季甲,外大开,内半开。阳开利客,阴开利主。阖则可以固守,开则扬主耀

武。以青龙上将所居六甲，各分主客之遁。

地户子丑乙寅庚，卯辰丁上巳壬行。午未从辛申在甲，酉戌癸上亥丙停。行军若向此中去，秘密阴谋事可成。

惟利逃亡阴私事，及阴谋秘密，砍营破寨，即六己之地。

时加六乙为天德，决胜雌雄在此中。

六乙方，又名蓬星。

六丙天威无不利，敌之不得向前攻。

六丙方，又名明堂方，可以聚众安营也。若遇丙时，征战不宜遂去。故丙为火，兵为金，金不能胜火也。

六丁潜形名玉女，此时征战必亨通。

六丁时，出入为宜。攻战，刃虽临且不惊。丁为星奇，为玉女时，三奇之灵，六丁之阴。故六丁之下，宜潜伏，不见其形也。

六戊乘龙与奇合，远出扬兵获寇戎。

六戊为天门，亦名军门。加三奇，门下出军，百战百胜。

又曰乘龙万里去，纵有强徒亦挫锋。

此又天武之下，远行出兵大胜。

六己天堂宜隐匿，偷营劫寨可潜踪。

六己名地户，宜隐伏偷营劫寨。

六庚之时杀气横，若当攻击祸先逢。位上只宜安禁狱，更好行刑斩砍中。

六庚为天狱方，宜行刑罚。《经》曰："时加六庚，抱木而行。若有出者，必见斗争。"百事不可。

六辛行师多失阵，莫将容易引军行。慎莫发兵行此道，出者须教见死人。

六辛之时，名天庭，宜储贮，积军储，判罪治事，余无可用。出军必损兵。

六壬之地多凶咎，若有施为必损兵。

六壬方为天牢，宜击囚安鼓，余无所用。若用兵必败矣。

时加六癸为天网，惟利逃亡不利征。

六癸为天藏华盖，宜逃军避寇，伏兵逃亡。

青龙返首甲加丙，

阳一局丙寅时，蓬星加八宫。天上六甲，加地下六丙，百事大吉。

丙加甲鸟跌穴名。

阳一局癸酉时，任星加一宫。天上六丙，加地下甲子是也。

更若从生而击死，必然大胜立功名。时加六甲言开阖，六甲虽同用不同。

阳利开，阴利阖。

阳星开时攻战吉，阴星闭阖所为凶。蓬任冲辅禽阳宿，英芮柱心阴气重。

阳星合，甲己日甲戌时，丁壬日甲辰时，合天辅星，利扬兵，可以先起。合天禽星，可以后起应。合天任星，利以破城。合天蓬天柱天芮，可以固守城池，不可举兵行动也。

孟甲盈门难出入，惟宜隐匿莫当锋。

甲寅甲申为孟甲，合阳星阳气在内，合阴星阴气在内。利固守城寨，谋计不成，不可出入也。

四仲甲时阳在内，坚守藏兵主自雄。

甲子甲午为仲甲，合阳星，利主后应则吉。故阳星合时，阳气在内，可以固守，不宜远行。阴星合时为开格，其形在门，为宜固守自胜。

四季甲时阳在外，可以扬兵立大功。

甲辰甲戌为季甲，合阳星，可以扬兵动众远行。利为客，主大败，故六甲背生方而击死者大胜。

朱雀投江丁向癸，螣蛇夭矫癸加丁。

朱雀投江，天上六丁，加地下六癸；螣蛇夭矫，天上六癸，加地下六丁是也。

遇此之时凶恶甚，莫倚奇门错用兵。六乙加辛龙逃走，

阳四局乙未时，天柱心加三宫。天上乙奇，加地下六辛在兑，此为大凶。

六辛加乙虎猖狂。纵遇奇门亦难用，且须消息莫仓忙。

阳二局辛巳时，天上六辛，加地下乙奇于坎一宫，名"白虎猖狂"。有奇门，亦难用。

日干若被庚加首，伏干之格主多伤。

六庚加今日日干，名"伏干格"。不利主。

今日之干加六庚，飞干之格主人亨。

今日日干加六庚，名"飞干格"。利主，不利为客也。

六庚加符不利主，伏宫之格事相参。

天上六庚，加地直符，不利主，宜客胜。

又名太白格天乙，主将今朝定失途。

天上六庚，为太白，主兵器。丙来加今日直符天乙，名"太白格"，主则散矣。

符加六庚客不利，飞宫之格莫轻谋。又名天乙格太白，若有陈师主将殂。

阴九局庚午时，英为天乙，临地下六庚在七宫。是不利客，先攻者败，固守者胜。天乙即本旬头甲也。

天乙之气贵人并，临庚战野败精兵。

天乙加六庚，或庚加天乙，是贵人临兵格，宜固守吉。

太白复临天乙位，国中格斗失雄兵。

六庚加天乙，是太白复临。若天乙与六庚同宫，战之必败。

太白入荧庚加丙，

阳一局丙戌时，天上六庚，加地下六丙。

荧入太白丙加庚。

阳一局丙寅时，丙加庚，则不吉。

二时主客俱不利，莫倚奇门要战争。占贼若来金入火，火入金乡贼退声。

天上庚加地下丙，贼必来。天上丙加地下庚，贼必退。

庚加六己为刑格，一切凶神不可行。

天上六庚加地下六己，是金能格。若用此时，则车摧马死，士卒皆亡。

天地大格庚加癸，此时辄勿乱峥嵘。

天上六庚加地下六癸，是天地大格。庚是兵之厉气，癸藏万物之形，故不可用也。

丙加今日干名悖。

丙为悖，庚为格。丙为威，加日干，不顺之象，皆悖乱之道也。加年月日时干，皆为悖乱之道，故不可用。

时克干兮五不遇，此时名为辱损明。举事遥遥终不利，朝行暮败损精兵。

时干克今日之干，时支克今日之支，名为损明时，凡事不用。如甲乙日庚辛时，亥子日辰戌时，寅卯日申酉时，巳午日亥子时之类，并是。天乙星在紫微宫外，为天帝之垣也，不宜战伐，最凶。

六仪击刑兼自刑，三奇入墓不安宁。

六仪击刑者，甲子直符加三宫，子刑卯也。甲戌加二宫，戌刑未也。甲申加八宫，申刑寅也。甲午加九宫，午刑午也。甲辰加四宫，辰刑辰也。甲寅加四宫，寅刑巳也。相刑者，事事皆凶。三奇入墓：乙奇入墓，乙属木，不宜加坤，木墓在未也。丙、丁奇属火，不宜加乾，火墓在戌也。切不可用，凶伤犹甚。

返伏吟宫俱不利，将军出阵且停兵。

蓬加蓬为伏吟，蓬加英为返吟；本宫星加本宫星为伏吟，本宫星加对宫星为返吟，乃悖逆之道也。

搜微剔妙神通诀，以辅将军定太平。

## 汉阴居士歌

轩辕黄帝制奇门，厥旨精微义最深。
甲长十二畏庚克，故将乙妹妻于庚。
丙甲之子丁甲女，丁丙同心御外侮。
庚有私谋乙最知，丙丁相伺如猛虎。
庚贪受制甲方尊，是以奇名乙丙丁。
甲既制庚求自逸，休于水道适开生。
开休生对杜景死，伤对惊兮皆有悔。
三门最吉五门凶，各随甲直旬中使。
又有九星蓬任冲，辅英芮柱心禽中。
星逢甲作直符用，亦与门之直使同。
星符门使同宫起，易一时兮即分矣。
符从甲去寻时干，使索时支遁处止。
时干即是奇与仪，甲癸宫中觅遁支。
奇乙丙丁仪戊己，庚辛壬癸甲同之。
甲子同戊甲戌己，甲申同庚甲寅癸。
甲午同辛甲辰壬，是为甲遁仪之理。
遁甲常将天乙乘，后随天地前蛇阴。
对朱左右分六白，号曰阴阳八贵神。
阴阳二至分顺逆，逆起九宫顺起一。
此是先天透洛书，莫妄疑非黄帝秘。
洛书一坎二居坤，三震四巽六乾金。
七兑八艮九离火，五土春秋二立分。
立春艮上立夏巽，震应春分生气盛。
立秋坤上立冬乾，兑应秋分杀气劲。

生杀东西两部悬，节分三气气三元。
元元五日一相换，甲己符头以仲先。
仲上孟中季下定，上中下序慎无紊。
只将正受作根基，超得余时便作闰。
置闰须于二至前，雪重用巽种重乾。
凡逾九日或十日，叠作三元此秘传。
闰后符头常后气，是为接气君须记。
接至十三四月余，又逢正受超神继。
超神之气后符头，如此循环始复周。
认取兹为尊甲法，勿胶拆补谬搜求。
须知尊甲凭符使，休使蓬符居坎水。
任生艮土寄阴禽，冲伤震木从三起。
巽藏杜辅景英离，坤寄阳禽芮死随。
柱惊七兑开心六，分定宫方直六仪。
奇仪入局节为据，节有阴阳分两部。
阴局逆仪奇顺行，阳局逆奇仪顺布。
天盘地盘同一规，地盘永定天盘移。
八门八贵有分别，门作人盘贵独飞。
假令中元用白露，阴起三宫甲子戊。
己庚辛壬癸逆行，乙丙丁奇四五六。
时如己日用丙寅，支遁于蓬干在禽。
即以直符冲到艮，坎加直使是伤门。
丁休六合同临兑，鸟跌穴时时最利。
举此一局例其余，余释卷中斯勿赘。

## 神机赋

六甲主使，三才攸分。
步咒摄乎鬼神，存局通乎妙旨。
前修删简灵文，裁整诸经奥理。
原夫甲加丙兮龙回首，丙加甲兮鸟跌穴。
回首则抚绥易遂，跌穴则显灼易成。
身残毁兮，乙遇辛而龙逃走。
财虚耗兮，辛遇乙而虎猖狂。
癸见丁，螣蛇夭矫。
丁见癸，朱雀投江。
生丙临戊，为天遁而用兵。
开乙临己，为地遁而安坟。
休丁遇太阴，为人遁而安营。
伏干格，庚临日干。
飞干格，日干临庚。
庚临直符，伏宫格之名。
直符临庚，飞宫格之位。
大格庚临六癸，刑格庚临六己。
按格所向既凶，百事营为不喜。
时干克日干，乃五不遇而灾生。
丙奇临时干，名为勃格而祸起。
三奇得使，众善皆臻。
六仪击刑，百凶俱集。
太白加荧贼欲来，火入金乡贼将去。
地罗遮障不占前，天网四张无远路。
直符之宫，乃同天乙位上而取。
如逢急难，宜从直符方下而行。

## 指迷赋摘

乙天蓬而赏赐施恩，丙明堂而扬威发号。
丁即玉女为太阴，只可守营而固守。
戊为天门，千里乘龙而有应。
己为地户，推明旧事可修营。
庚天刑而屯兵决狱，辛天庭而杜塞难通。
六壬天牢兮，只宜囚禁。
六癸天狱兮，不利攸行。
蓬任冲辅阳星，举谋大利。
英芮柱心禽阴星，退隐无凶。
天蓬亦宜筑垒隄防，禽芮尤宜屯军养马。
天冲必胜，天辅多凶。
天心布阵如神，天柱安营有庆。
天任兮万神拥护，天英兮战斗损军。
星克宫而客利，宫克星而主胜。
门害则作事稽迟，门迫则所为欠遂。
三奇入墓，喜以成忧。
六仪击刑，美中不足。
开三所作亨通，闭五诸凡困顿。
五阳宜举动，利客而鼓噪喧天。
五阴喜退藏，利主而衔枚伏路。
奇游六仪，公庭宴乐。
玉女守户，私路逍遥。

天辅时常多赦宥，何愁鈇钺①之诛。

威德时乃利客兵，任意施为必美。

反吟而进退无常，伏吟而忧疑不已。

天遁进兵为上策，地遁立寨可藏兵。

人遁择士求贤，神遁运筹祈祷。

鬼遁多诈，可偷营劫寨以伏兵。

龙遁通神，利水战渡江而祈雨。

云遁喋甲生威，风遁扬兵助胜。

青龙返首，万事皆通。

白虎猖狂，所为不利。

飞鸟跌穴兮，变凶作吉。

青龙逃走兮，反福为殃。

朱雀投江休动作，螣蛇夭矫主惊慌。

遇格兮主客皆凶，逢勃兮人情逆乱。

太白入荧而盗贼将来，火入金乡而贼人必去。

三胜地无人可敌，五不击孰敢相攻。

---

① 鈇钺，亦作"斧钺"。古时天子以鈇钺赐于诸侯或大臣，授以征伐之权。鈇，音 fū，同斧。钺，音 yuè，古代兵器，青铜或铁制成，形状像板斧而较大。

## 专征赋摘

星门之在四时，有休囚之与旺相。

游九宫以循环，按八方而背向。

伺军旅之成败，审人事之攸当。

或倚直符之游宫，或居贵人之玉帐。①

避旬始之阴阳，背孤雄之健旺。

据天乙宫而击其冲，并亭亭神而居其上。

合天地之威神，应神灵之卫仗。

十卒而可敌千夫，一车而可当百辆。②

欲顿兵以安营，依十辰而取样。

九天利以陈兵，九地宜于隐障。

天门出入元戎，地户当居小将。

蓬星安置旍旗，天牢积贮储饷。

判断于天庭之间，察两辞而可谅。

斩决于天狱之中，庶无怨乎冤枉。

伏兵于太阴之幽，士卒居明堂之上。

约人马数以为宜，逐岁月时而变状。

斯营垒之大纲，实轩辕之楷匠。

是故丙为荧惑，庚为太白。

遇丙俱名为勃，逢庚乃谓之格。

勃则紊乱纪纲，格则斗伤主客。

---

① 直符之宫，又云正月在巳，二月在午，顺行。

② "避旬始"二句，《元女经》云："寅午戌月，上旬天地并在南，中旬并在北，下旬并在东。巳酉丑月，上旬在西，中旬在南，下旬在北。申子辰月，上旬在东，中旬在北，下旬在西。亥卯未月，上旬在北，中旬在西，下旬在南。元女以上中下日月排之，气藏月中，用孟仲季三辰配之。凡交战得天地相并，左天右地者胜，背天向地者后患，向天背地者败。背天地者，一以当百也。"

或临岁月日时飞伏支干，或加直符天乙所游之宅。
加十干利捕逃亡，随四时必当擒获。
临六壬而灾深，加六癸而祸极。
加已刑格凶时，为将必须谨择。
行军乃车破马伤，士卒必身亡首馘。
庚加直符之道，宜野战郊坰。①
直使与庚同宫，利待敌于城栅。
不得已而用之，祸先临于师伯。
或遇丁癸相加，或值乙奇相蓦。
三奇入墓而困穷，六仪击刑而迮②迫。
火入金而贼来，金入火而退逆。
金火相入俱凶，举动皆成衅隙。
祸已去而复来，福将合而反息。
虽有吉宿奇门，不可兴于戈戟。
又有五不遇时，阴阳合于中应。
时干克日而动，用必遭其祸刑。
若值甲丙相覆，反为威德之灵。
上会五阳之干，下合三吉之星。
择此四科而动，保全万事以安宁。
是故天有四时，阴阳更值。
自己终癸为阴刑，起甲至戊为阳德。
凡欲举动以施为，能就阳时而必克。
阴时强以出行，身罹殃而蹩踏。
推时下之六甲，审开合之法式。

---

① 坰，音 jiōng。《说文》：邑外谓之郊，郊外谓之牧，牧外谓之野，野外谓之林，林外谓之坰。象远界也。
② 迮，音：zé，《说文》：迮，迫也。从辵，乍声。

符临一八三四，乃为开通。

如临九二七六，时名闭塞。

逢开利以有为，值闭尤宜静默。

用时迷于两端，吉凶无以取则。

时逢仲甲子午，刑德在门。

斗战而主客两败，此中先举不存。

此时名为天甲，利以逃遁亡奔。

如遇孟甲之时寅申，阳在内而阴在外。

宜固守以戢兵，动必遭其刑害。

此时名为地甲，利以居家欢会。

如值下元季甲辰戌，阴处内而阳外游。

此时名为飞甲，利以动众经求。

万事甚宜兴举，八方可以周流。

倘能明于三甲，审开合以无忧。

如彼寇贼潜围，仓卒乘我不备。

事须应敌陈兵，不容待其使利。

孤雄健旺属他，奇门又不相比。

士卒性命存亡，得失在乎将帅。

当此慌惚之时，其将何以指示。

若有此事不虞，须假神明佑庇。

即以分兵三部，逐日周旋。

岁月之方，将居其位。

军左祖以待兵，众噉呼以助势。

我克胜以保全，敌必败而奔坠。①

---

① 分兵三部，一居月建上，一居生辰上，一居亭亭方上，用之克敌大胜。

## 混合百神

天地定位，山泽通气。雷风相薄，水火交济。
取义于上，阴阳合位。混而成之，吉凶分隶。
六甲加甲，青龙出地。喜信必来，门合则美。门塞星凶，空有财至。
六甲加乙，青龙入云。三奇门交，贵子生成。星干不利，虚得其名。
六甲加丙，青龙返首。凡事亨通，兼得长久。门仪不合，亦难得就。
六甲加丁，青龙耀明。三门合吉，宜谒贵人。改官迁职，大有英名。
　　符事役凶，立待词刑。①
六甲加己，青龙合灵。吉星主财，吉门事成。星门不合，徒费精神。
六甲加庚，青龙符格。起咎成凶，在于不测。星吉门顺，亦宜静默。
六甲加辛，青龙失惊。门中一合，万事从心。凶星上立，财利亡倾。
六甲加壬，青龙网罗。阴人用之，灾祸弥多。阳人用之，诡谲不和。
六甲加癸，青龙华盖。门合吉星，永无灾害。若伤死门，奸阴阳会。
六乙加甲，阴中返阳。凶星财破，人口损伤。阴人才合，阳人慌张。
六乙加乙，日奇伏刑。贵人问之，主失其名。门合再叙，门逆丧停。
六乙加丙，奇仪顺格。吉星临之，授官迁职。夫占其妻，必有离隔。
六乙加丁，朱雀入墓。文书入官，架阁留住。星门吉泰，文词得路。
六乙加己，日奇入雾。土木混同，两有交互。求事得微，门乘必误。
六乙加庚，日奇自刑。斗起争财，必入讼庭。星干不吉，夫妻外情。
六乙加辛，青龙逃走。失财逃亡，二事俱丑。强立强为，定无长久。
六乙加壬，青龙得云。阳人主失，病是阴人。
六乙加癸，日入天网。阴人望信，立见灾恙。官事失财，凡事虚妄。
六丙加甲，飞鸟跌穴。贵面天颜，荣迁越职。所有图谋，一切通彻。

---
① 二句有误。

六丙加乙，月奇浮云。贵人印信，即可敷陈。公私利亨，百事称心。
六丙加丙，月奇勃格。两重文书，皆遭障格。门逆财亡，门顺虚迫。
六丙加丁，奇入朱雀。文书亨通，贵占权握。常人得之，衣禄退剥。
六丙加己，火孛入刑。文书不来，狱中有人。星吉门顺，空禁虚名。
　　　星乘门逆，徒杖而刑。
六丙加庚，荧入太白。家事熬煎，又逢盗贼。门合星吉，贼在人获。
　　　星门相遗，祸生因客。
六丙加辛，月精合祐。久病之人，药师来救。文状入官，亦能成就。
六丙加壬，孛乱来临。文讼公庭，因淫妇人。庶人流离，贵人失名。
六丙加癸，华盖孛师。阴人用之，灾祸相随。必因词讼，后必无亏。
六丁加甲，青龙得光。贵人迁职，常人得良。星符合处，喜美非常。
六丁加乙，格为人遁。得喜非常，贵人荐论。改禄受权，实为广运。
六丁加丙，奇中复奇。多生口舌，事生跷蹊。贵招官禄，常人刑之。
六丁加丁，奇入太阴。望文书至，远大名深。两重文意，凡百遂心。
　　　若信近用，名为伏吟。
六丁加己，火入勾神。文状词凶，奸因妇人。私中有私，往则刑名。
六丁加庚，织女寻牛。不有私情，定遇冤仇。阴人无理，刑禁官囚。
六丁交辛，朱雀入狱。官人刑囚，亦遭剥落。常人枷锁，百日放却。
六丁交壬，五人相和。丁壬化木，财利得多，贵人赐禄，文状平和。
六丁交癸，朱雀沉江。女人官府，定争成双。公私不协，两有所伤。
六己加甲，伏格青龙。门合吉星，财利是隆。门逆凶星，所干成空。
六己加乙，墓入不明。星门合吉，且喜平平。不合而逆，凡干不成。
六己加丙，格名孛师。阳人宣赐，爵禄加之。阴人大忌，奸乱乖违。
六己加丁，奇入墓名。文书当诉，门合吉神。先论得理，后对遭惩。
六己加己，地户逢鬼。阴人望信，信者难委。门符合处，远近来至。
六己加庚，刑格之名。阴人发用，必得阳人。阳宜静默，阴主私情。
六己加辛，魂神入墓。家有阴人，鬼妖惊户。符门合处，小口灾遇。

六己加壬，刑网高张。阴人奸恶，阳人遭伤。门迫星凶，两人俱亡。
六己加癸，地刑元武。阴人沉吟，灾病不语。门合星扶，遂成疾苦。
六庚加甲，刑青龙格。财利多荣，星门法则。不合则凶，合则免厄。
六庚加乙，日合六格。百事安然，尤当缄默。星门乘凶，官事刑迫。
六庚加丙，太白入荧。失物被盗，难获难寻。门合星吉，赃物知情。
　　符门不吉，官事来临。
六庚加丁，名曰亭亭。文状争论，私匿之情。符门逆背，词讼难成。
六庚加己，刑格凶否。狱囚之人，难有伸理。
六庚加庚，太白之名。官事并发，狱禁平人。凶期百日，却有舒情。
六庚加辛，干格白虎。道路伤亡，必失伴侣。有事难休，定执客主。
六庚加壬，蛇格之名。阴阳占信，迷路无音。伤门主灾，死门丧停。
六庚加癸，大刑之格。占路远求，阴人疾厄。鬼贼相扶，遂生离格。
六辛加甲，龙困遭伤。系官争财，阴人不妨。阳人有灾，门顺吉昌。
六辛加乙，白虎猖狂。失败破家，人口死亡。远行失信，家事彷徨。
六辛加丙，干合荧惑。文状虚词，竞争财物。星门不合，暗昧屈厄。
六辛加丁，狱神入奇。远行经商，利倍得迟。星门不吉，夫妇分离。
六辛加己，刑狱之格。奴婢欺主，先自刑克。门吉星强，虚成累及。
六辛加庚，白虎伤格。两女争男，皆因酒色。星合门凶，丑声难塞。
六辛加辛，狱入自刑。求财喜合，利用阴人。阳人用之，灾害时临。
六辛加壬，蛇入狱刑。两男争女，讼逼难停。门符合吉，首者遭黥。
六辛加癸，直格华盖。阴人用之，无灾无害。吉门吉星，阳人得财。
　　兼有酒食，喜庆咸来。
六壬加甲，蛇化为龙。阴人用事，喜庆重重。阳人求事，有始无终。
六壬加乙，格名小蛇。阴人伏灾，阳人伤嗟。孕生贵子，禄马光华。
六壬加丙，蛇入冶炉。词讼争端，空事无图。若遇刑禁，出则招徒。
六壬加丁，干合蛇刑。文书财喜，大宜阴人。贵人官禄，常人平平。

六壬加己，蛇凶入狱。大祸将成，夫妻不睦。罪若有刑，金银沾足。①
六壬加庚，太白骑蛇。刑狱公明，好分正邪。如逢伤死，刑戮无差。
六壬加辛，螣蛇格干。符门虽吉，亦不可安。所有运谋，内生欺瞒。
六壬加壬，罗网自缠。阴人利用，阳人莫前。三吉不入，万事无缘。
六壬加癸，螣蛇飞空。家不和睦，室女私通。星门俱吉，信息隆隆。
六癸加甲，罗网青龙。财喜姻亲，必遇吉人。星门不合，阳人讼刑。
六癸加乙，华盖逢星。贵人宠禄，权位如轻。常人怪异，口舌来临。
六癸加丙，盖遇孛师。贵人受官，小人得依。若占文状，定得门眉。
六癸加丁，螣蛇夭矫。阴人文书，为凶之兆。损财招刑，不宜垒调。
六癸加己，华盖地户。阴人问夫，求至居住。门顺入室，门逆夫殆。
六癸加庚，大格飞名。只宜上官，握柄雄声。公事得迟，钱则有争。
六癸加辛，狱入天牢。军吏遭系，罪恐难逃。门吉星吉，虚禁无劳。
六癸加壬，复见螣蛇。阴人绝子，又复离家。理顺后嫁，未保年华。
六癸加癸，天网高张。行旅失约，游去四方。合处相得，逆处相伤。
昔日举要，计一百干。留甲十干，寄戊同安。且以八方，人来意看。
九宫支上，却讨时干。如住宫中，来人时是。②己课对宫，从交上看。
元微秘典，一诀万端。倘非志士，切莫与观。天机深惜，智在克宽。

---

① 沾足，原指雨水充足，此处引申为充足的意思。因金银为财，财为水，故而用沾足来形容其充足。
② 此句独不叶韵。

# 御定奇门宝鉴卷二

## 起例

### 九星

坎一天蓬，坤二天芮，震三天冲，巽四天辅，中五天禽。[①] 乾六天心，兑七天柱，艮八天任，离九天英。顺序数之，则曰蓬、任、冲、辅，英、芮、柱、心、禽。

### 九星定位

| 巽天辅 | 离天英 | 坤天芮 |
| --- | --- | --- |
| 震天冲 | 中天禽 | 兑天柱 |
| 艮天任 | 坎天蓬 | 乾天心 |

---

① 阳遁阴遁，俱寄坤宫。一本阳遁寄坤，阴遁寄艮。

## 八门

坎休，艮生，震伤，巽杜，离景，坤死，兑惊，乾开。
顺序数之，则曰休、生、伤、杜，景、死、惊、开。

## 八门定位

| 巽杜 | 离景 | 坤死 |
| 震伤 |      | 兑惊 |
| 艮生 | 坎休 | 乾开 |

## 三奇

乙为日奇，丙为月奇，丁为星奇。

## 六仪

戊、己、庚、辛、壬、癸为六仪。
甲子遁于六戊，甲戌遁于六己，甲申遁于六庚。
甲午遁于六辛，甲辰遁于六壬，甲寅遁于六癸。

## 八神

一直符，二螣蛇，三太阴，四六合，五勾陈，六朱雀，七九地，八九天。此阳遁也。
阴遁则一直符，二九天，三九地，四朱雀，五勾陈，六六合，七太阴，八螣蛇。①

## 阳遁

阳遁九局，顺布六仪，逆布三奇。如一局甲子戊，起坎一宫，则甲戌己在坤二，甲申庚在震三，甲午辛在巽四，甲辰壬在中五，甲寅癸在乾六，此顺布六仪也。丁在兑七，丙在艮八，乙在离九，此逆布三奇也。②二局则甲子戊起坤二，三局则甲子戊起震三。余仿此。

## 阴遁

阴遁九局，逆布六仪，顺布三奇。如九局甲子戊起离九，则甲戌己在艮八，甲申庚在兑七，甲午辛在乾六，甲辰壬在中五，甲寅癸在巽四，此逆布六仪也。丁在震三，丙在坤二，乙在坎一，此顺布三奇也。③八局则甲子戊起艮八，七局则甲子戊起兑七。余仿此。

## 八节

冬至甲子起坎，小寒大寒随之。立春甲子起艮，雨水惊蛰随之。
春分甲子起震，清明谷雨随之。立夏甲子起巽，小满芒种随之。
夏至甲子起离，小暑大暑随之。立秋甲子起坤，处暑白露随之。
秋分甲子起兑，寒露霜降随之。立冬甲子起乾，小雪大雪随之。

---

① 朱雀下有元武。勾陈下有白虎。
② 因乙丙丁次于九八七。故名逆。
③ 因乙丙丁次于一二三，故名顺。

| 巽　　　　　　　 | 离　　　　　　　 | 坤 |
|---|---|---|
| 芒小立<br>种满夏<br>六二四<br>三二一<br>九八七 | 大小夏<br>暑暑至<br>七八九<br>一二三<br>四五六 | 白处立<br>露暑秋<br>九一二<br>三七五<br>六四八 |
| 震 | | 兑 |
| 谷清春<br>雨明分<br>五四三<br>二一九<br>八七六 | | 霜寒秋<br>降露分<br>五六七<br>八九一<br>二三四 |
| 艮 | 坎 | 乾 |
| 惊雨立<br>蛰水春<br>一九八<br>七六五<br>四三二 | 大小冬<br>寒寒至<br>三二一<br>九八七<br>六五四 | 大小立<br>雪雪冬<br>四五六<br>七八九<br>一二三 |

## 三元

一年二十四气，一气三候，一候五日，故五日为一元。一炁之中，凡统三元，而六十花甲之时一周。

## 分顺逆法

冬至后用阳遁，夏至后用阴遁。

## 定三元法

三元者，上中下三局也。一元五日，以甲己二干，为一元之首，谓之符头。符头所临之支，如值子午卯酉，则为上元；值寅申巳亥，为中元；值辰戌丑未，为下元。盖甲子日起上元，越五日己巳起中元，又越五日甲戌起下元。三局已周，又越五日己卯，复起上元，则又是一气矣。

## 以旬首取符使法

旬首者，从用时之干，溯至本旬之甲首。如乙丑至癸酉，皆以甲子为旬首；乙亥至癸未，皆以甲戌为旬首是也。地盘旬首所临之宫，其星即为直符，其门即为直使。如旬首在坎宫，则天蓬星为直符，休门为直使。余仿此。

假如阳遁一局，甲子在坎宫，天蓬为本旬直符，休门为本旬直使。管至癸酉十时，又换符使。

甲戌在坤宫，天芮为本旬直符，死门为本旬直使。管至癸未十时，又换符使。

甲申在震宫，天冲为本旬直符，伤门为本旬直使。管至癸巳十时，又换符使。

甲午在巽宫，天辅为本旬直符，杜门为本旬直使。管至癸卯十时，又换符使。

甲辰在中宫，寄于坤二，天禽为本旬直符，死门为本旬直使。管至癸丑十时，又换符使。

甲寅在乾宫，天心为本旬直符，开门为本旬直使。管至癸亥十时而止。

## 直符加时干法

看用时之干，临于地盘何宫；即以天盘直符，加于此宫。

假如阳遁一局甲子时，则以天蓬为直符，而加甲于坎一宫，所谓"伏吟"者也。若用乙丑时，则地盘乙在九宫，即以天蓬加九。丙寅时，则地盘丙在八宫，即以天蓬加八。丁卯时，则地盘丁在七宫，即以天蓬加七。余仿此。阴遁亦然。

### 直使加时支法

看用时之支，临于地盘何宫，即以天盘直使加于此宫。

假如阳遁一局，甲子时，子在子宫，休门即在子上，亦所谓"伏吟"者也。丑时则休门加于二宫，寅时则休门加于三宫，卯时则休门加于四宫。余仿此。阴遁须用逆布。如子在九宫，丑即在八宫，寅即在七宫。

### 小直加大直符法

以最上盘之直符，加于九星直符所临之宫。次即螣蛇，以至九天。阳顺阴逆。

### 阳遁十二节气分上中下歌

冬至惊蛰一七四，小寒二八五为期。
大寒春分三九六，立春八五二相随。
清明立夏四一七，雨水九六三上依。
小满谷雨五二八，芒种六三九宫推。

### 阴遁十二节气分上中下歌

夏至白露九三六，大雪四七一宫宿。
大暑秋分七一四，小暑八二五相逐。
立冬寒露六九三，立秋八五二中参。
小雪霜降五八二，处暑一四七内函。

### 附：年奇门起例

上元甲子六十年，用阴遁一局。中元甲子六十年，用阴遁四局。下元甲子六十年，用阴遁七局。皆以其年旬首所值之门为直使，所值之星为直符。看其年支临于地盘何宫，即以天盘直使加之。看其年干临于地盘何宫，即以天盘直符加之。如上元甲子年，用阴遁一局，甲子即为旬首，休门为直使，天蓬为直符。因甲子在坎，即以天盘休门加坎，天蓬亦加坎。若乙丑年，乙在坤二，丑在离九。即以天盘休门加离九，天蓬加坤二。又以八神之直符，加于天蓬逆转。余仿此。

共一百八十年为一周。用逆不用顺者，天道左旋，日月随之而左，故逆也。年家紫白，亦以阴遁用逆。紫白之用，重在中宫。故上元甲子，一白入中。奇门之用，重在八门。故上元甲子，一白起坎。

### 附：月奇门起例

甲子至戊辰，己卯至癸未，甲午至戊戌，己酉至癸丑，为上元二十年，用阴遁一局。

己巳至癸酉，甲申至戊子，己亥至癸卯，甲寅至戊午，为中元二十年，用阴遁四局。

甲戌至戊寅，己丑至癸巳，甲辰至戊申，己未至癸亥，为下元二十年，用阴遁七局。

皆以月建旬首所值之门为直使，所值之星为直符。看月建之克，临于地盘何宫，即以天盘直使加之。看月建之干，临于地盘何宫，即以天盘直符加之。与年奇门同。

## 附：日奇门起例

冬至后用阳遁，夏至后用阴遁，子午日用二局，① 丑未日用六局，寅申日用一局，卯酉日用八局，辰戌日用四局，巳亥日用九局。其起九星八门之法，不必复分阴遁阳遁。凡甲子日，天蓬起艮八，天芮在离九，顺飞九宫。乙丑日，天蓬起离九，天芮在坎一，一日顺移一位。其八门，则甲子日休门起坎一，三日顺转一宫，不入中五。如甲子、乙丑、丙寅三日，休门起坎一；丁卯、戊辰、己巳三日，休门起坤二；庚午、辛未、壬申三日，休门起震三；癸酉、甲戌、乙亥三日，休门起巽四；丙子、丁丑、戊寅三日，休门起乾六。余仿此。

按：子午起于二宫，或者奇门知地，故首坤。抑考古人明堂九宫，皆从西南而入，盖尚右之义也。其不及卯酉者，六仪寄于南北四维，卯酉独无属，故不及也。门三日过一宫，或如翻禽与太乙，有三日一宫之法乎？然皆不可解，姑存之。

## 又法日奇门起例

冬至第一甲子六十日，用阳遁一局。第二甲子六十日，用阳遁七局。第三甲子六十日，用阳遁四局。夏至第一甲子六十日，用阴遁九局。第二甲子六十日，用阴遁三局。第三甲子六十日，用阴遁六局。皆以其日旬首所值之星为直符，所值之门为直使，法亦同于年奇。其超接正闰，则如时奇。凡甲子符头，超过三十日有奇，即宜置闰。

---

① 冬至后，子午日用阳遁二局。夏至后，丁午日用阴遁二局。余仿此。

### 又法日奇门起例

甲己加四仲月为上元，加四孟月为中元，加四季月为下元。亦冬至用阳遁，夏至用阴遁。

### 又一本遁年奇法 名八节奇

假如庚子年立春节出师，阳气用事，艮上起甲子顺行，其庚子奇头，乃是甲午。以甲子起艮，以甲戌起离，以甲申起坎，以甲午起坤，则是奇头在坤也。阳遁逆奇，丁奇在中，丙奇在乾，乙奇在兑。七六五宫，奇到为吉。若在夏至后出师，用阴遁逆行。仿此。

### 又一本遁月奇法

假如己亥年，冬至节阳局，坎上起甲子顺飞，其己亥年奇，乃在离宫。甲己之年，正月起丙寅，即以丙寅入离宫顺飞，丁卯在坎，戊辰在坤，己巳在震，庚午在巽，辛未在中，壬申在乾，癸酉在兑，甲戌在艮，乙亥在离，丙子在坎。则离坎坤，奇到为吉。

### 遁日奇法

年月奇以节气起宫，而日奇以局数起宫。法从本节上起甲子，阳顺阴逆数去。如立春节，丙寅日，是上元阳遁八局。即八宫起甲子戊顺行，己在离，庚在坎，辛在坤，壬在震，癸在巽，丁在中，丙在乾，乙在兑，则中乾兑得奇可用也。夏至后阴遁逆行，仿此。

## 遁日门法

假如中元冬至后辛未日，阳遁七局，中元旬头，甲子为直事，就于兑七宫起甲子顺飞，乙丑艮，丙寅离，丁卯坎，戊辰坤，己巳震，庚午巽，辛未中。则本日在中宫，兑宫惊门直事。即以惊门加中五寄坤，便知开在兑，休在乾，生在坎也。

## 日奇布五符法

从本日干禄上，起五符顺行。一五符，二天曹，三地府，四风伯，五雷公，六雨师，七风云，八唐符，九国印，十天关，十一地轴，十二天贼。

## 日奇起青龙法

子午日青龙起申，丑未日青龙起戌，寅申日青龙起子，卯酉日青龙起寅，辰戌日青龙起辰，巳亥日青龙起午。一青龙，二明堂，三天刑，四朱雀，五金匮，六天德，七白虎，八玉堂，九天牢，十元武，十一司命，十二勾陈。

按：奇门之学，必以《钓叟歌》为宗，歌中并无一字及于年月日者。以兵机决于俄顷，万无再查年月之理。况诸说纷纭，全无定见，恐是后人附会穿凿。于理皆有未通，于法皆有不顺，姑录之以俟选择之用，非奇门所急也。

## 超神接气法

超神者，谓节气未至，而甲子、己卯、甲午、己酉，四上元之符头先到，则从符头而行节气之上元。如正月初一日立春，而上年十二月二十五日，即是甲子，此符头先至。即以二十五日甲子作立春上元，至正月初一，乃行中元，故谓之超也。接气者，谓甲子、己卯、甲午、己酉，四上元之符头未到，而节气先到，则候符头到日，方行节气。如正月初一日立春，而初五日方是甲子。此符头未到，却以初一至初四，仍行大寒下元，至初五日方为立春上元，故谓之接也。超有十日，接止五日。余仿此。

### 置闰法

置闰之法，在芒种、大雪二节之后，冬至、夏至二至之前。他节虽超至十日，不可置闰。然他节亦无至八日九日十日者。

假如康熙五十六年，五月十三日丙寅夜，子初二刻夏至节；而十一日甲子，即为夏至符头，已超三日。至十一月二十日庚午，寅正初刻冬至节，去符头甲午日，共超七日。至五十七年五月二十四壬申，卯初二刻夏至，十五日即为甲子上元，乃超过九日矣，宜先于芒种节上置闰。盖五月初一日己酉，即为芒种上局，初六日为芒种中局，十一日为芒种下局。至十五日，而芒种上中下三局已足矣。自十六日甲子，至二十四日壬申，已超九日，为期太远。故十六日甲子，不作夏至上局，而为芒种闰奇上局；念①一日己巳，作芒种闰奇中局；念六日甲戌，作芒种闰奇下局。至六月初一戊寅日，闰奇方终。六月初二己卯日，始得夏至上局。斯廼②谓之接气。直至康熙五十八年，六月念三立秋，而甲子符头，恰当其日，是为正局，本日即是阴遁二局上元。至七月初九庚辰处暑，即超一日矣。凡闰奇，三候一终，即为接气。接气既久，乃换正受。正受渐移，乃换超局。超过九日十日或十一日，则仍置闰。

### 德刑

立春雨水惊蛰，在艮，德辰刑戌。春分清明谷雨，在震，德午刑子。

---

① 念，即廿，二十。
② 廼，nǎi，同"乃"。

立夏小满芒种，在巽，德未刑丑。夏至小暑大暑，在离，德酉刑卯。
立秋处暑白露，在坤，德戌刑辰。秋分寒露霜降，在兑，德子刑午。
立冬小雪大雪，在乾，德丑刑未。冬至小寒大寒，在坎，德卯刑酉。

### 宝和义制伏

宝者，干生支也。如甲午己酉之类。和者，干支比和也。如甲寅戊辰是也。义者，支生干也。如甲子戊午之类。制者，干克支也。如庚寅壬午之类。伏者，支克干也。如乙酉丙子之类。宝、和、义日吉，制日小凶，伏日大凶。历家以和日为专日，伏日为伐日。

### 五阳时

甲、乙、丙、丁、戊五时为阳，二至皆以此五干为阳时。将兵利客，宜先举。凡出军征伐，远行求财，立国邑，安社稷，治民人，临武事，入官见贵，移徙嫁娶，皆吉。唯逃亡难获。《经》云："符使之行，一时一易，行阳利为客。"盖阳干受东部之生气，阳时气升也。

### 五阴时

己、庚、辛、壬、癸五时为阴，二至皆以此五干为阴时。将兵利主，宜后应。凡出军征伐，远行求财，立国邑，安社稷，治民人，临武事，入官见贵，移徙嫁娶，皆不吉。惟逃亡可获。《经》云："符使之行，一时一易，行阴利以为主。"盖阴五干受西部之杀气也。

# 九星所主

### 天蓬所主

蓬星，宜安抚边境，修筑城池，不宜入官见贵，嫁娶移徙，商贾营建。凡将兵征战，辰戌丑未月日，加二五八宫，利为主。申酉亥子月日，加九宫，利为客。贪狼星也。

### 天任所主

任星，宜立国邑，化人民，入官见贵，商贾，求请，应举，嫁娶；不宜移徙营建。凡将兵亥子寅卯月日，加三四宫，利为主；辰戌丑未月日，加一宫，利为客。左辅星也。

### 天冲所主

冲星，宜征伐战斗，报怨酬恩；不宜上官见贵，嫁娶移徙，商贾营建。凡征战四季申酉月日，加六七宫，利为主。亥子寅卯月日，加二五八宫，利为客。禄存星也。

### 天辅所主

辅星，宜修道设教，诛凶伐暴，入官见贵，嫁娶移徙，商贾营建，应举谋望。凡将兵征战，与冲星同。文曲星也。

### 天禽所主

禽星，宜祭祀求福，断灭群凶，入官见贵，锡爵赏功，应举谋望，嫁娶移徙，商贾营建。凡将兵征伐，亥子寅卯月日，加三四宫，利于为主。辰戌丑未月日，加一宫，利于为客。廉贞星也。

### 天英所主

英星，宜上官见贵，应举投书；不宜嫁娶移徙，商贾营建，祭祀远行。凡征战，申酉亥子月日，加一宫，利为主。寅卯巳午月日，加六七宫，利为客。右弼星也。

### 天芮所主

芮星，宜崇尚道德，尊师亲友；不宜入官嫁娶，见贵移徙，商贾营建。凡将兵征伐，与任星同。巨门星也。

### 天柱所主

柱星，宜修筑营垒，训练士卒；不宜入官见贵，嫁娶移徙，商贾营造。凡将兵征伐，寅卯巳午月日，加九宫，利主。四季申酉月日，加三四宫，利客。破军星也。

### 天心所主

心星，宜兴师陈旅，诛暴伐恶，入官见贵，应举求谋，嫁娶移徙，商贾营造。凡将兵征伐，与柱星同。武曲星也。

右九星有气，合奇门，吉者益吉，凶者减凶。若无气而不合奇门，凶者益凶，吉者不吉。

# 八门所主

### 开门所主

开门，宜征讨谋望，入官见贵，应举远行，嫁娶移徙，商贾营建，俱吉。惟不宜治政，有私人窥伺。

### 休门所主

休门，宜面君谒贵，上官到任，嫁娶移徙，商贾营建，诸事皆吉。惟不宜行刑断狱。

### 生门所主

生门，宜征讨谋望，入官见贵，嫁娶移徙，诸事皆吉。惟不宜埋葬治丧。

### 伤门所主

伤门，宜渔猎讨捕，索债博戏，收敛货财。余俱不宜。

### 杜门所主

杜门，宜捕盗剪凶，决狱隐形，填塞沟壑。余俱不宜。

### 景门所主

景门，宜上书献策，求俊招贤，谒贵拜职，遣使行诛，突阵破围等事。余俱不宜。

### 死门所主

死门，宜决刑断狱，吊丧埋葬，捕猎等事。余俱不宜。

### 惊门所主

惊门，宜掩捕盗贼，恐惑敌众，博戏等事。余俱不宜。

右八门所主，最忌迫制。吉门有气益吉，无气减吉；凶门有气益凶，无气减凶。

## 三奇喜怒

乙奇者，日奇也。到震为白兔游宫，造作、谒见、出行皆吉。到巽为玉兔乘风，百事吉。到离为白兔当阳，宜作显扬，煅药炼丹，百事宜良。到坤为玉兔暗目，亦名入墓。若上官、远行、市贾、迁移、修作，用之立见灾殃。到兑受制，到乾受伤，事多不利。到坎为玉兔饮泉，到艮为玉兔步青云，皆利。

丙奇者，月奇也。到震为月入雷门，架柱修营，永逢吉庆。到巽为火行风起，龙神助威，事皆宜利。到离为帝旺之乡，但除子午二直符时，不可急用。其他寅申辰戌，用之俱良。到坤为子居母腹，吉。到兑为凤凰折翅。到乾为光明不全，又名入墓，凶。到艮为凤入丹山，又艮为鬼户，不吉。到坎为火入水池，凶。

丁奇者，星奇也。三奇之中，此星最灵。到震最明，兴工必有祥应。到巽为玉女留神，盖巽为少女，风火相合故也。到离乘旺而太炎，能消铄万物，燥暴不常。到坤，坤为地户，名玉女游地户。到兑，火死金旺之乡，能凶能吉。到乾为火照天门，又名玉女游天门，其妙异常。然为火墓，亦当消息用之。到艮名玉女游鬼户，凶。到坎名朱雀投江，又丁入壬癸乡，威德收藏，可以慎静，不宜妄动。

# 八宫类神

### 坎宫类神

坎为一气始生之地，元都之宫，壬癸旺位。为正北一白，有休门主之。其色黑，其形曲，其物柔。其于人也，为谒者，为僧道散人。修造吉庆，谋望得遂，远行谒贵亨通。阳日出此门，得逢男贵。阴日出此门，得逢阴贵，衣紫碧之衣。旺则见富贵人，休囚则见贫人。不然，或见口舌交争。

北道舟程，黑色咸味。酱糊水膏，绳索乐器。水泻遗精，耳肾腰疾。深听智谋，漫事曲折。

### 坤宫类神

坤受六阴之气，配厚载之德。立秋渐凉，万物将殒。为西南二黑，有死门主之。其色黑，其形圆，其物厚。其于人也，为疾患，为狱卒，为孝服。宜戮罪行刑，埋葬吊哭。远行在外，主有疾病，吉事不得亨通。出其门，再逢其星，定遇患人，或闻哭声。凡遭官讼者，大忌出此门。

城隍司命，土社谷帛。田野仓场，云雾沙石。老母道姑，脾胃腹疾。乡农斗殴，思虑牢狱。符药丸散，医筮算卜。

### 震宫类神

震居兰台之宫，雷电发泄之处。春和大布，阳气正通。甲乙正位，为东方三碧，有伤门主之。其色青，其形长，其物直。其于人也，为匠役，为捕人，为公差。讨叛捕亡，中道就擒。若行吉事，定生灾迍。或为渔猎，大获禽兽。出此门者，吉则逢火光伐木，凶则逢盗。

甲乙青龙，禁庭内翰。舟船车马，泰岳宫观。庙宇家神，林麓妖怪。肝胆四肢，长男忧喜。游猎威声，相貌俊伟。蒜菜瓜果，腥酸鲜味。巧样雕刻，云龙怪异。

## 巽宫类神

巽四为薰风，春夏交接之时。六阳数绝，阴气将泄。为东南四绿，有杜门主之。其色绿，其形尖，其物长。其于人也，为寡发，为文墨，为喑哑。杜者塞也，不宜行诛戮，追逃亡。当路逢凶人。如行隐遁匿迹之事，默有神助。若强为吉事，便如人在昏雾之中，不为吉也。出此门者，必逢男女并在道路，遇患手足之人。

山林竹舍，进退藏匿。悬吊安柱，绳索紧结。工巧机关，诸事湾环。长女新妇，秀士幽闲。绝烟神庙，肱股手足。风寒气症，胆肝眼目。

## 乾宫类神

乾体象天，阴气欲尽，百灵成就。为西北六白，有开门主之。其色灰白，其形方，其质坚。其于人也，为官长，为博奕。宜远行谋望，博戏得赢。凡有谋为，无所不利。出此门者，路逢茶酒，或见贵人。

君父显官，僧道老人。宝石铜铁，金石丝声。色白形圆，体坚味辛。刀砧锤铃，首脑股筋。

## 兑宫类神

兑西泽梁，为庚辛之体。严金一布，万木焦黄。为正西七赤，有惊门主之。其色白，其物坚，其形有口。其于人也，为兵卒，为讼师。为吉事则危，为凶事则贞。强行在路，为人所擒。出此门者，定逢跛脚眇目之人，或闻交争恐怖。

破损毁折，阴人灾厄。少女妓妾，咽喉口舌。妖邪不正，诡言虚谲。缺地废井，刀针铜铁。

## 艮宫类神

艮土为山，阴阳回运。生成之功，天道大通。为东北八白，有生门主之。其色黄，其形圆，其物实。其于人也，为商贾，为田父、小儿。凡谋得就，谒贵得亲。不宜强行横暴，反受天刑。此门下取水，浇灌死树，或以复生。出此门者，得逢巧艺。或皂衣独步，或车马紫黄衣人。

少男山岗，径路石岸。土石瓦块，山村寺观。动止不常，坚硬多节。鼻背手指，气血积结。色黄味甘，进退生灭。脊背痈疽，手足疮疥。虎豹狼狈，鼠狗土物。

## 离宫类神

离为午火，丙丁之精。纯阴交结，火炎气升。为正南九紫，有景门主之。其色红，其内虚，其形锐。其于人也，为文士，为书吏。远行者，主中道亡失。出此门者，逢赤须人，鸟噪追呼，或有酒食。

神圣公像，闪电星光。赤鸦丹凤，火灶烟囱。灯笼红盒，酒食馨香。焙炙菜物，常壳而尝。烦躁性热，紧急薰蒸。祖先宗庙，明堂客厅。炉鼎火具，诗赋词文。眼目心血，潮热虚惊。

# 九星类神

### 天蓬类神

为水,为后,为水火盗贼。其音为羽。
入官逢盗贼,起造、移徙防兵火。婚妨翁姑,娶之伤产。
商贾远方,遇仇人侵害。行人即归。
兖州分野。

### 天芮类神

为土,为教师,为良朋益友。其音为宫。
宜于秋冬起造。嫁娶、迁徙,当招官讼,或有盗侵。
占行人则归,必逢阴雨。经商失财破侣。
梁州分野。

### 天冲类神

为雷祖大帝,为木,为武士。其音为角。
宜出军雪冤。移徙、商贾,一既不吉。
嫁娶妨害,一年之内见凶。修造,三年内当有凶事。上官利武职。
徐州分野。

### 天辅类神

为草,为民。其音为角。

春夏婚姻、移徙大吉，秋冬百事不利。
荆州分野。

## 天禽类神

为土，为师巫，为法士。其音为角。
宜祭祀神祇。商贾、埋葬、移徙皆吉。秋冬大利，春夏小凶。
寄于坤宫，依门傍户。其神不正，吉亦非全。
豫州分野。

## 天心类神

为金，为高道，为名医。其音为商。
宜书符合药。春夏不利修造，宜移徙嫁娶。不可商贾。
此日晴明大吉。
冀州分野。

## 天柱类神

为金，为隐士，为修炼。其音为商。
宜固守隐迹，或为阴谋。不可移徙。商贾嫁娶皆不吉。
雍州分野。

## 天任类神

为土，为富室。其音为宫。
嫁娶生子大贵，上官谒贵全吉，惟修筑不利。商贾远行，春夏大吉。

青州分野。

## 天英类神

为火，为炉冶人，为残患。其音为徵。
宜远行献书，不宜商贾。
主失财物，修造失火。
上官有灾，止宜嫁娶。
扬州分野。

# 八神类神

### 直符类神

禀中央之土，为贵人之位。能育万物，大将利居其下。

为人性清高而厚重。为仙佛，为尊贵；失令则为牙保媒人。

于物为印绶文章、金银首饰、丝麻布帛、珍宝谷鳖獬牛之类；变异则为水木之精，鳞角之怪。

其于事也，旺相则为喜庆诏命，筵会酒食；休囚则为哭泣愁闷。

其色黄白，其形端方，其数八。

### 螣蛇类神

禀南方之火，为虚耗之神。

为人虚伪而巧诈。为公吏，为妇女；失令为市井人，为奴婢牙婆。

于物为光亮，为丑陋，为歪斜破损，为花朵，为绳索，为蛇。

其于事也，为胎产婚姻，文契钱货，奇闻异见；变异则为光怪，火烛惊疑，为淹缠，为恶梦，为血光、脱赚、骂詈，为污秽臭气之类。

其色红白，其形虚幻勾曲，其数四。

### 太阴类神

禀西方之金，为阴佑之神，能为祯祥护持。

为人正直无私，性气难驯。为台垣谏府，为文人；失令为婢妾宵小。

于物为雕琢金银，羽毛精洁，阴霖雾雨，霜雪水冻，佛寺字迹。

其于事也，旺相则为喜庆、恩泽、赦宥、婚姻、胎产；休囚则为淫滥，忧疑欺诈，阴私口舌，诅咒哭泣，暗谋密约，私通走失。

其色白，其体柔，其数九。

## 六合类神

禀东方之木，为雷部雨师护卫之神，能飞腾变化。

为人性好贤乐善，为贵族高隐；失令则为工巧技艺，僧道术士，医生书客。

于物为果品盐粟，羽毛布帛，衣裳轿伞，彩仗印玺，书契树枝，舟车钱财；变异则为草木之精，水族之怪。

其于事也，旺相则为爵禄荣庆，婚姻胎产，阴私和合；休囚则为妇女口舌，争财致疾，囚系胆怯，讪谤通谋，求降勾引。

其色黄赤，其形光彩，其数六与七。

## 勾陈①类神

禀西方之金，为刚猛之神，主兵戈战斗。

为人性猛烈威雄，为催官使者，侍卫虎贲；失令为军卒丑妇，土匠农夫，牧童捕役，屠宰凶人，孝服病人。

于物为金银刀剑，财帛木实，鱼鳖蛟龙；失令为朽铁、瓦石、网罗；变异为水雹狂风，迅雷害物。

于事为争讼，疾病死丧，道路跌伤，留连遗失。

其色青白，其形锐利，其数七与五。

---

① 下有白虎。

## 朱雀①类神

禀北方之水，为刑戮奸谄之神。

为人性聪明而躁急，巧辩而反覆。为文士、醉客、孕妇；失令为书吏、牙侩、盗贼、娼妇、卖鱼盐人。

于物为文章印信、勅命服物、鱼蛇卵蛋、盐卤酒伞炭之类；变异为妖魔鬼魅。

于事为谒官求望；失令则为口舌啼哭，梦想离别，惊恐遗失，逃人奸佞。

其色亦黑，其形缺，其数四与九。

## 九地类神

坤土之象，万物之母，为阴晦之神。

为人性柔顺吝啬，为神像，为大腹，为医卜人，为老妇道姑，乡农狱卒。

于物为子母牛，为五谷布帛、舆釜砂石、云雾符箓、药饵旧物。

于事为模糊，忧思病患，牢狱暗昧，哭泣死丧。

其色黑，其形厚重有柄，其数八与二。

## 九天类神

乾金之象，万物之父，为显扬之神。

为人性刚健而不测，为君父，为官长，为僧道老人，为首脑股肋。

于物为马，为金玉宝石，剑戟刀砧，锤铃钱镜，寒水铜铁，木果丝竹；光亮玲珑、旋转活动、有声有足之物。

于事为谋望、博奕、远行之类。

其色赤白，其形圆，其质坚，其数一与六。

---

① 下有元武。

# 十干类神

### 甲干类神

其为质也劲，其为性也直，其为色也青，其为味也酸，其为声也浊，其为体也方与长，其为用也萌与动。得时则为梁栋，失令则为废材。克战太过则为朽腐无用，生旺太过则为漂泊无依。其性过于自负，不能娴于世故。

### 乙干类神

其为质也润，其为性也曲，其为色也碧，其为味也酸甘，其为声也婉转，其为体也柔嫩，其为用也参差。得时则繁华，失令则枯朽。其性矫揉造作，依附世情。

### 丙干类神

其为质也虚，其为性也烈，其为色也紫赤，其为味也苦辣，其为声也苍雄，其为体也裹与覆，其为用也抑与扬。得时则辉煌，失令则灰槁。有可大之材而不能有恒，有转变之巧而不可干犯。其性刚愎自用，惟好趋承。

### 丁干类神

其为质也媚，其为性也顺，其为色也淡红，其为味也爽快，其为声也清亮，其为体也秀而扬，其为用也便而捷。得时则能销镕暴戾，洞察奸邪，失令则为穷愁呻吟，幽人嫠妇。投其机则似可狎，当其锐则不可撄。其性柔佞，不可测识。

## 戊干类神

其为质也烈燥，其为性也耿介，其为味也甘辛，其为声也刚雄，其为体也涩而滞，其为用也卤而粗。得时则雄豪果敢，失令则柔懦痴愚。其性执拗可默化，不可强制。

## 己干类神

其为质也博厚，其为性也坦和，其为味也甘辛，其为声也婉切，其为体也沉而静，其为用也顺而柔。得时则陶镕品汇，失令亦抱质坚贞。其性宽弘，而不凝滞于物。

## 庚干类神

其为质也刚劲，其为性也急锐，其为味也辛辣，其为声也雄尖，其为体也硬直，其为用也暴戾。得时逞其剸[1]制，失令失其雄威。可柔以化之，不可刚以制之。其性坚执，能屈人而不能屈于人。

## 辛干类神

其为质也铓[2]锐，其为性也柔刚，其为味也苦辣，其为声也铿将。其为体也沉静，如锥处囊；其为用也坚耐，似玉出璞。得时则黄钟，失令则瓦缶。必待秋风，方能扶摇直上。

---

[1] 剸，音 zhuān，专擅，统领。
[2] 铓，音 máng，意为刀剑等的尖端；锋刃。

### 壬干类神

其为质也润，其为性也淫，其为味也咸，其为声也洪，其为体也圆活，其为用也流通。得时则济物利人，失令则妨贤病国。其性柔险，可与同忧，不可共乐。

### 癸干类神

其为质也重，其为性也阴，其为味也浊，其为声也亮。其为体也慈厚，有饥溺由己之情；其为用也浅露，无包容涵畜之量。得时则从龙变化，失令则摇尾乞怜。其性憨直，惟知排难解纷，不知察奸烛弊。

# 十二支类神

## 子支类神

子为水，为河，为池井，为沟渠，为后宫。其于人也，为妇人，为盗贼，为乳妇。其于物也，为鼠，为燕蝠。其于事也，见吉神为聪明，见凶神为淫佚。

## 丑支类神

为土，为桑园，为桥梁，为宫殿，为坟墓。其于人也，为君人，为尊长，为贵人。其于物也，为牛骡。其于事也，见吉神，为喜庆，为迁官；见凶神，为咀咒冤仇，讼狱忧离，远行疾病。

## 寅支类神

为神像，为山林，为桥梁，为公门。其于人也，为丞相，为夫婿，为道人，为贵人，为人马，为公吏，为家长，为宾客。其于物也，为虎豹，为猫。其于事也，见吉神，为文书财帛信息；见凶神，为口舌失财，官事疾病是非。

## 卯支类神

为木，为门窗，为街土。其于人也，为妇，为兄弟，为姑母，为盗贼。其于物也，为舟车。其于事也，见吉神，为门户舟车，安然无事；见凶神，为口舌官事，追呼分离。虽无奇门，亦可避形。

### 辰支类神

为土，为冈岭，为麦地，为寺观，为土堆，为坟墓，为田园。其于人也，为丑妇，为僧道，为候人，为屠宰。其于事也，见吉神，为医人药物；见凶神，为屠宰争竞。

### 巳支类神

为火，为炉冶，为镬。① 其于人也，为妇人，为乞丐。其于事也，见吉神为文书，见凶神为梦寐疾病。

### 午支类神

为火，为厅堂，为果食。其于人也，为宫女，为使者，为亭长，为蚕姑。其于事也，见吉神则为信息文章，见凶神则为惊疑口舌。

### 未支类神

为土，为庭院，为墙垣，为井，为坟墓，为茶房。其于人也，为父母，为白头翁，为寡妇，为师巫，为放羊人，为道人。其为物也，为羊，为鹰。其于事也，见吉神，为酒食宴会喜美；见凶神，为官事孝服毒药，争竞疾病。此方得遇奇门，可以逃难藏形。

---

① 镬，音 huò，一种形如大盆，用以煮食物的铁器。

## 申支类神

为金，为仙堂，为神堂，为道路，为碓硙，① 为城宇，为祠庙，为湖池。其于人也，为公人，为贵客，为行人，为军徒，为凶人。其于物也，为猿猴，为狮子。其于事也，见吉神为行程奔走，见凶神为口舌，车碾道路，损失疾病。

## 酉支类神

为金，为碑碣，② 为街巷，为白塔。其于人也，为外亲，为婢妾，为妇女，为阴贵人，为卖酒人。其于物也，为鸽雉。其于事也，见吉神，为清净恬憺③和合；见凶神，为失财病患离别。此方遇奇门，可以藏形遁迹。

## 戌支类神

为土，为虚堂，为牢狱，为坟墓，为寺观，为冈岭厕圂，④ 为死尸。其于物也，为驴犬。其于人也，为僧道，为善人，为孤寒，为狱吏，为屠儿。其于事也，见吉神为僧道，见凶神为虚诈不实，及走失争竞，牢狱之灾。

---

① 碓，音duì，舂米的设备。用柱子架起一根木杠，杠的前端装一块圆形石头，用脚连续踏动木杠后端，前端石头一起一落，舂砸下面石臼中的米粮（使谷成米或使米成粉）。简单的碓只是一个石臼，外加一根杵或木槌。硙，音wèi，指石磨。
② 碑碣：古人把长方形的刻石叫"碑"。把圆首形的或形在方圆之间，上小下大的刻石，叫"碣"。秦始皇刻石纪功，大开树立碑碣的风气。东汉以来，碑碣渐多，有碑颂、碑记、又有墓碑，用以纪事颂德，碑的形制也有了一定的格式。后世碑碣名称往往混用。
③ 憺，音dàn，安然。与恢略同。
④ 圂，音hùn，本义为猪圈，亦指厕所。

### 亥支类神

为水，为牢狱，为庭解，为厕坑，为寺院，为江河，为楼台，为仓房。其于人也，为盗贼，为小儿，为乞丐，为赶猪人，为罪人。其于事也，见吉神为婚姻乞索，见凶神为争斗产难。

# 奇门吉格

### 奇门会合

凡乙、丙、丁三奇，与开、休、生三吉门会合之方，乃奇门第一要格，诸事向之最利，所谓"吉门偶尔合三奇"也。又当详其衰、旺、迫、墓，以定吉凶。

### 三奇得使遇甲

凡地盘三奇，既得直使之门，又遇直符之甲来加，此时诸事皆吉。若遇吉门，更利。

### 三奇得使游仪

乙以甲午甲戌为使，丙以甲子甲申为使，丁以甲寅甲辰为使。三奇各得其使，作直符来加，而又往游于其使之仪，此时利作阴私和合之事。注详总释中。

### 三奇得使

乙、丙、丁三奇所在之宫，更得开、休、生三吉门为直使来加。宜行恩赏功，出兵遣将，吉。专使统领更吉，出行有助。凡求谋获利，上官逢恩，得人提拔，婚娶移徙造作俱吉。

### 三甲合

今日日干，与直符直使皆为甲，百事大吉。又上局仲甲，甲己日、甲子时，丙辛日、甲午时，此时关格，刑德俱在内，用兵先举者败，不可以出入。利于逃亡，主客俱不利。中局孟甲，戊癸日、甲寅时，乙庚日、甲申时，此时阳气在外，利藏兵固守，不可出入。利主不利客。下局季甲，丁壬日、甲辰时，甲己日、甲戌时，此时阳气在外，阴气在内，利出行动众，百事皆吉。利客不利主。亦名三甲。

### 天辅时

旧云：甲己日己巳时，乙庚日甲申时，丙辛日甲午时，丁壬日甲辰时，戊癸日甲寅时。《奇门成式》云：即甲子甲戌、甲申甲午、甲辰甲寅时也。宜乞恩解怨。虽刀斧临身，得神护佑，逢凶化吉。有罪者可释，吉事增福。

### 威德时

甲加丙，丙加甲，即返首、跌穴。

### 五合时

五合时者，时与日干相合也。甲己相合，乙庚相合，丙辛相合，丁壬相合，戊癸相合，谓五合。凡值此时，吉神用事，凶煞退藏，故其吉与天辅时同。宜谋为和合隐秘诸事，不宜雪理解释。

## 直符宿吉

如辅禽心星之类，百事皆吉。或云：即三甲合也。

## 青龙返首

甲为青龙，凡直符旬甲，加地盘丙奇，为青龙返首。如值此时，利为百事。更得奇门相合，其吉无上。唯利大人，不利小人。将兵背生击死，百战百胜。

## 飞鸟跌穴

丙为飞鸟，凡丙奇加地盘直符旬甲，为飞鸟跌穴。如值此时，利为百事。更得吉门相合，其吉无上。惟利君子，不利小人。将兵背生击死，百战百胜。

## 玉女守门

丁为玉女，乃人盘直使之门，遇地盘六丁，为玉女守门，即当旬直使之门也。宜结交私通，阴谋秘密，和仇解怨，及公庭宴乐，欢喜和合等，吉；其余大事俱不宜。

## 相佐

天盘直符头，遇地盘丁丙乙也。宜谋功名，近贵人。动有人助，主得富贵之兆。

## 奇符相加

直符加奇，直使门加奇，百事得人扶助，大吉。

## 龙虎二符

龙乃甲辰，虎乃甲寅。阴阳二遁逢丁，甲辰符，辰加丁，为龙符；甲寅符，寅加丁，为虎符。宜祭祀，书符牒，[①] 役鬼神，除邪祟。[②] 又宜受印职，握兵符，传号令，遣兵发马，俱吉。

## 天地合德

天上六戊，合三吉门，加于六己。宜谒贵受封，觐君访主，授书谒将，访客亲师，婚娶宴会，谋伙合伴，结交求望，吉。和仇解怨，抚叛招安，皆吉。

## 日月合明

天上六乙，合三吉门，加于六丙。宜上官、求财、科试、求医、谒贵、谋望、访贤、招安、求将、合谋、同伴、寻师、和事、交财、合伙、嫁娶、造葬、移徙，皆吉。

---

[①] 符牒，本是符移关牒等公文的统称，但道教所书的与神灵沟通往来的符箓等文书亦称为符牒。此处指后者。

[②] 邪祟，指作祟害人的鬼怪。

## 阴阳化气

丁甲相加，为阴阳化气，利为百事。

## 龙凤呈祥

丁乙相加，为龙凤呈祥，利为百事。

## 九遁

奇门九遁，又要奇不犯墓，门不犯迫，方为全美。奇门三诈，战胜谋美，兴兵百战百胜，凡百谋为，皆利，他格止于门奇俱到而已。此则三门合三奇，又得三隐宫，用之得十分之利；比他格止得门奇，不得隐宫，利止六七分，大不同也。

## 天遁

天丙加生门，下临六丁，为天遁。丁为三奇之灵，六甲之阴，如华盖覆体，得月精所蔽，其方可上策出军。宜祭祷天神，炼将祭风，兴云致雾，祷雨祈晴，遣雷电，消天灾，顺星度，上表章，面君王，商贾求财，嫁娶入宅，移徙皆吉。

天遁幽元，得遇人贤。生门合丙，下临丁前。如逢生气，所事皆全。日禄在中，事成而安。日破日鬼，诸事牵缠。日合在中，罪赦宣传。天空在中，奏对宜先。天罡河魁，大吉行船。

## 地遁

天乙加开门，下临六己，为地遁。己为六合私门，又为地户。如紫云障蔽，得日精之覆护。宜祭祷地神，开河穿井，改造仓库，伏藏百工，扫穴摧城，列阵攻敌，伏兵藏锐，及修陵苑寺观宅居，迁葬筑垣，绝迹求仙，开圹①安坟，大吉。

地遁功曹，必遇英豪。更逢朱雀，文书迁高。天后太阴，拾得珠珍。青龙风伯，风雨淋淋。太常大吉，土龙出林。更加天柱，水入州城。勾陈白虎，兵起虚声。

### 人遁

太阴加六丁临休门，为人遁。太阴阴晦，万象莫观。如阴云障蔽，得星精之覆护。宜祭祷祈保，受道聘贤，求将制敌，兴兵征战，和仇立盟，隐遁伏藏，炼丹合药等吉。纳婚姻，进人口，交易倍利。若投书献策，不利。

白虎船沉，朱雀勾陈，眼见鬼神。大吉小吉，风雨不宁。日合日禄，百事尤荣。雨师风伯，雷电山崩。魁罡同位，灾患相仍。

### 神遁

九天加丙生门，为神遁。巽入庙，得灵神之蔽。宜祭祷符咒，步罡持法，建塑、开光、醮芰吉。其方可以画地布筹，用秘术伏鬼神，得天人相助。用兵攻虚遣间，阴谋秘计，则吉。

从魁河魁，六合勾陈。白芒光出，神示威灵。劫煞白虎，雷霆击人。神后天后，登明保佑。太乙太冲，太阴招凶。

### 鬼遁

九地加乙开生，或丁奇，为鬼遁。艮入庙，得灵神之蔽。又云：灵鬼隐伏之蔽。其方可以察敌情，偷营劫寨，设伪攻虚，设机伏藏，虚词诡诈。宜文书诈敌，又宜逃隐。遣兵大吉。

---

① 圹，音 kuàng，本义为墓穴。

上和天辅，百事懽忻。① 太冲朱雀，书符厌②人。白虎河魁，神鬼坎门。螣蛇天罡，鬼附人魂。从魁勾陈，妖邪见形。白虎同位，盗不离门。太乙太阴，修整新故。人死遭瘟，天鬼作虎。③ 阴神为宅，神出鬼没。

### 龙遁

乙休加坎，或六癸水乡，为龙遁。盖得龙神之蔽。其方宜请龙祈雨，治水水战，把守河渡，设谋机密，及填堤塞河，修桥穿井。

风伯雨师，风雨霪霖。④ 日破在中，水出山阴。青龙神后，水聚江津。登明河魁，连霁雨云。日禄日合，求财必盈。日刑日盗，百事虚成。

### 虎遁

六辛合休奇临八宫，为虎遁。艮入庙，得虎精守路之蔽。其方宜防御险要，设伏邀遮，建立山寨，堵关塞路；又可招亡命，抚叛逆，使代我伐贼。暗度险隘，密计潜机，并吉。

虎遁雌雄，开门庚同。如同白虎，风啸山空。神后元武，劫煞宜攻。所为百事，喜气重重。月厌在中，追贼逢凶。日禄日马，财谷丰隆。贵人用时，我有奇功。为客者胜，天乙不逢。

### 风遁

六辛合休门临四宫，为风遁。得祥风之蔽。其方可以吸风信，嗅旗帜，祭祷风伯，借便风，出兵破敌，得天风之助，大胜；又宜烧营劫寨，焚粮草辎重，兼布檄令文书，顺风响应。

白虎魁罡，事多委靡。天空登明，凡事中馁。螣蛇入传，沉船坏米。月

---

① 懽忻，亦作"懽忻"。喜悦；欢乐。
② 厌：指以厌法（厌胜法，是一种用咒符来制服对手的巫术），镇服或驱避可能出现的灾祸，或致灾祸于人。
③ 以上四句，南京图书馆藏本作：太乙太阴，修整重新。天鬼作虎，人死遭瘟。
④ 霪霖，同霪雨。霪，音 yín，连绵不停的过量的雨。

厌加之，炎炎火起。刑煞并来，伤折身体。

### 云遁

乙奇合休门临三宫，为云遁。得灵云之蔽。其方可以吸云气，喷甲胄。宜伏藏变化，兴云致雾，摄致神将，利于出兵。

云遁风会，进退不寐。生门加壬，上合天芮。太乙河魁，雪如掌块。元武太冲，风雨交重。螣蛇胜光，旱魃为凶。日禄在中，长天电虹。青龙到宫，黑雾迷浓。白虎刑冲，杀人无踪。

此时或以射雕为名，令士卒向其方仰望。

### 文遁武遁

乙合生丁为文遁，宜著词入学，应试决科，吉。丙合开辛为武遁，宜封拜，献策招兵，演将出兵，生击其冲，吉。

此二遁他书无。

### 三诈格

太阴、九地、六合，为三隐宫；得三奇吉门相助，为三诈，为事皆利。或得门，不得奇，亦吉。

### 真诈

太阴合奇门，为真诈。得吉宿之利。宜施仁恩，结民心，伸大义，隐遁求仙，造葬嫁娶，谋望、远行、商贾。若出兵诈敌，一切显扬之事皆吉。

### 重诈

九地合奇门为重诈。其方宜进人口，纳资产，取索货财，拜官受爵，嫁娶远行，商贾求名。若出兵诱敌取胜，诈陷贼众，又宜收服兵卒，牢笼人材，吉。

### 休诈

六合合奇门为休诈。得善人之蔽。宜嫁娶求财，远行，合药治病，祛邪禳灾，出兵诈敌，收降捕叛，吉。

### 六假

奇门六假，各随所宜取用，其方大利。盖杜、景、惊、死、伤五门，合乙、丙、丁，及己、壬、癸三仪，更逢九天、九地、太阴、六合四吉时，其方若无贼克，复有旺相之气，并为吉也。

### 天假

九天丙奇，合景门，临戊方，为天假。得福神之蔽，三奇之灵。宜陈利便，献谋策，求干谒，及出师扬兵示威，冲锋突阵，将计就计，诳贼助阵。

### 地假

九地丁奇，合杜门，临己方，为地假。得阴神之蔽。其方出入，人不能见。宜潜伏安营，遣人布散谣言，行间谍，探密事，偷营寨，及为陷坑。

### 人假

螣蛇六壬，合惊门，临坤方，为人假。得天神之蔽。宜捕捉逃亡，伏兵邀击，及设谋局，使人诈降；或伪书引诱，欺诳敌人，遮掩变易，劫寨偷营，及斗讼移徙，吉。

### 神假

白虎六庚，合伤门，临巽方，为神假。得地神之蔽。利埋葬捕捉，诈亡匿藏。假借神语神物，慑服人心敌众，并嫁娶商贾立券等吉。

### 鬼假

朱雀六己，合死门，临艮方，为鬼假。宜伏兵潜隐，令人不知，敌不敢侵。诛凶，伏暴，除害，陷于计中而不觉。捕贼行刑，匿亡诈死，葬埋安厝皆吉。

### 物假

太阴丁奇，合杜门，临巳方，为物假。宜假借器具，营室立营，虚诈恐敌等吉。

### 三奇升殿

乙奇到震，为升卯殿。丙奇到离，为升午殿。丁奇到兑，为升酉殿。诸事皆吉。

### 奇游禄位

甲禄在寅乙卯宫，丙戊在巳庚申中。丁己是午壬是亥，辛禄在酉癸子逢。宜上官封拜，求财谋望，造葬出行，应试置产，借索访友，吉。

### 奇门逢贵

日将之贵神方，宜谒贵求名，上官进爵。出行遇喜，求财如意，嫁娶荣昌，造葬产贵子。应科名，享富贵，移徙百为俱吉。

## 奇门遇马

天马，正月起午顺行六阳时。驿马，四局之首冲。宜远行得助，上官加秩，出战有功，逃难得脱，求望顺利。

## 日丽中天

乙奇合生门加丁，宜上官谒贵，谋望求财，考试决科，投兵任将，移徙嫁娶，造葬开门，放水兴师，发马竖旗建营等吉。

## 玉兔中天[①]

乙奇合吉门到离，事宜显扬，百凡乘旺，利达兴隆，兵家行人，俱得胜算，吉。

## 玉兔乘风

乙奇合吉门到巽，百事易成，力省功高，斗战军雄，一可当百，天风下助，背风顺而击之。

## 玉兔游山

乙奇合吉门到艮，入于帝旺之所，宜谒贵，上官登科，求财获宝。凡出兵征讨，威声远振，凡百祯祥。

---

① 又名当阳。

### 玉兔归垣

乙奇合吉门到震，是乙坐禄位，升殿归垣。凡谒见上官，求财决科谋望等，不求自获，俱有意外之遇。出兵得敌粮辎重，开疆得地，得人营寨车马，百事和谐。

### 龙腾碧海

乙奇合生门加坎，又名玉兔饮泉。宜上官应举，求贤见贵，谋望求财，出行造葬等吉。

### 凤入丹山

丙临长生之位，谓丙奇开门加艮。宜上官求财，移徙应试，出兵凯旋，远行入山，谋望等吉。

### 月朗南极

丙奇合生门加离，丙临帝旺之乡，除子午二时不可用，辰戌寅申大吉。宜谒贵干君，祈祷福嗣，出兵剿贼，求望造葬等大吉。

### 月入雷门

丙奇吉门到震，乃丙临帝旺之所，又在木宫，火逢木旺。凡谒贵上官，求名求利，嫁娶移徙造葬，皆吉庆如意。出兵征剿攻城，不战而服，献城纳池，不招自来。盖丙火销金，助正抑邪，退凶助吉，凡百兴旺也。

### 火行风起

丙奇合吉门到巽，木宫生丙火。火盛风生，况临巽宫。一切谋为，雷动风行。得神之助，图求必成。出兵当有天风云色，助威破敌。如有神坐其宫，击之必胜。

### 子居母腹

丙奇合吉门到坤，威德收藏。盖火能生土，而坤土为长生之方。凡百近小之事，易于成功。兵战宜浅攻近取，招收小寇，不宜穷兵远出。若遇大敌，且勿攻战。

### 火焰天门[①]

丁奇合吉门到乾，大吉非常。凡百谋为，去晦就明，去衰入旺，日胜一日。

### 玉女留郎

丁奇合吉门到巽，乃丁临帝旺。凡谒官觐阙，谋望名利，移徙造葬嫁娶等，吉祥大发。兵有神助，出奇制胜，屡建奇功。

### 玉女游坤

丁奇合吉门到坤。凡谋望营为，俱宜暗图，不必声扬。兵战宜伏，用谋

---

① 又名玉女游天门。

设计，诈者大胜。

## 天乙时孤

年月日时皆有孤，惟时孤最验。凡兴师从孤出转虚，复入坐孤，击其对冲之虚方胜。

## 天马方

天马者，房日兔也。房为天驷，故曰"天马"。兔隶于卯，卯为太冲。每月太冲下天马方，故又曰"太冲天马"。凡急难时，不及择奇门，以月将加月建，视太冲所临之下，乘其方去，凶恶不能侵，剑戟不足畏。

## 天三门

三门者，太冲、小吉、从魁也。凡急难时，不及择奇门，以月将加正时，视三将之下为天门，乘其方去，百恶不能害。

## 地四户

四户者，除、危、定、开也。凡急难时，不及择奇门，以月建加正时，视四建之下为地户，乘其方去，百恶不能害。

## 地私门

私门者，太阴、六合、太常所临之方也。以月将加正时，用日干寻纳甲合神所纳之支，即以贵人泊其支，依阴阳顺逆，布定十二贵神。然后视三神所临之下，即地私门方。以地盘定其方，故曰"地私门"。私门之方，更得奇门凑合，百事乘之大吉。

## 三胜地

天乙、九天、生门也。第一胜，直符天乙宫，即天上直符所乘之宫，乃天乙宫也。上将宜居之，坐其宫，击其对冲。第二胜，我居九天之上，击其冲，敌不能当我之锋。阴遁天上直符，前一为九天。阳遁天上直符，后一为九天。第三胜，上将引兵出生门，复坐生门宫，击对冲死门。如生门又合乙、丙、丁三奇临宫，更为元吉。

## 五不击

一直符，二九天，三九地，四生门，五直使也。上五宫俱乘旺气，我将居之则胜，不可击敌之所居。

## 天盘星克地盘星

在四时旺相日，本色云气在其方来助胜，利客兵。

## 地盘星克天盘星

在四时旺相日，有各方本色云气，从其方来助胜，利主兵。

# 奇门凶格

### 伏吟

天蓬加地蓬之类，凡事凝滞。

### 返吟

天蓬加天英之类，凡事反覆。

### 伏宫格

天上六庚，加地下当局十时直符之本宫。此天乙，乃十时中更换之直符。在地盘者，战则主客不利，凡事不通，即得奇门亦凶。若带丙丁二奇入局，其害稍浅，盗则难获。

### 飞宫格

天上当局直符，加地下六庚，止宜固守，出则大将遭擒。占人不在，凡事不利。

### 格勃

甲申庚直符，加地下丙为格勃。以庚为甲之格，丙又为庚之勃也。此时凶应在外，诸事不利，不作返首论。

### 勃格

天上丙,加地下甲申庚直符,为勃格。此时凶应在内,不作跌穴论。

### 六仪击刑

六甲直符加所刑之地,如甲子直符加三宫卯,为卯刑子之类。庶人用之,败亡刑狱,即得生旺奇门亦凶。上官赴任应举,皆有灾厄。凡事有争角是非。惟灭贼行刑出猎,当有意外之遇。

### 五不遇时

甲日庚午时,乙日辛巳时,丙日壬辰时,丁日癸卯时,戊日甲寅时,己日乙丑时,庚日丙子时,辛日丁酉时,壬日戊申时,癸日己未时,已上俱为七煞时。阳克阳时,阴克阴时。凡事昏昧乖戾。若造葬,主出瞽目残疾。又甲日戊辰时,乙日己卯时,丙日庚寅时,丁日辛丑时,戊日壬子时,己日癸酉时,庚日甲申时,辛日乙未时,壬日丙午时,癸日丁巳时,此乃日干克时干,非时干克日干也。一本谓之"损明时"。

### 时干入墓

十干中,除甲、乙、庚、辛无入墓之时,余六干俱有时干入墓。戊戌时,阳土墓戌;壬辰时,阳水墓辰;丙戌时,阳火墓戌;癸未时,阴水墓未;丁丑时,阴火墓丑;己丑时,阴土墓丑。戊己中央土,赖母而生,所以戊土丙火长生于寅,己同丁火生于酉也。凡事蹇滞毁败,不宜举动。

### 门迫

迫者，门制其宫也。开门临三四宫，休门临九宫，生门临一宫，景门临六七宫，伤、杜二门临二八宫，死门临一宫，惊门临三四宫，凡此为门迫。诸事以先举者得利，利客不利主。兵有格斗，中道防有邀截，亦防围困。

### 天网

六癸时是也。宜坚守老营，不可妄动。

### 地网

即六壬也。宜照直符方，高梯过之。遇此者难可脱逃，凡事勿用，更不宜出行。

### 三奇入墓

乙临坤是未墓，丙丁临乾是戌墓。乙临乾，丁临艮，亦是。主消威退喜，百事不顺。

### 三奇受制

丙丁火到一宫水，乙奇木到六七宫金，乃权失威损，凡事受欺于人，困迫孤弱之象。虽合奇门，亦减力也。

### 八门受制

休门至二八宫，生、死至三四宫，伤、杜至六七宫，景门至一宫，惊、开至九宫，凡事受困，不吉。

## 九星受制

蓬星至二八宫，芮、任至三四宫，冲、辅至六七宫，天英至一宫，柱、心至九宫，诸事不吉。

## 直符宿凶

如蓬芮之类，凡事不投不合，凶。

## 青龙逃走

天上六乙，加地下六辛，金能克木，龙虎相战，主凶。若得三奇门云遁，可用。

## 白虎猖狂

天上六辛，加地下六乙，主客不利，凡事皆凶。

## 朱雀投江

天上六丁，加地下六癸，主有惊恐。用兵防有奸人灾祸，应十日。

## 螣蛇夭矫

天上六癸，加地下六丁，百事不利。即得奇门，免灾而已。犯此者，宜向直符上，转候换局，即吉也。

### 太白入荧

天上庚，加地下丙，百事皆凶。闻贼即来，出门不归，没舟折轮，遗亡即得。虽有奇门亦忌，不宜出兵。坐营固守，防贼来急。伏兵从直符太阴六合方截之，必胜。以所临宫，分里数、人马多寡。

### 荧入太白

天上丙，加地下庚。此时闻贼，贼当退避。阳遁贼往阳位行，阴遁贼往阴位行。以所临宫，分里数、人马多寡。

### 太白拦门

天上六庚，加地下六丁，主有凶祸，出兵遭拦截杀害之惨。

### 羊入虎穴

天上壬，加地下丁，百事凶害在前。

### 凤凰折翅

丙奇到兑，乃阳入阴宫，凡事艰难，不能举发，须仗合党扶助之力。

### 火死金乡

丙丁奇到乾，有戌之墓也。然丁奇合吉门到乾方，反吉。

## 火金同化

丁奇到兑，长生之位，吉凶兼对。火德流行，去明就暗。凡事美中不足。

## 二龙战野

甲乙相加，为二龙战野，一切谋为不吉。若得太阴合奇门盖之，避其方，乘奇门而出，犹可谋为。

## 二虎争雄

庚辛相加，为二虎争雄。凡值此格，一切谋为不吉。得太阴奇门，犹可用。

## 青龙困顿

甲戊相加，为青龙困顿。一切谋为不吉，得太阴奇门可用。

## 白虎迍邅

庚壬相加，为白虎迍邅。谋为不利，得太阴奇门可用。

## 太白与天乙格

天上六庚，加地下六十时甲子之位，所谓"加一宫兮战在野"是也，主客两伤。合奇门，宜野战。占行人不来，求人不在。此乃尊长受欺，逼于贵人，不利主。

### 天乙与太白格

天上六十时旬之长，甲子符头，与地下六庚同宫。又云：天乙与六庚同行加时，为天乙与太白格，所谓"同一宫兮战于国"也。主尊位者灾，事从内起，主客不利。宜固守伏藏，或仅可战于国。百事皆凶，祸生肘腋，同事相贼。占行人不来，求人不在。

### 符勃

天上丙，加地盘直符，即"鸟跌穴"也。但遇凶门凶神，即以勃论。凡举事用兵，主纲纪紊乱。

### 勃符

天上直符，加地盘六丙，即"龙返首"也。但遇凶门凶神，即以勃论，亦主不吉。

### 伏干格

天上六庚，加本日之日干也。主客两伤，主必遭擒。百事隐伏，不可声扬，凡百受人欺侮。

### 飞干格

天上今日之日干，加地上庚之上也。凡事乖异，战斗两伤。若合奇门，可用出兵，带丙丁于生门之下，必能获贼。

## 大格

天庚加地癸为大格。值此格，谋不亨通，用兵宜静守还营，远行车破马死，加正时更甚。

## 小格

天癸加地庚为小格。值此格，谋不亨通，用兵宜静守还营，远行车破马死，加正时更甚。

## 上格

天庚加地壬，百事皆凶。

## 刑格

天庚加地己为刑格，诸事凶。出兵者，半路逃亡，追逐反受其殃。

## 格刑

天己加地庚，为格刑，诸事凶。出兵不利追逐。

## 岁月日干格

六庚加今年岁干，大凶。凡六庚加今年岁干、月干、日干，俱不利。格斗客先败，岁动尊长，月伤兄弟，日为己身，时为妻子。若占遗失，随其月日应兆。占人不在，行人不来，凡事不通。

### 时干格

以庚加时干，为时干格，宜细察内外。

### 岁月勃格

天上六丙，加地下当年当月之干，名勃格。勃者，逆乱也。主纪纲紊乱，内多乖戾。

### 日勃格

天上六丙，加地下本日之干。主盗贼窃发，变生仓卒。

### 奇格

六庚加乙奇，过冲辅伤杜，上克下，先举者胜。加丙丁奇，遇英景门，下克上，先举者凶。出兵不利。

### 斗格时

正丑，二子，三亥，四辰，五卯，六寅，七戌，八酉，九申，十未，十一午，十二巳。凡事宜守旧，兵宜固守。

### 自刑时

天上甲午甲辰，加地下午辰。若酉亥加酉亥，亦宜为自刑格。凡事防有刑伤。

# 六仪加十干诸格

### 甲戊加甲 阳加戊 青龙入地格

甲为青龙，利于远行。作事客胜，有喜无忧。宜谒尊见贵，移徙嫁娶，凡谋皆吉。又曰：时加六甲，乘龙万里，莫敢呵止。不知六甲，出必龃龉。主头风目疾肝气之症。

### 甲戊加乙　青龙入云格

主得同人帮助，凡事主客俱利。若逢宫门迫制，主客相抗，须论上下之分，以辨主客之用。

### 甲戊加丙　青龙得明格

主文明显达，或修理窑灶，若宫门无克，则诸事有成。如门克宫，利于客；宫克门，利于主。凡谋皆费力而成。

### 甲戊加丙　青龙返首格

主有土木动作，又为父子荣登之象。凡宫门无克，诸事进益，有不谋而自就者。若门克宫，不利于主；宫克门，不利于客。再详生旺衰墓，辨明主客可也。

### 甲戊加丁　青龙耀明格

主得暗助之力，又事体迅速。宫门相生，作为大吉；宫门相克，诸事反覆。又当察其旺相，以论主客之势。

### 甲戊加戊　青龙入地格

主有回环辗转之意，进退未决之情。如临生旺得令，谋为大遂；如逢失令休囚，则偃蹇愁叹，有所不免。再详宫门迫制，以论主客钝利。

### 甲戊加己　青龙相合格

主有币帛婚媾，室家敦好之喜。若门生宫，作事皆吉，百谋无阻；如门克宫，好事蹉跎，有始无终。

### 甲戊加庚　青龙恃势格

探骊龙而得珠，入虎穴而得子。唯宫门相生比和，诸事尤吉；若门宫克制，又当察其旺相休囚，分主客之胜负。

### 甲戊加辛　青龙相侵格

主有冲突不安，当修身励德。宫门生合比和，谋为皆吉；如逢迫制，则变主客之用。

### 甲戊加壬　青龙破狱格

主诸事耗散，其后不昌。若门克宫，利于为客，凡事难图。如宫克门，而壬仪又临得令之时，得禄之地，反利于主。

### 甲戊加癸　青龙相和格

主有首尾相应，微显两途。唯宫门生合比和，则诸事皆吉。若克制刑迫，则成中见破，美中不足。又须详其囚旺，以辨主客之吉凶。

### 己加甲 即加己 明堂重逢格

时加六己，如神所使。不知六己，出必招凶。宜阴谋密计，剖白旧事，修理垣界。凡出行，当从六己方出，不宜显扬作事，利于逃亡私遁。凡值此者，主有逃匿阴私之事。

### 己加乙　日入地户格

凡事暗昧难图，主有蒙蔽侵犯。须详己乙所得生旺何如，与门宫迫制而分主客。

### 己加丙　地户埋光格

有火炎土燥之象，或恩中成怨之情。凡事阻屈难伸，先暗后明，利于为客。再详己丙所临生墓何如，与宫门迫制何如，以分主客之用。

### 直符己加丙　青龙返首格

凡谋有益，诸事易成，大利为主。然丙临生旺之宫，则生机可就，谋为易显。若临衰克之地，事多暗昧，宜于密图。再详宫门克制，丙己生墓，以分主客。

### 己加丁　明堂贪生格

诸事虽吉，先费后益，暗中生扶，大利为客。宜逢午未入庙吉格，再详丁己生旺，与宫门比迫何如，以分主客之作用。

### 己加戊　明堂从禄格

诸事皆吉，喜悦重逢。己戊若临生旺之时，宫门更得生助之吉，主客皆利。

### 己加己　明堂重逢格

凡事勾曲难明，进退不决，止宜固守，静中得吉。若宫门逢伏吟，则宜积粮开田，添土筑寨等事。

### 己加庚　明堂伏杀格

凡谋利主，诸事有益。再详己庚所临之宫，生旺休废，宫门上下，刑克迫制，以分主客之作用。

### 己加辛　天庭得势格

诸事喜悦，两意相投，凡谋进益，更利为主。亦须查己辛所临生旺德禄何如，宫门迫制，以分主客作用。

### 己加壬　明堂被刑格

百事无成，参差各别。须查己壬得时下之生旺墓败何如，与门宫迫制，而详主客之动静。

### 己加癸　明堂合华盖格

诸事反覆难成，图谋龃龉拂意。亦详己癸所临生旺休废，与宫门迫制，而详主客之动静。

### 庚加甲 即加庚 太白重刑格

时加六庚，抱木而行。强有出者，必有斗争。谓庚为天狱，凡事宜于固守，不可妄动。又曰：能知六庚，不被五木。不知六庚，出必遭辱。宜彰威福，救困扶危。病主肺大肠之症。

### 庚加乙　太白贪合格

诸事大吉，所为皆顺。再详庚乙所临之时，生旺废休何如，与门宫迫制，以分主客之用。

### 庚加丙　太白入荧格

诸事难吉，费力方成。庚若废刑，利于为主。如庚乘旺主反拂情，再详宫门生克，以分主客。

### 庚加丁　太白受制格

诸事不利，有更改叮咛之象。刑克战斗，事多反覆。丁奇若临生旺，可以用柔制刚。若庚仪临生旺，则为暴客虐主。再详宫门克制，以分主客。

### 庚加戊　太白逢恩格

凡事先迷后利，先损后益，阳时利于为客。须详庚戊所临之时，生旺休废，门宫迫制而分主客。

### 庚加己　太白大刑格

诸事不吉，惟宜守旧，阳时利于为客。庚己所临之时，生旺休囚，与宫门迫制，详分主客胜负。

### 庚加庚　太白重刑格

有英雄未遇，奋激感慨之象。不能伤人，转而自刑。须详宫门迫制，时之阴阳，参断主客。

### 庚加辛　太白重锋格

有两强相持，以刚伏柔，事必争论，阳时利客。再看所临之时，墓旺生败，门宫迫制，详分主客。

### 庚加壬　太白退位格

凡事有益，只宜敛迹，利于为主，事多疑惑。须详庚壬生旺休废，与门宫迫制，以分上下。

### 庚加癸　太白刑隔格

诸事不宜，人情悖逆。谋为多阻，须防不测。阳时利于为客，阴时主客皆为不利。亦忌庚临衰墓。须察宫门生迫，则主客胜负可知也。

### 辛加甲即加辛　天庭自刑格

能知六辛，往来皆吉。不知六辛，灾害临身。时加六辛，行遇死人。强有出者，罪罚缠身。此时利为主，不利为客。闻忧事有，闻喜事无。不宜嫁娶入官，市贾探病。占病，主风痰胸膈之症。

### 辛加乙　白虎猖狂格

有走失破财，或逃亡隐匿。所谋难就，凡事不吉。若辛乘旺，而乙逢生，反有得财之喜。如门克宫，或宫生门，利于为客。若宫克门，或门生宫，而乙奇得生旺，又利为主。

### 辛加丙　天庭得明格

主有威权作合，或炉冶钱谷之事。所谋得就，诸事吉昌。更详辛丙生旺何如，与门宫迫制何如，以分主客先后。

### 直符辛加丙　青龙返首格

凡为吉庆，所图皆成。或倚借权豪，或陶镕煅炼。辛丙得令，门宫相生，主客皆利。反此则作别断。

### 辛加丁　白虎受伤格

凡事有始无终，内多耗散。惟利求名涉讼。若门生宫，与宫克门，大利为主。如门克宫，又丁奇入衰墓，只宜固守。

### 辛加戊　龙虎争强格

诸事不和，求谋不遇。须详辛戊所临之宫，旺墓何如，门宫迫制何如，则知其利主与利客也。

### 辛加己　虎坐明堂格

诸事皆吉，费力方成。利于为客，门宫喜生。更详辛己所临之时，生旺何如，与门宫生克何如，以断主客之用。

### 辛加庚　虎逢太白格

诸事惊疑反覆，羁留迟延。若门生宫，或宫克门，而庚又临旺禄之宫，则利为主。如庚临衰墓，而辛居旺相之乡，则利为客。

### 辛加辛　天庭自刑格

凡事自败，有势难行。进退狐疑，柔奸无用。若门生宫，则利为主。然值伏吟，宜教演武士，藏威敛迹，以防内变可也。

### 辛加壬　天庭逢狱格

凡事不利，所谋难成。须防脱诈，隐昧忧生。再详辛壬所临之时，与门宫生旺休废何如，则主客之凶吉可断也。

### 辛加癸　虎投罗网格

诸事有就，求谋虽成，但主塞而后通，迟而后利。若门生宫，或宫克门，则利为主。若门克宫，而辛临生旺之时，又利为客。

### 壬加甲即加壬　天牢自刑格

时加六壬，为吏所禁。强有出者，飞祸将临。占病，主脾胃与肾或眼目之症。又曰：六壬乃天牢之神，宜伏机暗藏，私谋远虑。

### 壬加乙　日入九地格

凡为不利，谋事多惊，须看壬乙所临之时，生旺克制，与宫门刑迫，则知主客之休咎。

### 壬加丙　天牢伏奇格

凡事不利，求谋多凶，利于为客。更详壬丙所临之时，旺败何如，与门宫生克，以断主客。

### 直符壬加丙　青龙返首格

凡谋得吉，富贵祯祥。若门克宫，或宫生门，则利于客。若丙临生旺，宫克门，门生宫，则利为主。

### 壬加丁　太阴破狱格

诸事有阻，谋为暗昧。再详丁壬所临之宫，与门宫克制生旺休囚何如，以分主客之作用。

### 壬加戊　青龙入狱格

诸事有始无终，官讼求名得吉。再详壬戊所临之宫生旺何如，与门宫迫制，以分主客。

### 壬加己　天地刑冲格

诸事不利，求吉得凶。再详壬己所临生旺之宫，与门宫迫制，以分主客。

### 壬加庚　天牢倚势格

凡事虚耗难成，未免惊疑反覆。再详壬庚所临之宫，果否得令，与门宫迫制，以分主客之胜负。

### 壬加辛　白虎犯狱格

凡谋忧惊，每多反覆。若壬临得令之宫，或门克宫，宫生门，则利为客。如壬入失令之宫，又或宫克门，则宜固守而利为主。

### 壬加壬　天牢自刑格

诸事破败，凡谋不利。须详宫门生克，与壬仪得令失令，以断主客之动静。

### 壬加癸　阴阳重地格

凡事不宜图谋，有计穷力竭之象。再详宫门迫制，与壬癸生墓何如，而分宾主之休咎。

### 癸加甲 即加癸 天网重张格

能知六癸，众人莫视。不知六癸，出则败亡。占病主耳肾下元之症。不宜入官嫁娶，市贾移徙，入室等事。病重者死，失物难追。又曰：六癸乃华盖，天狱天网天藏神。惟宜逃遁埋伏，隐姓求仙，幽暗欺蔽之事。

### 癸加乙　日沉九地格

诸为有益，贵人扶助，或暗中生扶，但迟疑不速耳。更详癸乙所临时宫，果否得令，与宫门迫制，而分断主客。

### 癸加丙　明堂犯悖格

凡谋阻滞，事有忧惊。若门宫迫制，与丙癸休囚，则可以分主客之用。

### 直符癸加丙　青龙返首格

诸事吉庆，谋干称心。但查癸丙休旺与门宫生克，而断吉凶可也。

### 癸加丁　螣蛇夭矫格

百事不宜，求吉反凶，利于为客。更详癸丁所临之宫，与门宫迫制何如，而详主客之作用。

### 癸加戊　青龙入地格

诸事虽吉，然宜阴谋私合，亦未免恩怨交加。须详癸戊果否得令，与门宫生克，而断主客。

### 癸加己　华盖入明堂格

凡事虽吉，不无耗费。诸事勾连，每费揣度。又为隐蔽私匿。惟宜名讼①得吉，利于为主。再详癸己所临，果否生旺，门宫生克，以分主客。

### 癸加庚　天网冲犯格

作事刑害，求谋无益。虽然相生，未免暌隔。须详庚癸所临生墓何如，与门宫迫制，以分主客之休咎。

### 癸加辛　华盖受恩格

凡谋虽吉，费力方成。须详门宫克制，与仪神生旺，而分主客可也。

### 癸加壬　天网覆狱格

凡事不利，且无定见。上下蒙蔽，暗昧难图。须详癸壬得令失令，与门宫迫制，而分彼此之胜负。

### 癸加癸　天网重张格

凡事重重闭塞之象，主有屈抑不伸，宜于暗中图谋，隐伏私遁。若逢伏吟，宜收粮积货，通沟开井可也。

---

① 点校者注：即求名官讼。

# 三奇加八宫诸格

### 乙加乾　玉兔入林格

玉女朝天门，宜上官远行，修筑诸事，大吉。

### 乙加坎　玉兔饮泉格

乙入生乡，又曰"父母相逢"，不能自立，百凡迟缓。

### 乙加艮　玉步青云格

玉女升堂，又曰"旺方"，百事大吉，图谋全胜。

### 乙加震　玉兔游宫格

日奇临于有禄之乡，升于乙卯之殿，又曰"升天"。凡事渐至兴发，宜上官请谒，迎鸾婚聘，觅利安葬，求名出行，诸事皆吉。

### 乙加巽　玉兔乘风格

日奇临于神风之地，升于中天，照映四方，无微不烛，凡事显扬，诸谋大吉。

### 乙加离　玉兔当阳格

日奇临生旺之宫，又曰"当阳"，宜于显扬作事，利炼丹煅药，学道修真之事。

### 乙加坤　玉兔暗目格

日奇临于未申，为胎养之宫，渐入于地，其光将暗。事宜收敛固守，须防奸宄暗欺。且为暧暗不明，负屈不伸之象。

### 乙加兑　玉兔受制格

日奇入于酉宫，谓之威德收藏，诸事不利。若合吉格，久后祯祥；如逢凶格，凡为否灾。一切图谋，必遭刑厄。

### 丙加乾　光明不全格

神奇入地，不宜明显，只可暗图。

### 丙加坎　癸生之格

奇神得地，其光明灼，诸事渐亨。

### 丙加艮　凤入丹山格

奇入丹山，凤凰入林。百鸟来朝，诸事皆吉。艮为鬼道，有火照临，凶厌必散。

### 丙加震　月入雷门格

丙入于父母之乡，诸事大吉。

### 丙加巽　火行风起格

丙临禄乡，又曰"火之风门"，再得生气，大吉。

### 丙加离　为帝旺之格

奇入本乡，又曰"升殿"。但除子午二直符，不可急用。其余四符，用之大吉。

### 丙加坤　子居母腹格

丙入子孙之宫，威德收藏。子虽代事，凡事迟缓。

### 丙加兑　凤凰折翅格

阳入阴宫，止宜暗图和合，凡事迟延。

### 丁加乾　火照天门格[①]

凡事利于私谋暗计，大有神助。

### 丁加坎　朱雀投江格

丁入壬癸之乡，威德收藏，诸事静守，得吉。

### 丁加艮　玉女游鬼户格

凡丁到艮，其光不显，事主迟疑忧虑。

### 丁加震　玉女入雷门格

事有虚惊，宜于收敛。

### 丁加巽　玉女乘风格

诸事显扬之象，谋为顺利。

### 丁加离　玉女登堂格

丁临有禄之乡，诸事显扬。但到离乘旺，而火焰飞腾，能销万物，爆燥不常。凡事须防虚诈。

---

① 又名玉女游天门。

### 丁加坤　玉女游地户格

有子母相见，迟中得速。事宜暗图，当得阴助。

### 丁加兑　玉女穿珠格

有争妍恃宠之情，夫唱妇随之象。丁奇到兑，乃火死金旺之乡，可凶可吉。虽云丁入生气之宫，诸事显扬，亦须奇神得时得令，方有成功。

# 三奇加十干诸格

## 乙奇总论

时加六乙，往来恍惚，与神俱出。谓六乙为日奇，宜从天上六乙方出，既随日奇，恍惚如神，人无见者。作事客胜，行逢饮馔。移徙入官，嫁娶市贾皆吉。又曰：六乙乃天德日奇，乙乃木之华，阳之精，其神正大光明，宜施恩布德，广行慈惠。若逢生旺之时，宜显扬作事；如临衰墓，则宜收敛伏藏。

### 乙加乙　奇中伏奇格

凡属伏吟，与飞而复伏，皆宜堆积栽种等事。再详宫门迫制，以分主客之用。

### 乙加丙　奇蔽明堂格

先明后暗，声势不久。若宫门相生，再乘旺气，诸事显扬，迫制休囚，不无阻滞。

### 乙加丁　奇助玉女格

迟中得速，当有阴人扶助。若宫门相生，大利为主；宫门克制，妇女多灾。

### 乙加戊　奇入天门格

有利见大人之象，或依尊附贵，可以得益。当详宫门生克墓旺，而分主客之作用。

### 乙加己　日入地户格

有姑嫂相见之情，农人耕种之象。宫门相生，主客皆利。宫门克制，不利为主。

### 乙加己　三奇得使格

宫门相生，万事皆吉。宫门相迫，再详主客。

### 乙加庚　奇合太白格

有用柔制刚，婚姻和合之象。宫门相生，主客皆利；宫门克制，须分旺相，以辨主客之作用。

### 乙加辛　青龙逃走格[①]

宫门生旺，主有吉中之吉。若相克，则有逃亡走失之事。

---

① 又为三奇得使。

## 乙加壬　奇神入狱格

彼此俱宜固守，再详生旺门宫迫制以分主客。

## 乙加癸　奇逢罗网格

主去明就暗，诸事闭阻。若门宫相生，彼此尚为得吉。门宫克制，乙奇又临墓绝，则诸事迟滞艰难。主客之分，当以宫门上下较之。

## 丙奇总论

丙火销金，强梁畏伏。不知六丙，出则迷惑。凡作事，宜从天上六丙旺方而出，则彼人自败。宜竖梁安葬，求谋上官，出入商贾，嫁娶入宅等事，皆吉。又曰：六丙乃明堂，天威月奇神，宜施恩布德，动彰威福，解厌凶灾。

## 丙加乙　月照沧海格

有龙凤呈祥之美，文明赫奕之象。宫门相生，彼此大利。宫门克制，必有一伤。须详时日干支，与上下休旺，而辨主客之利钝。

## 丙加丙　二凤和鸣格

有势焰辉煌之象。以文会友，利于求名。若宫门生旺，彼此和同。时日休囚，有始无尾。

### 丙加丁　星月光辉格

有灯市观妓之象，不无风流跌宕之情。宫门生旺，诸事显扬；宫门克制，事防遏灭，再详旺相休囚。

### 丙加戊　天遁格①

宜上策献书，求名谒贵，修身学道，剪恶除邪。得月精之蔽，再立华盖方上，百事皆吉。

### 丙加己　奇入明堂格②

有出谷乔迁之象，又为去明就暗之象。凡事欲速不能，恩中招怨，乍信乍疑。务详丙己所临之宫，生旺休囚何如，以分主客而断胜负。

### 丙加庚　荧入太白格③

主客大利。宫门相生，诸事可谋。宫门克制，须详丙庚生旺墓绝，以分主客。大约凡事守旧，不可妄动。如占贼宄，则为消灭。自己作孽，则为招殃。

---

① 加直符又为跌穴。
② 加直符又为跌穴。
③ 加直符又为跌穴。

## 丙加辛　奇神生合格[①]

有恩威并济之象。宫门相生，凡事有就。宫门迫制，不得调和。须详时令，以分主客。

## 丙加壬　奇神游海格

诸事虽吉，但恐不实。惟求名官讼，则吉，利于为主。须查丙壬所临之宫，生旺迫制，以分胜负。

## 丙加癸　奇逢华盖格

诸事得吉，名利有成。再详丙癸所临之宫，生旺克制何如，以分主客之作用。如丙奇所领之星，能制癸宫，则利为客。如癸仪所居之宫，克丙奇之星，则利为主。凡言主客，皆以此断。

## 丁奇总论

时加六丁，出幽入冥。人皆不见，敌人不侵。宜阴谋密计，私约交通，隐形遁迹，忧喜各半。当从天上六丁之方而出。利于请谒嫁娶，入官商贾，及阴私诸事，大得玉女神威之助。又曰：六丁乃太阴玉女星奇神，三奇之中，唯丁神最灵。丁本火之精，化而成金也。

---

① 加直符又为跌穴。

### 丁加乙　玉女奇生格

诸事皆吉。丁乙各有生旺之时，须辨宫门之迫制，以详主客之用法。

### 丁加丙　奇神合明格

百事吉庆，大有施为。亦察丁丙所临之宫，生旺衰墓，门宫迫制，分利主客。

### 丁加丁　奇神相敌格

诸事虽吉，恐有相争。知机暗图，宜于先举，可以得意。若逢伏吟，宜收货积粮，置炉作灶等事。

### 丁加戊　玉女乘龙格

凡谋皆利。须查丁戊门宫，孰生孰墓，以分主客。

### 丁加己　玉女施恩格

百事如意，情投意合，私心眷恋。须看丁己所临，生旺迫制，以辨主客动静之用。

### 丁加庚　玉女刑杀格

凡事难以强图，于中必有反覆。须详宫门克制，与丁庚生旺何如，以分主客之作用。

### 丁加辛　玉女伏虎格

求谋不利,诸事艰难。虽利为客,宜入旺乡。亦详宫门克制休囚,以分主客可也。

### 丁加壬　玉女乘龙游海格[1]

诸事得吉,百福来迎。贵人和合,淫佚私情。主客俱利,营谋可成。须详丁壬所临门宫上下生克何如,以分主客之作用。

### 丁加癸　朱雀投江格[2]

诸事不利,文信遗失,彼此猜疑。凡丁主动而癸主静,未免动静激搏。生死关头,更详丁癸之生墓,便知主客之雌雄。

---

[1] 加直符又为得使。
[2] 加直符又为得使。

# 御定奇门宝鉴卷三

## 门神捷要部

遁甲用干而不用支，壬课用支而不用干。干支不备吉凶，奚为聪明贤哲，故能一之。凡占凡事，① 先用三奇先锋助之，各有其宜。

旺相在门，为事有喜，利名有得。

日禄在门，酒食邀迎，财谷进家，动静皆吉。

日马在门，凡事徒劳，公私不利。

日合在门，事有口舌，不利结交，失信爽约。

日劫在门，盗贼失脱，官事破财。

日鬼在门，病者不安，谋望不成。

日墓在门，水路倾危，尤防血光。

空亡在门，不宜主事，招人谤非，虚动徒劳。

天乙在门，贵人应之，行逢良人，长者趋陪。

螣蛇在门，怪异虚惊，路逢风雨，半途空回。若逢鸦鸣，有人报捕。

朱雀在门，遇红色物，闻鼓音，小口舌事。

六合在门，遇车马之事，有阴人着彩色衣聚欢。

---

① 南京图书馆藏本为"诸事"。

勾陈在门，有人争斗，不吉。

青龙在门，遇吏人，见富贵财禄。

天空在门，贱物在道，人多喧哗。

白虎在门，见死闻悲，主官事，见兵车。

太常在门，见异事，或神像。

元武在门，惊怪亡失。

太阴在门，小求大得，妇女进物。

天后在门，见儿童作喜，女子还家。

## 八门临时断决

### 开加乾乾

若遇天心星加于此宫，为伏吟之格。只宜访道求贤，积粮收货，练兵藏宝，暗伏兵机防守。诸事不宜。如有别星加于此宫，或三奇，或吉格，万事大吉；合凶格，凡事有忧。

### 开加坎讼

主贵人相扶，进益金宝牛马之利，名成利遂。若合三奇吉格，凡事尤吉；合凶格，凡事先吉，后有耗失，吉事减半。

### 开加艮遁

事有耗失，利以为客，百凡宜迟。若合吉格三奇，万事大吉，出兵大胜；合凶格，一切皆凶，止宜固守。

### 开加震 无妄

出兵利客。合三奇吉格，得胜凯回，诸事大吉；合凶格，兵宜固守，万事大凶。

### 开加巽 姤

出兵利客。若天心星加临此宫，宜捣巢破敌，百战百胜。合吉格，凡事尤吉；合凶格，名曰"反吟"，只宜散兵赏赐，移营迁换。余事大凶。

### 开加离 同人

出兵利主，求名官讼吉。合吉格三奇，凡事尤吉；合凶格，凡事迟吉，先举为强。

### 开加坤 否

出兵利客，诸事耗失。若合三奇吉格，将兵战胜，诸事亦吉；合凶格，凡事迟吉。

### 开加兑 履

出兵主客俱利。合三奇吉格，战必全胜，事有喜悦；合凶格，战宜计胜，凡事皆凶。先举者利，后主刑伤。

### 休加坎坎

若遇天蓬星加于此宫，为伏吟之格。战宜固守，凡事不吉，惟宜挖河开沟，养鱼，造酒，积粮，买鱼盐，迟则有利。若合吉格，凡事迟吉；合凶格，战宜主客固守，万事皆凶。

### 休加艮蹇

出兵利主，求名官讼吉。合三奇吉格，战则胜；合凶格，战宜固守，百事成空。

### 休加震屯

出兵利主。若合吉格三奇，战必全胜，凡事亦吉；合凶格，战宜固守，百事不吉。

### 休加巽井

出兵利客。合三奇吉格，战则大胜，万事永远吉祥；如合凶格，诸事半吉，战宜固守。

### 休加离既济

若天蓬星同临此宫，为返吟之格，战则客兵大胜。又宜散粮赏赐，放水开沟，挖井通渠；若合凶格，凡事不宜。如合别星吉格三奇，凡事半吉。

### 休加坤比

出兵利主。若合三奇吉格，战胜事吉；合凶格，凡事破败，终有损伤。

### 休加兑节

出兵战斗利客。若合三奇吉格，当用机胜，凡事亦利，永远亨通；如合凶格，诸吉减半，迟则获福。

### 休加乾需

出兵利客。凡事先施仁义，后得效验。若合三奇吉格，战胜事利，谋为永远亨泰；如逢凶格，战宜固守，凡事欠美。

### 生加艮艮

若逢天任星加于此宫，为伏吟之格。战宜固守，诸事弗为。如别星加于此宫，合吉格，战胜事吉；如逢凶格，兵虽精，不可动，吉事成凶。伏吟惟利开田耕种，筑墙塞路填井。

### 生加震颐

出兵利主。若合三奇吉格，一敌百人，唱凯而回，凡求有遇；如合凶格，战守皆凶。

### 生加巽蛊

出兵利主。若合三奇吉格，百事大利，御敌凯旋；合凶格，诸事先吉后败，不可轻进，军兵须防危险。

### 生加离贲

出兵利客。宜施仁义，以利诱之。若合吉格三奇，不战自退，化邪归正，凡事皆遂；若合凶格，凡为自损，诸事有始无终。

### 生加坤剥

如天任星加于此宫，为反吟格，只宜散兵赏赐。若别星加之，合三奇或吉格，战则主客有益；合凶格，凡为不利，兵宜固守。反吟格，止宜破土崩墙坏屋。

### 生加兑损

出兵利主，贼必求和，事多进益。合三奇吉格，万事亨通，战则大胜；合凶格，万事半吉，战宜收兵。

### 生加乾大畜

出兵利主，战胜得利。凡为有益，万事皆利。如合吉格三奇，尤有喜悦；合凶格，吉事减半，征兵勿举。

### 生加坎蒙

出兵利主，宜施仁义，以计取胜，诸事先虚后实。合吉格奇门，战必全胜，凡为大利；如逢凶格，凡吉减半，后亦有凶。

### 伤加震震

若天冲星加临此宫，谓之伏吟格。只宜索债捕捉，求神博戏，收货积粮，斩邪伐恶。如别星加临，合吉格，战利，主客交胜；合凶格，战宜固守，凡事勿求。

### 伤加巽恒

出兵主客俱利。合吉格，战必全胜，诸事皆如心志；合凶格，先吉后凶，先成后败。

### 伤加离丰

出兵利主，贼必投降，不动兵戈，唱凯而回。合凶格，先吉后凶，须防埋伏，凡事早为则利，迟有忧惊；合吉格，凡事首尾皆利。

### 伤加坤豫

战利为客。合吉格，百战百胜；合凶格，凡为不吉，战宜收兵。

### 伤加兑 归妹

若天冲星同临此宫，谓之伏吟格。只宜散众赏赐，伐木脱货。合吉格，战利主胜；合凶格，凡事不宜。

### 伤加乾 大壮

出兵利主。合吉格，战胜事吉，所为顺遂；合凶格，凡事无成，战宜收兵，迟则取胜。

### 伤加坎 解

出兵利客。合吉格，战利先举得胜，凡事皆遂；合凶格，凡为迟吉，战勿举兵。

### 伤加艮 小过

战利客兵。合吉格，得胜，凡为亦吉；合凶格，诸事尤凶，战损精兵，急宜防守。

### 杜加巽 巽

若天辅星同临此宫，为伏吟格。宜积粮收货，窖藏财宝，逃避走匿，种园蓄菓。若遇别星，合吉格，战利主客，兵宜暗劫，密计阴谋；合凶格，战勿兴兵，求谋休动。

### 杜加离家人

战利主兵。合吉格，贼来投降，闻威自败，凡事皆遂；合凶格，战不利，后防有伏兵，诸事不宜，先成后败。

### 杜加坤观

战利客兵。合吉格，凡为半吉，战宜先举得胜；合凶格，先胜后败。

### 杜加兑中孚

战利为主。合吉格，战必全胜，谋事亦吉；合凶格，百事成空，精兵必败。

### 杜加乾小畜

若天辅星加临此宫，为反吟格。宜回兵散众，逃遁远去，赏赐放释。如别星合吉格，战利为主，闻我之威，贼知退避，然后进剿，凯歌而回；合凶格，诸事凶。

### 杜加坎涣

战利客兵。合吉格，战胜事吉；合凶格，战宜固守，凡谋多见虚费。

### 杜加艮渐

战利为客。合吉格，得胜，凡事先难后利；合凶格，战必败。

### 杜加震益

主客俱利，战则取胜。合吉格三奇尤吉，凡为事亦利；合凶格，防有诈兵埋伏，凡事成虚，有始无终。

### 景加离离

若天英星加于此宫，为"伏吟格"。宜约谋献策，遣使破园，赏赐士卒，投师受道，造炉炼丹，修灶安神。如别星加之，合吉格，战利主客，以和取胜，百事亨通；若逢凶格，战待敌先，凡为不利。

### 景加坤晋

战利主兵。合吉格，化邪归正，贼自投降，诸事叶吉；合凶格，先吉后败，美中生忧，战宜固守。

### 景加兑癸

战利客兵。合吉格，战必全胜，百事半吉。迟则全利；合凶格，始终无望，战宜固守。

### 景加乾大有

战利客兵。合吉格，唱凯而回；合凶格，战损兵卒，凡事不宜，终始俱凶。

### 景加坎未济

天英星加临此宫，为反吟格。宜散众赏赐，拆屋坏墙，战利主兵。合吉格，出战后举得胜，凡事皆吉；合凶格，百事无成，固守迟胜。

### 景加艮旅

战利为主，合吉格，征兵后举大胜，凡谋多有喜悦；合凶格，以计取胜，凡为半吉。

### 景加震噬嗑

战利为客。合吉格，征兵先举取胜，凡为小吉；合凶格，战宜固守，凡事勿行。

### 景加巽鼎

战宜为客。合吉格，兵宜先举得胜，凡事先施仁义，迟则亨通；合凶格，百事不利，战宜固守。

### 死加坤坤

若天芮星同于本宫，为伏吟格。惟宜耕种筑墙，补路开田，积粮防守。如别星合之，得吉格，战利主客，以和取胜，万事大吉；合凶格，兵宜固守，凡事勿谋。

### 死加兑临

战利为主。合吉格，出兵后举得胜，凡为亦吉；合凶格，防有暗谋，休要轻举，凡事先吉后忧。

### 死加乾泰

战利为主。合吉格，兵强战胜，谋为皆就；合凶格，战守迟利。

### 死加坎师

战利为客。合吉格，兵宜先举取胜；合凶格，百事逢凶，所谋不就。

### 死加艮谦

若天芮星同临此宫，为反吟格。宜散粮赏赐，开井挖河。如别星加临合吉格，战利主客，以和取胜，凡事皆成；若合凶格，所图不遇，战宜固守。

### 死加震复

战利为主。合吉格，精兵后举，得胜回营，凡为半吉；合凶格，凡为无后，战宜迟胜。

### 死加巽升

战利为主。合吉格，主兵大胜，谋为小吉；合凶格，百事俱凶，财多虚费，战宜退兵待敌。

### 死加离明夷

战宜客兵。合吉格，征兵先举大胜，诸事迟吉；合凶格，战防失机，固守待敌，凡事无成，虚耗且败。

### 惊加兑兑

主客俱利。若天柱星加临本宫，为伏吟格，宜捕捉置货博戏。如别星加临，合吉格，战宜计胜，诸事皆吉；合凶格，战宜固守，百事勿为。

### 惊加乾夬

战利主客。合吉格，战必大胜，诸谋昌盛，永远亨通；若合凶格，百事无成，战宜防守。

### 惊加休困

战利为主。如合吉格，百战百胜，谋事通达；合凶格，战宜回兵，谨防奸细，百事无成。

### 惊加艮咸

战利为客。合吉格，宜以计诱，凡事先施仁义，后必大利。如遇凶格，精兵勿征，凡为欠利，不可轻举。

### 惊加震随

战利为客。如合吉格，耀武扬威，百战百胜，凡事先难后吉；合凶格，战必大败，诸事难图。若遇天柱星同临，为反吟格，只宜散众赏赐，入山伐木。

### 惊加巽大过

战利为客。若合吉格，战胜回营，诸事先难后利；合凶格，战必大败，凡为遭凶。

### 惊加离革

战利为主。合吉格，主兵全胜，凡事先难后利；合凶格，征战不宜，谋为始终不利。

### 惊加坤萃

战利为客。若合吉格，战宜机胜，凡事迟吉；合凶格，战宜固守，凡为皆凶。

## 五符主事

五符：出兵大胜，耀武扬威。若请谒谋求，上官赴任，商贾交易，竖造安葬，迁改婚娶，大利。从此方出兵，有顺风，乃天助也。

天曹：宜上章奏书，呈文对奏。凡有机密，若从此方来传报者，乃奸计当防，是摄我之机密，窥我之虚实，凡为不利。

地府：宜埋伏固守，藏匿设伏，暗算为吉，不宜出兵谋为等事。惟遇吉格奇门，方吉。

风伯：若于此方有风对面而来，出兵大败。有吉格奇门，方免破败。若安葬竖造等事，有风雨为应。

雷公：如在此方出兵，主惊恐虚诈，有雷声鼓角为应，急宜固守。凡事勿举，谋而不遇。

雨师：宜穿井挖河取水。若出兵战，必涉险滩，暴雨涨泛。凡事不宜，利祭龙王雨师等神。

风云：此方若合云遁，必有大雾。宜偷营劫寨，不宜出兵。若从此方来报信者，必系虚诈。百事不宜。

唐符：宜出兵交战，歌凯而回；或遣使破敌，百战百胜。凡谋求婚娶，上任求名，请谒出入，竖造安葬等事，大吉。若合奇门，尤有祯祥。

国印：宜袭职受恩。扬兵大胜，主将得权，有天书紫诰之喜。凡一切事，皆吉，合吉格奇门尤吉。

天关之上，凡事大凶。若出兵交战，车破马伤，军兵大败。犯之者，流血千里，前途倒戈。

地轴之上，防有埋伏陷坑。行兵谨慎，须防人马不通，迷途枉道。凡为遇而不遇。合吉格，庶免凶咎。宜固守。

天贼：谨宜防守。恐有人来投降，必是虚诈。利于施恩，诱其心腹。若合奇门，方许无事。事来不实，一切诸事，多主暗耗损伤。

卫公曰："右十二方，惟五符、唐符、国印为大吉，乃是天中都统大将军管下，一百二十家凶神。若此方出兵竖造，婚娶安葬，名利一切等事，一切凶神，尽皆化吉，又能藏避。"

太宗尝问李靖："兵法有五符，其术何如？"靖答曰："乃九天元女用兵之要诀，人事之趋避也。以五符、唐符、国印，合三门三奇，此方必有吉神相助。"

## 青龙主事

青龙，主贵人加禄，庶人亨通，凡事大吉。
明堂，主功名显达，贵人相助，四海闻名。
天刑，主百事坎坷，骨肉参商。
朱雀，主文书生非，官讼口舌火盗。
金匮，主仓库丰盈，家业茂盛，万事大吉。
天德，主有恩荣，百事久远，化解凶恶。
白虎，主凶恶灾伤，惟宜求名六甲。
玉堂，主功名远大，百事逢贵。
天牢，主侵害陷狱，出入不返。
元武，主小人暗害，舟水虚惊。
司命，主家道清宁，得其内助，凡事大吉。
勾陈，主牵连，他事相干，绵缠不结。

## 三奇静应

如三奇在直符位上，应时初；前一位，应时中；前二位，应时末。阳遁左为前，阴遁右为前。

### 乾

乙奇：有人着黄衣至，又有缠钱人应。
丙奇：有绿衣人至，又有黑飞禽双至，或白衣人。南方产亡，大发。
丁奇：有人执刀斧，或有角畜至。三七日，进金银物应，或纯白生气物应。

### 坎

乙奇：有着皂衣人至，有鼓声应。七日后，进财喜，并色衣人到。
丙奇：有执杖人至，有黄白鸟从北来。七日进黑色物，或生气物应。百日内，进书契。东方火惊，大发。
丁奇：有人抱小儿至。或见黑云，若西方有人横死，大发。

### 艮

乙奇：有人着白衣过，或小儿提铁器至，黑白飞禽一双，或有卖鱼人来。周年内，进人口。一本有着皂衣人至，见水族物应。
丙奇：有贵人至，有青皂衣人至，或小儿啼；又有网罟卖肉至，或飞禽双至。后七日，进金银，周年进白马，大发。一本：有持铁器者至，周年进白头牛，或进券契。
丁奇：有黑衣人，有人携文书纸笔至。出门见小儿执竹杖，或抱铁器。

二七日，进金宝。一百二十日，进人口。① 三七日，进契书，或青色物应。

## 震

乙奇：有武士执鎗②刀，又有雷声，或鼓声应。有打渔人猎人，或小儿一群至。二七日，进禽物。若见产，大发。一本：二十七日进金宝，东方有人产死，大发。

丙奇：有渔猎人至，或小儿成群来。七日进生物，周年生贵子。若见北方有雷伤树，大发。一本：有武士持鎗刀，或雷声，三七日进生气物应。

丁奇：有女人成双至，黑禽从南方双至为应。七日进黄白。见南方有杀伤事，则大发。一本：一七日，进黄白生气牲酒之物，东方公事起。或有人被杀伤，大发。

## 巽

乙奇：有白衣人乘赤马至，或小儿至。三年内，生贵子，进外财田庄。若东方林木枯，火惊，大发。

丙奇：有乐声应，又唱歌声。有南来人，及惊事应。一本：有色衣人至，进财物，并屠宰贵人至。

丁奇：有小儿牛马骡至，南方有黑云雨至。三七日有横财，周年有黄肿死，大发。

## 离

乙奇：有残疾患眼脚人，或小儿骑牛马，又有黑白飞禽东方来。一七日

---

① 丁奇寄生在酉，到艮亦为入墓。
② 鎗，qiāng，同"枪"。

进鸡猪犬。见此方人家有疫疾，兴旺。一本：有黑风作雨应。

丙奇：有大风，或黑白飞禽双至。周年进田蚕，大发。一本：有病脚目人，或小儿骑牛马。七日进生气物，北方火发应。

丁奇：有青衣人至。三七日，进横财。见东方刀兵，大发。一本：三七日后，进水族飞禽应。

## 坤

乙奇：有人裹白孝衣，及西方雷伤牛马，或鼓声应。七日进六畜，六十日进文契。乙奇在坤，亦为入墓，当有失目人至。

丙奇：有皂衣人，及南北方鸟鹊至，或鼓声应。三七日进男女财帛，周年进绝户田园。北方老人死，大发。

丁奇：有青皂衣女人，及黑飞禽至，或人担水过。三七日得海物。北方山崩水破，田冲地塌，大发。

## 兑

乙奇：有女人三五个至，或有鸟鹊报喜。三七日进商音人田。东方或有牛马自损，大发。

丙奇：有执杖人东来，又有抱小儿至，鸟声应。七日百日内进人口。西方有老人死时，大发。

丁奇：有人将文书纸笔过，或打渔网罟飞禽至。七日进田契。艮坤有人卒时，大发。

## 八门路应

休门三十阴贵人，衣着蓝黄及碧青。

出此门三十里，见阴贵人，或五十里，见蛇鼠水物，吉。宜和集万事，可以休心宁志，入宅营家。

生门十五逢公吏，官人着紫皂衣巾。

出此门十五里，有公吏官人。或六十里，见贵人车马，百事吉。可以造仙佛殿。拜将出师，大胜。

伤门三十争讼起，凶人着皂血光腥。

出此门三十里，有争讼出血之人。若造葬上官出行，主遭贼。只宜捕盗渔猎。

杜门二十男女辈，绢皂褐碧相从行。

出此门二十里，见男女同行。或六十里，见恶人。日奇临，二女人身着青衫；月奇临，主烽火；星奇临，弓弩应。宜掩捕，兴土疆，绝鬼营，修仙隐逸，冲举炼药，吉。

景门二十惊忧事，绯皂衣人宴会宾。

出此门二十里，有忧惊事。三十里外，见赤身人，或火蛇。七十里，水火失物。宜上书破阵，吉。如起造嫁娶，杀宅长小口，大凶。

死门二十逢疾病，黄皂衣人见遭迍。

出此门二十里，逢有疾病。或五十里五里内，见血光。远行不还家，嫁娶伤家长，新妇凶。宜刑吊事。

惊门三十鸦鸣噪，官状相逢六畜犉。①

出此门三十里，见鸦鹊官状，六畜牴触之事。十里内有损物，四十里二人争打，返吉。如无虚惊，凶。

---

① 犉，chún，黄毛黑唇的黄牛。七尺牛。

开门二十阴人至，贵人乘马紫衣襟。

出此门二十里，见贵人着紫骑马，吉。四十里内，见猪马，逢酒食，万事吉。锣鼓鎗刀，妇人担伞至。手执物，抱孩儿。

## 八神路应

直符是贵人星，出行路上遇贵人，或高年老叟。又六甲为青龙，主财物，人从车船竹木而至。

螣蛇，主形状古怪奇异之物，或空虚花假之物，及有执物而至。客来相会，必淹滞缠扰，难于送别。忧惶惊恐，事多颠倒。

太阴，主女人，或阴险小人。为密谋文书，又谈方术事。人从南方来者，可依托。

六合，遇人必喜笑相迎，一见如故。更有美女少妇，身着新衣，相将酒食，和颜悦色，殷勤相接。

白虎，必遇新丧孝子，或白衣人，或屠夫猎户，闻啼哭之声，或残疾老人，或争斗带伤之客，或骑马而过。

元武，必遇盗贼，或奸人刺客，或儿童小子。或讲元门课卜之士，或逃亡走窜窘迫之人。

九地，必遇瞽目[1]老病，心多忧患之人。或新丧者。或算命卜祝之人，说鬼神幽冥之事。

九天，出行必遇响声，或口舌争斗。或屠夫兵卒，手中执有兵器物件。

此皆随出门之方而占之，不专在直符直使之官也。

---

[1] 瞽：gǔ 盲人，瞎子。瞽目即瞎眼。

# 九星行军克应

### 天蓬

天蓬，主杀人，惟利客。春夏用之，军大胜。秋冬用之，有灾凶。宜安抚边境，修筑城池。如申酉之月，及壬癸亥子日加九宫，临战有黑云气从北方来，客胜。若四季之月，及戊己辰戌丑未日，[①] 有黄云气从东北，或自西南方来，主胜。

### 天芮

天芮之时，宜安邦建邑，受道结交。凡将兵征伐，不见成功，与任星同。半途当逢雷雨。

### 天冲

天冲之宿，宜征伐战斗，报怨酬恩。春夏将兵胜，秋冬无功。如加二八宫，冬春之月，甲乙寅卯日，有青云从东方来，客胜。若加六七宫，季夏季秋之月，庚辛申酉日，有白云从西方西北方来，主胜。

### 天辅

天辅之时，宜诛凶伐暴，将兵春夏大利，主客胜负同天冲。

---

① "若四季之月及戊己辰戌丑未日"，南京图书馆藏本作"如辰戌丑未月及戊己日"。

### 天禽

　　天禽之时，宜祭祀求福，断灭群凶。将兵四时吉，百神来助，敌人畏服。如亥子寅卯月日加三四宫，利于为主。辰戌丑未月日加一宫，利于为客。

### 天心

　　天心之时，宜兴兵出众，诛暴伐恶。凡将兵征伐，与柱星同，不宜春夏。①

### 天柱

　　天柱之时，宜修筑营垒，训练士卒。凡将兵征伐，寅卯巳午月日加九宫，临战有赤云气从南方来，主胜。四季申酉月日加三四宫，临战有白云气从西方西北方来，客胜。②

### 天任

　　天任之时，宜立国邑，化人民。将兵四时吉，万神来助，敌人自降。如四季之月，戊己辰戌丑未日加一宫，有黄云气从西南，或东北方来，客胜。

---

　　① 南京图书馆藏本作：天心之时，宜求贤访道，若遇秋冬之月、庚辛戌亥日临阵，有白色云气从西北方来战，主胜，春夏不吉。
　　② 南京图书馆藏本作：天柱之时，宜决断狱罪，屯兵固守，出则兵伤。若在秋月并庚辛申酉月日临阵，有赤色云气从西方来，战利主胜。

若春冬之月，甲乙寅卯日加三四宫，有青云气从东方东北方来，主胜。①

## 天英

天英之时，宜面奏出师，安营祭祀。凡征战，申酉亥子月日加一宫，有黑云从北方来，主胜。寅卯巳午月日加六七宫，有红云从南方来，客胜。②

右九星有气合奇门，吉者益吉，凶者减凶。若无气，不合奇门，凶者益凶，吉者不吉。

---

① 南京图书馆藏本作：天任之时，宜建都立国。如四季戊己辰戌丑未日临战，有黄云气从东北方来，主胜，敌人自服。

② 南京图书馆藏本作：天英之时，宜征伐不停，出兵战斗。若在秋冬之月并壬癸亥子月日临阵，有黑云气从正北方来助，主兵大胜。

# 九星值十二支克应

## 天蓬

子时，不利入宅安坟，上官嫁娶，主有口舌争讼之事。凡作用时，有鸡鸣犬吠，宿鸟闹林，田鼠争斗，或北方作黑云，有雨势，或见簑笠渔翁，胡面强暴之人，或见青蓝衣之人至应。作用后，申子辰日，有缺唇驼背人来，鸡生肉卵。须防官讼破财，或家有人缢溺而死。

丑时，主墓树倒伤人，雷电风雨，茅蓬草舍，鸡鸣犬吠，稚子牵犊过应。作用后，七日内，鸡生怪卵，黄犬上屋，枯井水发，防小口灾，家业散。三年内，白头翁作牙，[①] 进商音人田产，财谷大旺，十年后又败。

寅时，有青衣童子，持花果来，北方和尚持杖至，公吏猎犬奔驰，青衫篮裙田妇车水应。作用后，六十日内，如遇黑蛇入宅咬人，或鬼撒砂为怪，牛马伤人，主家道中落。三年后，得进田地，仍复兴旺。

卯时，黄云四起，妇人持铁器前来，兔蛇横道。作用后，七日或六十日内，有角徵音人相请宴饮，或送财物。防女人口舌，盗贼牵连之事。若见过，百日内当得横财。

辰时，砂雾飞扬，窑烟瘴气，鼓乐铿锵，东北方倒树伤人，渔樵牧子，孝妇奔丧，红衣女子至应。作用后，六十日内，鸦绕屋鸣，须防劫贼，又主有疯疾人上门图赖。如见过，家生贵子，大旺财谷。

巳时，逢驼背老人，持竹杖披簑衣，妇女携酒，师巫歌唱，大蛇上树。作用后，百日内，遇火灾，反得横财，周年得武职，加官进禄。

午时，逢炉冶事，有人持刀战斗，青衣妇抱红衣孩子，东方叫喊，或哭

---

① 作牙，指作中介。

声应。作用后，六十日内，犬为怪，家长有忧。逢赤面疯瘫人，图赖破财。三年后，得古窑，① 大发。

未时，逢童子逐羊，鸦鹊惊鸣，二女啼哭，北方有红衣女人至。作用后，六十日，须防军贼破财。

申时，逢童子打水鼓叫喊，及持雨盖，牵猴走索人至应。作用后，二十日，遇鸡窠内蛇伤人。主奸淫事败露，有妇人投缳。

酉时，西方见赤马车舆，群鸦飞噪，远寺钟声，妇人烹饪应。作用后，百日内，僧道人作牙，进商音人田产，大发。三年内，鸡生双子，猫生白种，名利皆吉。

戌时，主闻盗贼之声，老者扶杖来，及白须人担箩运土，西方雷雨应。作用后，六十日内，白犬自至，当因军器得财。

亥时，主孩儿啼哭，山峡瀑泉之声。见江干钓叟，醉翁夜归。孝服女人至。作用后，因捉贼得财。三年内。当出道法术艺人。位至公卿。

## 天芮

子时，西南有火光，禽惊走，二人相逐，老妪抱孩童至。作用后，六十日内，有猫犬为怪，防妇人产厄。若秋冬用事，当进羽音妻妾人口。

丑时，闻金鼓声自西北至，或老妇锄园瓜果之应。作用后，七日内，遇龟鹊入宅，须防盗贼破财，口舌官讼之事。

寅时，见怀孕瘦妇，簑笠老人，牵狗舞猴应。作用后，六十日，水牛入屋，名利大旺。

卯时，有红衣女人送花果之物，贵人骑马，两犬斗，水牛鸣应。作用后，六十日，进东方绝户产业。防小儿有汤火之灾。二年内，进羽音人物，及血财。防妇人胎产之厄。

---

① 点校者注：参校诸本，"窑"当为"窖"。

辰时，有土工匠作窑坑之事，或土坍树倒，鸦鸣鼓声应。作用后，如遇野鸟入宅，须防盗劫破财。

巳时，与天蓬同。

午时，有大肚胖汉，缺唇白衣人，妊妇牛马过应。作用后，六十日内，遇猫咬人，因买鱼发横财。周年后，得妻财。

未时，有捕猎人，老妇牵羊，白衣道人携饮食应。作用后，周年内，乌鸦绕屋噪，赤面三牙须人斗闹，鸡犬瘟疫。须防回禄蛇伤。

申时，东方有青盖，或僧道胡须人至，牛鸣犬吠应。作用后，百日内，进羽音人产物。周年内，野鸟入宅，防灾疫。

酉时，有群鸦鹊噪，疋马过关，远寺金鼓声应。作用后，进鸡猫，可以求名。

戌时，有老人持杖，军士担锣守关，黄昏犬吠，老妪悲泣应。作用后，白虎来家，主得横财。

亥时，有子母相依，牛马作队应。作用后，有野猪入室，必主以道艺荣身。

### 天冲

子时，有风雨鹤鸣钟鼓声应。作用后，六十日内，有生气入屋，周年田蚕倍收。防妇人产亡。若拾得古镜，当得僧道之财。

丑时，有青衣牵牛，与埙篪鼓声，牛鸣虎啸犬吠，风雾窑烟，小儿妇人来应。作用后，牛产犊牸，乌猫生白子，庭生瑞草，得山林田产僧尼之财。若逢匠作伤狗，防庭帏灾变。

寅时，有贵人乘轿，童子执金银器至应。作用后，二十日，进角音人六畜田契，或人送琉璃器皿。六十日，牝鸡晨鸣，防家长有厄。若见过，因口舌争讼得财，主乙己丁生人获福。

卯时，有女子渡桥，贵人乘马，木匠锯树，猎犬逐兔应。作用后，宜防妇女有灾。

辰时，主蛇上树，虎出林，僧道土工至应。作用后，拾得黄白古物，发财。七十日，进一男一女，家主防跌蹼。

巳时，有牛羊争斗，女人相骂，西南鼓声，东南火发。作用后，六十日，蛇咬鸡，牛入室，女人送契至。一百日，犬生花狗，大旺田财。

午时，东邻火起，白衣叫唤，鸦鹊喧闹应。作用后，拾得古器，有鬼运钱谷，大发之兆。

未时，有鼓响，孝服儿女，牛羊成群，西北闹喧应。作用后，六十日，白羊入宅，大发。

申时，南方有白衣人骑马，吏卒人持刀斗殴应。作用后，百日，女人作牙，进绝户产业。

酉时，有远人书信，狐狸咬叫，妇人把火。作用后，周年得贵子，发横财。

戌时，西方三五人，把火寻失物，军吏师巫，三牙须人至应。作用后，六十日，鸡上树鸣，得远信，获羽音人财。周年，防牛伤小口之患。

亥时，有跛足青衣人至，及东北人家火光应。作用后，猫捕得白鼠，大发财禄。

### 天辅

子时，主天有景星庆云，红白衣人叫唤应。作用后，六十日内，进商音人物。如猿猴入室，甑①鸣，主加官孕子之吉。

丑时，东方犬吠，有人争斗应。作用后，六十日，野鸡白兔入屋，进僧道之物，或东南方羽音人送文契。远人信来，周年添人口，血财大旺，加官进禄。

寅时，主公吏人手持金木之器，及艺人携文书乐器应。作用后，六十日，有猫咬鸡雏，当得盗贼财物。赤面人作牙，进羽音人田契。十二年大发，且生贵子。

卯时，有女人持雨盖，师巫鼓角声应。作用后，六十日，有生气入屋。

---

① 甑，zèng，古代蒸饭的一种瓦器。底部有许多透蒸气的孔格，置于鬲上蒸煮，如同现代的蒸锅。

因女人讼事，得财物产业。

辰时，有白羊黄犬相斗，卖油米菜人相撞，白衣小儿哭，怀孕妇人至。作用后，大发钱谷。一年内，双生贵子。

巳时，有僧尼相调，女人抱布，狂风四起，儿童叫喊。作用后，进东方人财，有鬼搬运，大发财源。

午时，有僧道持盖，文人把扇，女子穿红，窑冶烟起应。作用后，有贵人送异物，进西方人金银，长者到门，得寡妇之产。

未时，有群犬争吠，丐妇携杖，僧道铺啜，①西北方争屋喧哗应。作用后，百日内，进商音人财物，或有文信入宅，大发。

申时，有肿脚青长人携酒果至，三教色衣人来，西北金鼓声应。作用后，井中出蛇，有人送牛羊至，吉。半年内，得妇人财，大发。

酉时，得远信，娶妇来应。作用后，人财大发。

戌时，主窑冶火光，兵卒守关，师巫并行应。作用后，得远方财信，防六畜伤人。

亥时，有野猪奔逐，鸡鸣犬吠，渔翁把钓，僧尼夜奔应。作用后，见白鼠，大吉。

### 天禽

子时，有怀孕妇人，紫衣贵客，鼠走蝠飞应。作用后，六十日，鸡上树，犬衔花，儒人赠物，主因武官进田土财物。二十年后，丁财两发。

丑时，有孝服人持锡器来，小儿拍掌叫笑，黄胖矮子孕妇至。作用后，赌博获财，或得窑②中财。三年后，遇牛鸣，因获盗致富。

寅时，鸡乱鸣，犬群吠，公吏僧道，陶冶匠役，带棕笠人至。作用后，六十日，进羽音人文契，田蚕大旺，庭产瑞草，发福发丁。

---

① 铺啜：饮食，吃喝。
② 点校者注：参校诸本，"窑"当为"窖"。即得窖藏之物。

卯时，东风大发，小禽四噪，怀孕妇人至，与土木动作应。作用后，半年，野猫自来，园内可以得窖。

辰时，有师巫术艺人争闹，鸦鸣烟雾应。作用后，六十日内，有僧道，或无嗣人，送产物至，大发。

巳时，有白头野鸭，成队飞鸣，及师巫争闹，贵人骑马，鸡鸣蛇游应。作用后，七十日内，如遇妇人自来求合，生贵子。三年内，田蚕大旺。

午时，有白衣女人至，狗衔花，鸡斗叫，风云从东来。作用后，六十日，有外犬入室，主得东方人财。一年内，乌鸡出白雏，进铁器，诸事荣昌。

未时，有老人，或跛足人担花过，青衣人携酒至。作用后，六十日内，进羽音人铁器，诸事大吉。

申时，主天中飞鸟大叫，师巫执符，老人负辕来。作用后，百日内，如遇女人来，或拾得珠翠归。周年生贵子。

酉时，西方火起，喧闹金鼓声应。作用后，一年内，如遇鸡生五子，有昌盛之兆。

戌时，东北方钟声，军人负戈，铙钹樵鼓，青衣童子携篮，或牵犬应。作用后，六十日，有白龟入室，当得寡妇财产。

亥时，闻西北方嫁女哭声，发西风，树倒拆屋。作用后，六十日，商音人作牙，进僧道田产，或进匠人铜铁器，则主大发。

## 天心

子时，主闻金鼓涛声，西北争斗，赤面长者来应。作用后，百日内，进商音人古器书画，家生白鸡。田蚕大旺，十二年外，因赌博见讼，防破家。

丑时，主南方火光，跛足人把伞镜，送宝至。作用后，五日内，有双猫来家。四十日内，进商书远人财物文契，则有多寿之庆。

寅时，有白鹭水禽，金鼓四鸣，青衣女人携篮，公吏走狗应。作用后，防遗火伤小口。六十日，有公事至。百日内，获金银。因得古窑，[①]进商羽音人产。三年，得妻财贵子。

卯时，有兔走鸟飞，跛足妇人争闹，及犬吠鼓声，北方肩舆至。作用后，七日进横财。三年内，有牛自来，六畜大旺。有人来请，因军得财。

辰时，主西北云起，青衣人携鱼，女人僧道同行。作用后，六十日，井中气如云出，则主大富贵之兆。

巳时，有青衣女子，抱小儿至，紫衣骑马，乌蛇上树应。作用后，半月内，得意外之财。跛足作牙，进商音人产，六畜大旺。三年内，女人成家，寡母坐堂之兆。

午时，主风雨骤至，蛇横当道，红裙女子携酒至。作用时，六十日，釜鸣，跛足人送生气物至。五年内，进金银田蚕，大旺。

未时，主老人说婚，牵羊担酒，妇女歌笑，衣服首饰之应。作用后，如遇羊生二羔，人财大旺。

申时，主僧道前来，金鼓四鸣，百鸟喧噪，红裙女子送酒赠花果至。作用后，如遇白猿戏环，寡妇当家，主大发积。

酉时，主僧道尼姑，把火西南上来，北方金鼓声，鸡鸣马嘶，婢子到门应。作用后，七十日，进商音人骡马财物，官贵艺术人送远信至，大吉。

戌时，主南方犬吠贼惊，小儿骑牛，公吏打犬应。作用后，三年内，鸡犬自来，则大富贵。

亥时，有鸡鸣犬吠，皮帽老人，手持铁器，渔翁夜归应。作用后，如遇远方人投宿遗下财宝，大吉。

## 天柱

子时，有火从东至，狂风四起，孩童啼叫，缺唇人来应。作用后，六十

---

[①] 点校者注：参校诸本，"窑"当为"窖"。即得前人窖藏之物。

日内，如遇蛇犬伤人，须防血光破财之事。

丑时，匠人携斧自北来，孕妇产育，树生金花应。作用后，六十日，进羽音人金银器皿。三年外，防回禄穷败，出弄蛇戏，犬作傀儡人。

寅时，有牛鸣马嘶，僧道持盖，雷雨鹊噪应。作用后，如遇贼情牵连，须防妇女产厄。

卯时，瘦妇提筐，两僧尼持盖，女人争斗，及羊兔之应。作用后，六十日内，遇鸡犬作怪，则防疫病死绝之危。

辰时，有扛木持鼓人过，农夫负锄，屠宰恶人来应。作用后，鸡生双卵，猫生异种，进北方人财物，寡妇送契至，红面人作牙，进羽音女人田产。

巳时，有黑牛钟声，乌猪大蛇，风雷火怪应。作用时，二十日，进商音人财物。六十日内，家有女人落水，生气物入宅。周年内，猫捕得白鼠，发富贵之兆。

午时，西方有妇女骑骡，炉冶火惊，雷雪鸦鸣应。作用后，五日内，孕妇病，防孝服事。六十日内，水边得古器，防小口有灾。

未时，有瘦妇与僧道同行，东北携盖骑马逐羊应。作用后，百日内，遇狐狸为怪，防退财。

申时，主鹰掠禽堕地，猿猴惊啼，青衣人携篮应。作用后，如遇和尚奸拐，防因火丧家。

酉时，有远寺钟声，西方鼓角，鸡鸣树上应。作用后，如遇釜鸣，防阴人灾厄。

戌时，有军兵相斗，犬吠荒村，女人纺织。作用后，如遇蛇虫伤人，防瘟疫死败。

亥时，有金声，乞丐啼哭，山下火光应。作用后，如遇妇人馈鲤，主因火得财。

## 天任

子时，有风雾火光，水畔鸡鸣，东南方有人持刀斧过应。作用后，百日内，遇妇人离异事，及木姓三牙须人上门图赖。家道日落，门风大败。

丑时，有青衣妇人携酒，闻鼓乐声，山林锄筑应。作用后，半年外，有鹦鹉入宅，因口舌得财。

寅时，有火把引女人行动，童子拍手戏笑，西北轿马，公吏道人至应。作用后，六十日，甑鸣，防妇死。百日内，进六畜。遇女人赠钗，防缺唇人争婚之祸。

卯时，有老人持杖，喜鹊飞鸣，渔猎之应。作用后，七日内，得古器瓦物。百日内，因女人获财，进牛羊六畜，则有加官进职发财之兆。

辰时，有采樵渔猎，公吏师巫应。作用后，遇狸獭入宅，防田墓争竞之事。

巳时，有两犬争一物，野人负薪过，吏人持盖，斗鸡走狗应。作用后，六十日，获远方人财。南方人送双鲤，就异途功名，当显。

午时，有师巫至，西北方黄色飞禽，或马狗来应。作用后，四十日，紫衣人入室，进贵人之物，当生贵子。

未时，有白鸡，或飞鸟，自西北来，鼓声喧闹，风雨大作。作用后，七日内，女人送白色物至。六十日内，家生异物，六畜大旺。

申时，有风雨声，黄衣僧道师巫，舞猴挝鼓应。作用后，七日内，防妇女汤火之厄。

酉时，有僧尼举火，西方人争斗，鸟鹊喧噪，白衣孕妇，钟声窑烟应。作用后，进商音人骡马，当得远方之财。

戌时，女人抱白布至，西方鼓声，北方树倒，军吏惊走，犬吠争斗应。作用后，六十日，蛇虫入宅咬人，黄犬上屋，有军人来图赖，防瘟疫死败。

亥时，有西寺钟声，山下火起，妇女啼哭应。作用后，遇人送双鲤至，因救火得财，大发。

## 天英

子时，有雉飞鼠走，西北锣声，把火伐木应。作用后，缺唇人为祸，防血光汤火之灾。

丑时，东北方师巫至，门金鼓声，村舍渔火应。作用后，一年内，犬作人言，防回禄死败。

寅时，有军马渔猎，僧道之应。作用后，女人拾财宝归。六十日内，得寡妇田产。百日内，出遇疾雷暴雨，大发。

卯时，有负木器人，及有灯火炉烟，或烧林之应。作用后，六十日内，进妇人财宝，人财两发。

辰时，有红衣女子，鼓声渔罟应。作用后，遇鸦鸣绕屋，须防劫贼窃盗。

巳时，有僧道焚香，蛇狗炉火应。作用后，如得意外之财，或人送鲤来，主人财两旺。

午时，南方有婚姻事，车马经过，捕猎人执弓矢至。作用后，遇枭鸟入宅，须防缢殒殇亡之事。

未时，有孕妇提筐，羊酒喜事，西北方鼓声火光应。作用后，如遇家人落水，须防瘟疫之侵。

申时，有孕妇啼哭，僧道师巫，金鼓雨盖应。作用后，如遇猴马自来，当防横事。

酉时，有鸟鹊争食，怀孕妇人，雉飞马走，西方争闹应。作用后，如遇牝鸡晨鸣，须防女眷折足伤损之厄。

戌时，有窑灶火惊，军营争斗，黄犬来应。作用后，遇赤蛇入宅伤人，须防瘟疫。

亥时，有女人把火，孩童叫哭，渔公夜吹，水面波涛之应。作用后，如遇疯疾人上门，防有破耗之事。

# 八门应候

### 休门

休门最好足钱财,牛马猪羊自送来。外口婚姻南上应,迁官职位坐京台。定进羽音人产业,居家安稳永无灾。

### 生门

生门临着土星辰,人旺资财每称情。子丑年中三七月,牛羊鞍马进门庭。蚕丝谷帛皆丰足,朱紫儿孙守帝廷。南上商音田地进,子孙禄位至公卿。

### 伤门

伤门不可说,夫妇又遭迍。疮疼行不得,折损血财身。天灾人枉死,经年有病人。商音难得好,余事不堪闻。

### 杜门

杜门原属木,犯者祸灾频。亥卯未年月,遭官入狱庭。生离并死别,六畜一时瘟。落树生脓血,祸来及子孙。

### 景门

景门主血光,官符卖田庄。非灾多应有,儿孙受苦殃。外亡并恶死,六畜也遭亡。生离并死别，用者要隄防。

## 死门

死门之宿是凶星，修造逢之祸必侵。犯着年年田地退，更防疾病损财丁。

## 惊门

惊门不可论，瘟疫死人丁。辰年并酉月，飞灾入门庭。

## 开门

开门欲得照临来，奴婢牛羊百日回。财宝进时地户入，兴隆宅舍有资财。田园招得商音送，巳酉丑年绝户来。印信子孙多拜受，紫衣金带拜荣回。

# 八门加九宫克应

### 休加坎

休门入休门。出此门①三十里，见阴贵人，身着蓝黄及碧青。出此门三十里，见阴贵，或一里九里，见蛇鼠牛蝠，吉。或逢皂衣妇，同伴歌声。又主有弓弩湾曲之物，或无足物，水中鱼鳖，茶盐酒醋，绳索乐器之声。占病，主人耳肾血症吐泻，与中男疾厄。北方贼盗，一切隐伏之事，陷险之忧。

### 休加艮

休门入生门。出行十八里与九里，当逢妇人，上黄下黑，及公门役吏，僧道等人为应。又主内黑外黄，形方面曲之物。或瓦器神像，古庙断桥，与登山涉水之忧，并山林是非，水田争界之事。

### 休加震

休门入伤门。四里逢匠人，手擎木器及棍棒等物，并皂衣人，及雷雨之应。又主鱼盐酒货之财，并根蒂浸润之物，与盆桶盘盒，桃果仙品，海市蜃楼之应。

---

① 点校者注：楷体字故宫藏本无，据南京图书馆《奇门宝鉴》补入。下同。

### 休加巽

休门入杜门。五里逢妇人，着皂衣，引孩儿行，歌笑之声，与僧尼文士之应。又当有婚姻和合喜悦之情，绳索相连，枝叶相对。又主隐藏伏匿，与风云际会之美。

### 休加离

休门入景门。一二里与九里，遇皂衣人歌唱，及公吏驴马，鸦飞鹊噪之应。又主水上虚惊，或酒中生非，或湖海中人相害，及水火相济之物，与破损尖曲之形。

### 休加坤

休门入死门。十里逢孝妇人，与皂衣，或上黄下黑绿，或颁白人，农夫小鬼，并啼哭声应。又主田产生非，与老母阴人之厄，事体退散。或卑湿土成之器，连壳长方之物。

### 休加兑

休门入惊门。一八里，逢皂衣公吏人讴歌唱饮，与妇女引孩汲水之应。又主有婚姻和合，巧言舌辨，或因说合得财，及钟磬声，盘碟盛水之物。

### 休加乾

休门入开门。十七里，有四足斗打，皂衣阴人，有父子唱叹声。又主有贵人扶持，利得珍宝，或亲上结亲。主形圆贵重，或壶盏笔砚墨，琉璃斧锯针镜之类。

### 休门入中宫

有小鬼叫跳，妇人同伴之应。又主田产交易，或阴人主张，茶盐酒货之利。物主土砖石器，瓦盆水缸，形方中实之类。

### 生加艮

生门入生门，十五里，逢公吏官人，着紫皂衣巾。出此门十五里八里，见贵人车马吉，或逢黄衣阴人，勾当人。又主山林田产交易，或坟茔动移，水界开塞之类。在物主多节，刚柔偏曲，可覆可仰，静止之物。占病，主脊背瘫疽，与手足风肿，少男瘫痪之症。

### 生加震

生门入伤门。三里十里，逢青衣人，及骡马争斗，入山伐木，捕猎，公吏打棍棒，或匠人扛木行，云龙雷雨之应。又主兄弟不和，争产是非，或因山林有厄，动止不决。在物主木土相兼之物，或酸甘笋菜长曲之类。

### 生加巽

生门入杜门。四里十里，逢公吏僧尼，与逃亡人等，叹息哭说之声。又主有山林之财，婚姻之费，或闪躲阻隔事，防暗害。在物主内土外木，乃风炉火柜，与带土连根花果。

### 生加离

生门入景门。九里十七里，逢差遣人骑骡马，步行随从人；又有兄妹相见，与窑冶造作之应。又主文书有益，阴人相助，田产之利，婚姻之喜。在物主煅炼药石，瓦盆土灶之类。

### 生加坤

生门入死门。十里逢公吏，及孝服人，老妪啼哭声。又主田产反覆，子母离合之应。在物为土块石器，山水景物，或坟向差错，墙路倒塞。

### 生加兑

生门入惊门。九里逢公吏，言官讼之事，或赶四足人。又主少女喜笑声，及喜事重重，房屋得利，又因变色而喜。在物，为美器，金玉、瓦石、簪饰之物。

### 生加乾

生门入开门。六里与十四里，逢勾当人，四足斗，老人上黄下白，及跛男子，与官贵长者宴喜之事。又主田产山林进益，子秀孙贤，父子显达。在物为首饰戒指金玉之器，及图书印玺剑镜之类。①

---

① 南京图书馆藏本作：六里与六十里，或四十里，逢老人、或勾当人，与四足物斗。上黄下白物，及跛男子，与官贵长者宴乐之事。又主田产山林进益，子孙贤孝，父子显达。在物为首饰、戒指、金玉之器，及图书、印玺、剑镜之类。

### 生加坎

生门入休门。一九里，逢皂衣人，或公吏人，小儿成群，与山泽渔樵，开沟塞流之事。又主山林田产之厄，及同类相欺，骨肉不亲，坎水阻泄。在物为瓦罐、石缸，积水之器，或沟塍闭塞，溪壑不流。

### 生加中宫

主田产山林之益，及母子和合，宅舍光辉。在物为方静之器，花瓶，石林石鼓，石虎土牛之类。

### 伤加震

伤门入伤门，三十里争讼起，凶人着皂衣血光腥。出此门三十里，有争讼出血之人。三里六里，匠人抱棍棒，公吏随从人。若竖造理葬，上官出行，主遭盗贼。只宜捕物索债，博戏渔猎捉贼等事。又主山林交易，或木货得利，或长男和合之事。在物主多节，或有声音之器，或繁鲜笋菜兔鱼之味。病主跌损伤风，中痰惊痫之症。

### 伤加巽

伤门入杜门。七里逢匠人持棍棒，与妇女携雨盖，木竹器物。又主和合婚姻，男女喜事，动中得财，木货竹帛交易。在物主长短不齐，与悬吊之物。出行有风雷之应，竖造之事。

### 伤加离

伤门入景门。一里九里，逢文人女子，匠作公吏，或文书宴会，驴马成群，与馈饷之应。又主合欢喜悦，文书交易，宅舍光辉，山林之利。在物主诗画，尖长野味，烘醃獐鹿等物。

### 伤加坤

伤门入死门。二里五里，逢孝子啼哭，及病腿老妇，棺椁之事；与入山伐木，牛犊相随之应。又主有林木之忧，婚姻之费，阴人灾厄，风蛊噎膈之病。在物为瓦盆石缸，碓碾屋梁，古桥耒耜，与牛羊鱼脯之味。

### 伤加兑

伤门入惊门。七里十里，逢女子持钓竿，匠人伐木，少女嘻笑，犬羊相逐，雷电之应。又主口舌忧惊，阴人破败，房产交易。在物为金木相兼，刀斧之器，与口舌之物，鸡鱼之味。

### 伤加乾

伤门入开门。三里九里，逢匠作负木器，渔猎争斗之事，老人跌仆。又主与贵人获山林之财。在物主珍宝器皿，或钟声镜剑等物，或果核猪鹅之味，有瞻天仰日，从龙变化之象。

### 伤加坎

伤门入坎门。一里四里，逢勾当公吏，妇人皂衣，架构造作，津梁涉水，木械舟车之应。又主五谷鱼盐，栽插种植。在物为近水楼台，舟楫雨伞。

### 伤加艮

伤门入生门。三八里，逢采樵匠作，公门吏役，跎背跛足，黄犬黑兔之应。又主长男破败，兄弟相争，田产生非，与林木为害。在物可仰可覆，山景花木，或土木相连，或甘酸之味。

### 伤加中宫

有大厦一木难支之象。凡事不宜动作。又或开沟筑基，挖墓移祠，以招疾厄。在物为木器彩画，瓦盆枯树之应。

### 杜加巽

杜门入杜门，二十里见男女辈，皂绢褐裙僧尼类。出此门二十里，男女同行，或六十里见恶人；一里九里，皂衣女人引孩儿，公吏骑骡马。宜掩捕逃亡，一切阴谋之事。如日奇临，主两女人，身着青衫；月奇临，主烽火；星奇临，主弓弩。又主顺中之逆，暗昧私情，伏险藏奸之事。在物为绳索悬吊之器，精巧竹木之类，木植果品之财，文人墨士之辈。

### 杜加离

杜门入景门。四里九里，逢僧尼托钵，二女并肩，鸡黍饷亲，宾主升阶之象。文人墨士，嘻笑柴门，羽士炼丹，道人当炉执扇之应。又主有阴人之利，重婚礼合，二女炉奸；与寡妇资财，文书纸笔，小口痘疹，眼目昏花。在物，主锄杓风箱，鸭鹿鸟鹊之类。

### 杜加坤

杜门入死门。二四里，逢老妪引少妇耘耨，及孝服丧吊之事。又主山林之厄，阴人胎产，婚姻破阻之应。在物为连根风竹，南西梧桐，老牛斗鸡，骆驼牝马之类。

### 杜加兑

杜门入惊门。七里四里，逢僧道斋醮声，鸡羊成群，少女啼哭，公吏官讼之事。又主口舌虚惊，山林破耗，重婚再醮，儿女争竞，塞而求通，缺而求圆之象。在物主破损歪曲，参差不齐，上方下圆，开闭有声之物。

### 杜加乾

杜门入开门。九里六里，逢骑马公吏人，与金鼓声，老人妇女相争。又主老少不投，寺观妇女进香，迎神赛会。在物主金木相兼，上缺下圆之类。

### 杜加坎

杜门入休门。一里与四里，逢皂衣人歌唱，及妇人引孩儿，并舟楫乘浪之象。又主园圃、鱼盐、水物之财，或交易婚姻之喜。在物主轻浮飘荡，桥梁关津，诗画纸笔，海味之类。

### 杜加艮

杜门入生门。四里八里，逢公门差人，与僧道同行，男妇并肩，栽植竹木之象。又主阴人生非，田产禖厄，山林闭塞，婚姻破耗，鸡犬桑麻，高人羽士之类。在物主绳索软曲，上实下虚，几席之器。

### 杜加震

杜门入伤门。三四里，逢匠作持木器，有送礼人，与雉兔围猎事，林木竹园歌唱之声。有云龙在天之象，或男女佻佷之情。又主山林交易，媒妁龃龉。在物主长短参差，上缺下断，腹中空虚之物。

### 杜加中宫

主家宅不安，古树为殃，阴人生非，误犯土府；又老阴人，少男子，多生疮痍蛊膈之灾。在物为碓砲花盆，藤床竹几之类。

### 景加离

景门九里主忧惊，绯皂衣人宴会宾。出此门九里十里，有忧惊事，或十五里外，见赤身人，及大蛇，或水火灾异，麻面妇人，大鼻公吏人等，及赤马奔驰，文章远达之应。如嫁娶，防有离异；造作，防有回禄。又主有女人婚事，家宅纷饰，文书交易。在物为中空明亮之器，或有囊腹，甲胄弓矢，灯笼蜡烛，红盒纸帐，炙焦之物。[①]

### 景加坤

景门入死门。二里十二里，孝子哭，公吏骑骡马，有文书交易，与田产房屋，母女相会；又为孕妇之兆。在物为文彩精器，与煅炼炉冶之物，灯盏火柜土锉等项。

### 景加兑

景门入惊门。七里九里，逢二女嘻笑作戏，与缺唇麻面等人，及赤马白羊之应，闻金鼓声，或炼丹事。又主二女参商，炉冶倾颓，烧炼破费，火灾惊疑。在物缺损，首饰瓦瓶，有口腹之物。

### 景加乾

景门入开门。六里九里，逢公吏人，与官贵长者，赤白马相斗，与孝服啼哭之应；或铸鼎淘沙，奏章受斥，夫妻不和，宅舍火惊，灾忧飞祸，失落文券，老人病目之事。在物为文具美器，火盆炉灶等项。

---

[①] 南京图书馆藏本作：景门入景门，九里忧惊事，皂衣人宴会宾客。出此门九里十里，有忧惊事，或十五里外，见赤身人，及大蛇。或水火灾异，麻面妇人，大鼻公吏人等，及四足物，或赤马奔驰，文章远达之应。嫁娶有离异之灾。造作有回禄灾。又主有中女婚事，宅舍不吉，有文书交易。在物为中空明亮之器，或有囊腹，甲胄弓矢，灯笼蜡烛，红盒纸帐，炙焦之物。

### 景加坎

景门入休门。一九里，逢皂衣妇人哭，公吏言官事，水火灾异，婚娶迎聘，男女争斗，鼠走马驰，房帏火烛之应。又主阴雨连绵，龙飞水走。在物，水桶石匣，上空下实之物。

### 景加艮

景门入生门。八里九里，逢骡马同行，野火烧山。又主有书籍古画，大厦楼台，坟山吉地，寺观来脉，贵人相扶，婚姻喜事。宜防兵火，及文书是非。

### 景加震

景门入伤门。三里九里，逢渔猎人，匠人把棍棒，走狗逐兔之事，或骡马成群，兵戈鼓乐，文书争斗之应。又主宅舍火灾，男女婚事。在物，主火柜蒸笼食盒之类。

### 景加巽

景门入杜门。四里九里，逢僧道同行，公吏骑赶骡马，妇人引孩儿，姊妹嘻戏，柴门失火，村舍鸡鸣，孩童铺雏。又主佛事罗斋，二女倚门，酒食欢会，秃头病眼。在物，主箫管乐器，干柴烈火之类。

### 景加中宫

主远信来到，田产文书交易，与窑冶之财。在物，为土府火盆炕灶之类。

### 死加坤

死门入死门，出行逢疾病，黄皂衣人见遭迍。出此门二十里，逢蛊腹癫跛之人，或五十里内，见血光凶事。二里十二里，孝子哭，公吏骑马，最忌远行，须防变故，只宜吊丧、送葬、射猎等事。又主妇人灾病，田产交易，乡农斗殴。在物，布帛菽粟，有囊腹之物，与帐轿土石之类。

### 死加兑

死门入惊门。七里二里，逢孝子啼哭，与老妇少女，牵犊驱羊之应。又主安葬迁茔进产，妇女交易。在物，主有口腹，或锅磬缸礶之器。

### 死加乾

死门入开门。六里八里，逢老年夫妇，牛马成群，与开茔安葬事。又主和合婚姻，捕猎耕种，田土交易。在物，主贵重吉器，及上圆下方，宝石镜剑之类。

### 死加坎

死门入休门。三里与二里，逢儿童啼哭，与老妪涉水，黄黑牛豕之应。

又主田产生非，坟水反挑，旧事不明，阴人灾厄。在物为有腹之物，形方而圆，其中有节，或井栏瓦器之类。

### 死加艮

死门入生门。八里十里，闻妇人产育，孝子茔圹，婚姻和合，田土反覆之事，或闻山崩地动，起死回生。在物为五谷杂粮、坟茔瓦石之类。

### 死加震

死门入伤门。三五里逢孝子扶柩，与木匠竖造之应。又主田产退败，阴地崩损，及阴人灾病，路死扛尸。在物，为土木相兼之器，与门柱木杵之类。

### 死加巽

死门入杜门。四六里，逢妇女啼哭，与僧尼音乐。又主宅有暗耗，妻妾不合，或因园圃生灾，重婚私配之事。在物主悬吊之器，与几席地板之类。

### 死加离

死门入景门。二里九里，逢奠祭唁慰，文书舛错之事。又主阴人当权，母子相依，或因喜费财，宅舍光饰。在物，文书笔砚煅炼之物。

### 死加中宫

主田产交易，阴人财利之事。宜安葬动土筑墙。在物，为土器旧物土坑石匣之类。

## 惊加兑

惊门出行鸦鹊呼，口舌文书及追捕。出此门，见鸦鹊飞鸣，六畜抵触，妇人引孩儿，与争打损伤之事。又主阴人口舌，家眷不合，瘟灾痨疫。在物有声口之物，及破镜损器羊角之类。①

## 惊加乾

惊门入开门。七里六里，逢老人携幼女，持金玉器，与啼哭声。又主老少不和，宅舍生非，阴人斗殴之事。在物主钟磬，及金银人物，鸳鸯马羊等物。

## 惊加坎

惊门入休门。七里八里，逢皂衣妇人，抱孩子，言疾疫事，与婚媾之喜，阴人孕兆，及妇女财物。在物，如铜壶滴漏之类。

## 惊加艮

惊门入生门。七里八里，逢男女牵扯，与羊犬相逐之应。又主婚姻财喜媒妁之利。在物，为金石相兼古器之类。

---

① 南京图书馆本为：惊门入惊门，七里八里，逢小儿或四足物。出此门见鸦鹊噪鸣，口舌文书，及追捕损伤之事。又主阴人口舌，家眷不合，瘟灾痨疫。在物有声口之物，及破损器、羊角之类。

### 惊加震

惊门入伤门。三七里，逢匠人伐木，渔猎等事。又主阴人生非，争斗起衅，砍柴伐木，与夫妻反目之象。在物，为金木相兼，并有声口之物。

### 惊加巽

惊门入杜门。四里七里，逢妇女争斗，与箫管之声，斗鸡之事，屠夫宰割之应。又主妻妾不合，阴人灾厄，口舌虚惊。在物，主缺损不全之类。

### 惊加离

惊门入景门。七九里，闻金鼓声，炉冶事，及二女嘻笑。又主寡妇当家，文书惊诈，口舌争斗，小口痘疹之灾。在物，旧器破损，与铸造未成之物。

### 惊加坤

惊门入死门。七里二里，逢跌仆之伤，与刑伤吊问事。① 又主阴人退耗，母为其女，婚嫁破财之事，或田产利益之应。在物，锄铲之器，与坟茔所藏之宝。

### 惊加中宫

乃宫生门，意同惊加坤。

---

① 南京图书馆藏本作：七里二里，逢跌伤腹痛之人，与行丧吊问之事。

### 开加乾

开门二十阴贵至，贵人乘马紫衣服，出此门，见贵人着红紫衣骑马，吉；或四六里，见猪马，逢酒食竖造之事。又主贵人相钦，士庶同心。在物为有首有声之物，或镜钱之类。①

### 开加坎

开门入休门。六七里，逢妇人携孩子，与皂衣老人，浚河汲井之应。又主有公门之望，珍宝交易，得官贵之力，享荫庇之福。在物，为沉重润泽之器，或茶酒瓶盘之属。

### 开加艮

开门入生门。八里六里，逢老人携孩子，入山修茔，女人与四足相逐，或官讼争斗逃亡等事。又主山林破费，因名失利。在物，主金石相兼，或首饰之类。

### 开加震

开门入伤门。三六里，逢捕猎战斗，匠作伐木之应。又主官贵长者之厄。在物，金木相兼，钟鼓之器。

---

① 南京图书馆本为：开门入开门，二十里阴人至，贵人乘马紫衣襟，出此门见贵人着红紫衣骑马、吉。或四、五里见猪马，逢酒食竖造之事。又主贵人相钦，士庶同心。在物，为有首、有声之类。

### 开加巽

开门入杜门。四里六里,闻歌唱声,四足斗,人言官事,与僧尼老人,官贵长者,谒庙焚香之应。又主老少不合,阴人是非,刀伤虚惊。在物,为金木相兼之器。

### 开加离

开门入景门。九里逢老人骑马,与公门役吏,酒食喧闹之事。又主文书忧闷,阴人为祸,或因烧丹费财,与触怒官长。在物为炉冶倾销之器,与外圆中虚之类。

### 开加坤

开门入死门。二六里,逢女人啼哭,与孤独夫妻,说离合事,牛马成对之应。又主和合婚姻,布帛菽粟。在物,金石之物,或土中古器。

### 开加兑

开门入惊门。七里六里,老人与女子同行,逢公吏勾捕等事。又主花酒败家,阴人口舌。在物,为或圆或缺之器,与刀针灯台夹剪之属。

### 开加中宫

有贵人临门,与子母亲眷重会,旧交相访,欢悦之情。在物,为金玉宝石,大小方圆,上塞腹满之器。

## 三门合奇路应

开合乙，客人红衣，及公吏应之；
　　合丙，老人执杖，或哭声应之；
　　合丁，小儿执竹杖等物应之，吉。
休合乙，牛马及扛木人应；
　　合丙，十五里闻鼓声，及军器应之；
　　合丁，二十里逢皂白衣女人应。
生合乙，两鼠斗，孝衣人；
　　合丙，路逢病眼人，或相斗；
　　合丁，逢猎者，或犬。

## 十干克应歌

十干克应有元机，一一皆从时位推。

时位，时支之位。如乙日支位卯震宫是也。

六甲贵人端正好，

甲为天福。阴日青衣女子，阳日青衣男子应。三年内，得天禄。

六乙僧道九流医。

乙为天贵。主高贤。阳日贵人，阴日僧道应。

六丙飞龙见赤白，

丙为天威。行逢骑赤白马人，青衣人应。

六丁玉女好容仪。

丁为玉女。阴日女子物色，阳日女人。二七日内，有古器。

六戊旗鎗并锣鼓，

戊为天武。阳日锣鼓，阴日亲朋鼓乐。半年内，得武人财宝。

六己黄衣并白衣。

己为明堂。阳日黄衣人，年内得贵人。阴日白衣，一女一男应。

六庚孝服并兵吏，

庚为天刑。阳日见兵吏，阴日孝子白衣人。四十九日，贵人文字应。

六辛禽鸟并鸦飞。

辛为天禽，主飞鸟。阳日白衣人，一年内，得财宝。

六壬雷霆雾霏雨，

壬为天牢，十里雷电。阴日皂衣人，阳日白衣人，女人抱瓶应。七十日，进人口。

六癸孕妇喜欢归。

癸为天藏。阳日捕渔人，阴日孕妇。六十日得铜镜。

## 十干相加出入时下克应

时加六甲，前开后阖。宜行千里，四海皆纳。
此时行一里，见孕妇把青黄，吉；或青衣应。
时加六乙，诸事皆吉。兴旺百倍，所求皆得。
此时路逢君子术士，吉。①
时加六丙，道途清宁。所作皆通，求之大胜。
出逢生气担物，吉。
时加六丁，作事康宁。路逢君子，永无祸侵。
行一里，见抱物人至。②
时加六戊，凶人不遇。但行一里，财物无数。
行一里，逢火吉。
时加六己，清晨不美。所向不善，欲行且止。
出逢叫唤，必见口舌。
时加六庚，抱木而行。前有凶恶，定主虚惊。
逢着女子，不吉。
时加六辛，逢着鬼神。所求不遂，祸事来侵。
出逢小人，买卖迟滞。
时加六壬，必有凶神。欲求且止，须必害人。
逢空担，病深。
时加六癸，众人莫视。不知六癸，出门见死。
若逢铁器，求财不利。

---

① 时加六乙，利逃亡。从天上六乙方出，人不能见。
② 时加六丁，宜逃难。从天上六丁方出，向太阴方潜藏，人不见。

# 十干相加吉凶克应

**甲加丙，青龙返首。**
在坎，有紫云北方助战，吉。出休门十里，逢青赤帻人，有酒食应。
在艮，有青云东北助，出生门十里，逢火光。
在震，有赤气东助。出伤门三里，逢采木人。
在巽，红黄气东南助。出杜门四里，逢竹工人。
在离，有火云气光焰南方助。出景门九里，逢野火烟焰。
在坤，青黄云气西南助。出死门二十里，逢肢体伤者。
在中，有紫雾溟濛助战。出死门百步，有赤衣人，手把青禽羽毛。
在兑，有白虹西方助战。出惊门七里，逢妇人与孝子同行。
在乾，青红云在天门上助战。出开门六里，逢祭祀之人应。

**丙加甲，飞鸟跌穴。**
在坎，有水禽赤头青羽毛，北方助战。出休门，逢舟车。
在艮，有鸟集东北方林木上助战，先声吉。出生门，逢执生气者。
在震，有赤鸡飞东去助，主客无胜负。出伤门，见血光，逢折伤者应。
在巽，有朱蛇后来过营南。战，客胜。出杜门，逢猎者持死鸟。
在离，有赤马南来，负鞍不乘。战，客胜。出景门，逢刑者。
在坤，有黄牛拽车南去。战，主胜。出死门，逢荷械者。
在中，有赤气如火，覆营，战胜。出死门、逢赤帻衣女人。
在兑，有红云如盖，在西南助，战胜。出惊门，逢冶者。
在乾，有赤冠朱鸟翔军上，战大胜。出开门，逢为盗者应之。

**乙加辛，青龙逃走。**
在坎，有角风带黑气北来助战，必胜。出休门，逢乘车轿者。
在艮，有大角风自东北过营，一日战败。出生门，逢歌唱者应。
在震，有角风扬尘东来，有使至。出伤门，逢悲哀者应。

在巽，有角风东南来，欲雨。出杜门，逢办舟梁者。

在离，角风带赤气南来，三日战胜。出景门，逢执网者。

在坤，角风飞砂石西南来，有劫寨人至。出死门，逢送丧者。

在中，有角风起于军中西南去，自乱。出死门，逢少女携老妪。

在兑，角风微雨自西来，有赏赐至。出惊门，逢喜乐者。

在乾，角风散漫于军中，有令下。出开门，逢辨说者相争应之。

**辛加乙，白虎猖狂。**

在坎，有微雨自北来，战大胜。出休门，逢鞭牛者，牛三头。

在艮，有风雨，暴卒号令。① 出生门，逢白衣人，相会饮酒。

在震，有微雨，小雷声，来军上，战胜。出伤门，逢术士，相与共话。

在巽，有微雨，似不雨。在军上，有疑心。出杜门，有喜事，获遗亡应之。

在离，有微雨自南来，战军死。② 出景门，逢驾赤马者应。

在坤，有细雨微风自西南至，有君恩。出死门，逢死亡。

在中，有雷震军中，大利，获地千里。出死门，逢旌钺事。

在兑，有暴风西来，战胜客利。出惊门，逢斗争者应。

在乾，有微雨自西北洒军上，有天兵助，大胜。出开门，逢暴卒急事。③

**癸加丁，螣蛇夭矫。**

在坎，有禽捕鱼，落军中，移营到青龙上，吉。出休门，逢僧数人应。

在艮，有白马自南来，东北去④助战，吉。出生门，逢金器应。

在震，有虚声如雷在军上，小胜。出伤门，逢老妪持绯衣物行。

在巽，有阴埃四合，宜静守吉。出杜门，逢乘青马者，有血光。

在离，有蛇鼠斗，不利。出景门，有死人。

在坤，有黑云气，不宜战，宜固守。出死门，逢造墓宅事应。

---

① 南京图书馆藏本作：在艮，有风雨暴至，卒有号令。
② 南京图书馆藏本作：在离，有微雨，自南来军中，战胜。
③ 急事，南京图书馆藏本作"争事"。
④ 去，南京图书馆藏本作"方"。

在中，有卒风①入帐，敌使来。出死门，遇死人，或喜事。

在兑，有飞烟气覆军上旗，小胜，有奸觇。出惊门，逢渔人负舟行。

在乾，有紫云气起天门上助战，吉。出开门，逢故知，有酒食。

**丁加癸，朱雀投江。**

在坎，有雀喧集鸣营上，战胜。出休门，逢蛇横路，凶。

在艮，有青云如石，东北来覆军，大胜。出生门，逢执兽者。

在震，有飞鸟东去，我军大胜。出伤门，逢道士，说奇异术。

在巽，有白云东南助战，主客不利。出杜门，逢执乐器者及举狸牲行。

在离，有赤云如凤自南起，客胜。出景门，逢贤人，宜师之。

在坤，有微烟如雾，军有密谋。死门，逢人笼微白黑鸟行。

在中，有卒风入军中，天使至，吉。出死门，逢人有喜庆事。

在兑，有飞星陨石军前，不利。出惊门，逢飞鸟，如语告人。

在乾，有飞雉自西北来，军上有火，防之。出开门，逢人执冶土之器。

**庚加丙，白入荧。**

在坎，有风北来，军有威，吉。出休门，逢大火惊。

在艮，有暴雨点如矢，有卒兵至。出生门，逢白马迎应。

在震，有青云助战，大胜。出伤门，逢执木器者，有血光。

在巽，有流星如火，落军中，战则流血千里。出杜门，逢人顶赤物行走应。

在离，有火云过军中，有急事至。出景门，逢使者车马。

在坤，有黑云过营中，必有敌至。出死门，逢负弓矢者至。

在中，有白云自军中起，军必强。出死门，逢女人并樵者。

在兑，有白黄犊自西来，战小利。出惊门，逢为盗者，从僧而行。

在乾，有惊雷震军中，主战胜。出开门，逢人携死鱼应之。

**丙加庚，荧入白。**

在坎，有赤气如火在军后，天威助兵，吉。出休门，逢长者富民应。

---

① 卒风，南京图书馆藏本作"南风"。

在艮，有红云气从东北起助战，吉。出生门，逢大禽前引。
在震，有卒风折木，有急令下。出伤门，逢逸士应。
在巽，有狂尘自东南来，恐有掩击、伏兵。出杜门，逢网罟者应。
在离，有飞烟微绕，军有阴谋。出景门，逢棺材应。
在坤，有黄雾满野，军宜固守。出死门，逢少女携绢物应。
在中，有大鸟过军上，有诏令至。出死门，逢樵者，老妇幼子相逐而行应。
在兑，有鸡自西飞来，助战我军，吉。出惊门，逢车马损折应。
在乾，有微风吹旌旗，自西北发来，军有喜令。出开门，逢犬争斗应。

# 御定奇门宝鉴卷四

## 奇门杂占

### 兵事分主客

宫为主，星门为客。宫生星门，利客；星门生宫，利主。宫克星门，利主；星门克宫，利客。两相比和，主客势均；一克一生，主客互伤。奇仪上克下，利客；奇仪下克上，利主。甲、乙、丙、丁、戊，五阳时，利客，宜先举；己、庚、辛、壬、癸，五阴时，利主，宜后动。三奇在五阳时，利客；三奇在五阴时，利主。仲甲之时，刑德在门，不可出战。孟甲之时，刑气在内，德气在外，主客俱不利。季甲之时，阳气在外，阴气在内，利客出兵。又三甲之时，逢阳星蓬任冲辅禽，吉；阴宿英芮柱心，凶。

### 出兵方

奇门会合之方，可以出兵。若无奇门，阳时宜从天盘直符下出兵，阴时宜从地盘直符下出兵。又阳时地盘生门，合天盘三奇；阴时天盘生门，合地盘三奇，皆可出兵。

## 背击

凡战，宜背生击死，背孤击虚，背雄击雌，背德击刑，背亭亭击白奸；宜坐三胜宫，宜避五不击；又宜趋三避五，背天目，击地耳；又宜背游都、太岁、大将军、太阴、月建、河魁，避地丙，急则从天马方出。又甲乙日不西攻，壬癸日不攻四维，丙丁日不北攻，庚辛日不南攻，戊己日不东伐。又不可以囚攻相，以死攻生。又春不东伐，夏不南征，秋莫西攻，冬无北战。

## 孤虚

年月日时，俱以后一位为孤，对冲为虚。如子年亥为孤，巳为虚。万人以上，用年孤；千人以上，用月孤；五百人以上，用旬孤；百人以上，用日孤；数十人以上，用时孤。宜坐孤向虚，可以取胜。

## 雄雌

春寅、夏巳、秋申、冬亥为雄，对冲为雌。

## 德刑

冬至德卯刑酉，夏至反是。春分德午刑子，秋分反是。立春德辰刑戌，立秋反是。立夏德未刑丑，立冬反是。

## 亭亭白奸

以月将加正时，视神后所临，为亭亭方。功曹胜光天魁所临，为白奸方。二神常合于巳亥，格于寅申。合时宜战，格时宜守。余时，背亭亭，击白奸。

### 游都鲁都

甲己日丑，乙庚日子，丙辛日寅，丁壬日巳，戊癸日申，为游都。对冲为鲁都。

### 三胜地

直符、九天、生门也。一说：大将居直符，击对冲。阴遁阴时，宜背地下直符宫；阳遁阳时，宜背天上直符宫，为第一胜。我军居九天之上，而击其冲，敌不敢向，为第二胜。生门合三奇，大将引军，背生击死。阳时用天上乙丙丁，阴时用地下乙丙丁，为第三胜。又一说：背亭亭，击白奸，为第一胜地。亭亭者，天之贵神，可背不可向。白奸者，天之奸神，可击不可背。背生门而击死门，为第二胜地。谓生门与死门相对，故背吉而击凶。背月建，击对冲，为第三胜地。盖生神随月建而行，其对冲为死神。故背建击冲，可以制胜。

### 五不击

直符、直使、九天、九地、生门，五宫也。[①]

---

[①] 南京图书馆藏《奇门宝鉴》为：一直符、二九天、三九地、四生门、五直使也。上五宫俱乘旺气，我将居之则胜，不可击敌之所居。

## 趋三

直使到震宫，宜向之。一说：生气所在之方，不合奇门，亦宜趋。

## 避五

直使到五宫，宜避之。一说：死气所在之方，即合奇门，亦当避。

## 天马方

以月将加正时，数到卯位上是。

## 旺相休囚

春，木相，火旺，水废，金囚，土休。夏、秋、冬，以此类推。夏，火相，土旺，木废，水囚，金休。秋，金相，水旺，土废，火囚，木休。冬，水相，木旺，金废，土囚，火休是也。

## 天目

甲子旬庚午，甲戌旬庚辰，甲申旬庚寅，甲午旬庚子，甲辰旬庚戌，甲寅旬庚申。又云：春乙，夏丁，秋辛，冬癸。

## 地耳

甲子旬戊辰，甲戌旬戊寅，甲申旬戊子，甲午旬戊戌，甲辰旬戊申，甲寅旬戌午。

## 太岁

地盘岁支之宫。

## 月建

一名地宝，一名小时。《经》曰："能知地宝，万事无殆。"故宜背之。

## 太阴

八神太阴宫也。一云：即玉女方。

## 大将军

寅卯辰年，子；巳午未年，卯；申酉戌年，午；亥子丑年，酉。

## 时中将星

申子辰日卯时，巳酉丑日子时，亥卯未日午时，寅午戌日酉时。

## 天罡时

以月将加用事之时，视上盘天罡所临之方，为斗罡方。不忌一百二十位凶神恶煞，行兵破阵必胜，凡用皆吉。

假令五月午时申将，加午顺数至寅，天罡加寅，宜向寅方出行大利。战必胜，凡事吉。

## 破军加时法

以戌时加月建，顺行十二位，数到所用之时，即加破军。随破军所临之时，行九宫顺飞八方，如得贪、武、辅三吉入中宫，号为"圣人登殿"，能压一切凶煞，凡事大吉。凡战宜坐贪狼，打破军。若得三吉入中宫，为全吉。

## 天营

即天上太岁所临之下，不可犯。

## 四神

凡出阵日，勿令魁罡蛇虎四神，临于将军年命；日辰亦须避四神所在，尤忌出入。

## 占风

急临敌时，后有风渐急，则须速乘其势。若有风从左右，或前来，宜勒兵向风来之处，必有伏兵。

## 旬中地丙日

甲子旬寅日，甲戌旬子日，甲申旬戌日，甲午旬申日，甲辰旬午日，甲寅旬辰日。将兵者不可用，犯之上将死阵。

## 五将方

寅午戌月东方，亥卯未月南方，申子辰月西方，巳酉丑月北方。①

凡遇敌，必审五将所在，避之大吉，犯之必败。敌若从此方来，当引军择利便击之，则胜。

## 下营法

《三元经》曰："法以六甲为首，十时一易，取六甲旬首而推布之。"大将居青龙，甲也。旗鼓居蓬星，乙也。士卒居明堂，丙也。伏兵居太阴，丁也。判断居天庭，辛也。囚系粮储居天牢，壬也。府藏居天藏，癸也。

## 迷路法

黄石公曰："出军道逢三叉，未知何道得通。"以月将加时，视天罡加孟，左路通；加季，右路通；加仲，中道通。

## 涉险法

《三元经》曰："若涉险危之中，山崖水涧之际，兵不得移转，敌从利方上来，即视天时。"阳时即令士卒袒前左肩，引声大呼，鸣锣击鼓，先举而击之；阴时即令士卒含枚摘铃，静以待之。敌人若四面合围，当分军为三部，一居月建上，一居月德上，一居生门上。大将居亭亭上，引兵击之，大胜。

---

① 南京图书馆藏本作：寅午戌日东方，亥卯未日南方，申子辰日西方，巳酉丑日北方。

## 出入山中法

伍公曰："凡入山，以天辅时，奇门合处入；出山，以明堂时，奇门合处出。大吉。"

## 逃避法

子胥答吴王曰："凡有急难之中逃避，便入家起一围，从青龙上起足，过明堂上，出天门，入地户，向太阴，到华盖上，出军战斗，大胜，出行不逢盗贼。"又曰："昔避楚王之难，困于王宫，不可得出，乃在宫内，就地画一子午卯酉，十二宫围，从青龙上发足而走，楚兵不见。"

## 太阳临时法

四孟月，甲庚丙壬时。四仲月，乾坤艮巽时。四季月，癸乙丁辛时。此四煞藏没之时，用之大吉。须看太阳过官。

## 九星吉凶歌

天蓬平稳宜坚固，天芮须忧士卒亡。天辅远凶近则吉，天柱军马近还伤。天英兵将何须出，亦应危难见恓惶。天冲扬威万里行，天禽雄猛敌军倾。天心计密他须败，天任何忧不大赢。

## 甲癸丁己

王璋曰："九天之上六甲子，九地之下六癸酉。三奇之下六丁卯，六合之中六己巳。"六甲为直符，即九天也。六癸，即九地也。谓之癸酉者，从甲子而言也。六丁为三奇之灵，六己为六合之位，皆举甲子一旬而言也。

## 行兵杂摘

天乙飞宫，不宜进兵，后应则吉。

白入荧利主，荧入白利客。

龙逃走，雀投江，不利于客，宜后应。

蛇夭矫，虎猖狂，不利于主，宜先举。

大格刑格，必败。

直符是庚，又宜避丙丁之宫，此是格勃，非回首也。

阳时要天盘强，阴时要地盘强。

反吟有吉格，亦宜进兵，当乘乱砍杀。

伏吟宜藏兵暗地，使敌入我伏中。

要择九天、开门、直符下出兵。

回首、跌穴、三诈、九遁之类，最忌下克上。

时干克日干，主下犯上，主胜客。

奇仪相合，安营最利。

立寨须看六庚，与元武所临之宫，主有劫营之贼，所遇无非奸细。

阳将阴神，若遇两重元武，贼必来偷劫。

乙加辛，贼来偷劫，必自败而还。若乙得旺气，此一路必有伏兵。

虎猖狂，若不会合惊开二门，不甚为害。

龙回首，主兵大利，客亦不凶。

丙加壬，亦有文书牵缠遗失。

六仪刑击最凶，虽使六仪为直符，亦不可用。

三奇入墓，百无一成。

刑格大格小格，遇此者，车破马倒，慎勿追赶，反招其咎。

天乙飞宫，切勿进兵。

天乙伏宫，须移帐丙丁方避之。

飞宫，则将军当随天上直符而飞。

伏宫，则将军当随天上直符而伏。

天矫不可对敌，宜移帐到戊己方。

六合临，主敌有人降，事必成就。

交战最利伤门，景门胜而不久，休门止宜坚守。

白入荧，贼来偷营，即伏兵于此方迎战。

荧入白，凡遇贼兵，即时发兵。少迟则让贼为客，反宜避之。

置阵之法，用本日日干之五行，甲乙为直阵，丙丁为锐阵，戊己为方阵，庚辛为圆阵，壬癸为曲阵。

## 演卦

奇门演卦，其法不一。有以直符与直使，合而成卦者；有以八门共八方，合而成卦者。二者所用不同，其符使所成之卦，可用之以克静应，期时候。及两军对垒，用之以定主客之雌雄，阵势之得失。或邦国住居，以之卜地土之安危；谒访出行，用是占去向之通塞。至于捕捉逃亡，行人失物，俱可用此而推之焉。其门与方所成之卦，可以克路应，察来意；又可以卜自己日内之吉凶，并可以决他人未来之祸福。至于鸦鸣鹊噪，什物响鸣，一切异兆，皆可用是而预卜其休咎焉。

### 直符直使演卦例

其法以地盘直符所在之宫，为内卦。天盘直使所临之宫，为外卦。假如阳遁一局，甲戌旬，辛巳时，此时地下直符，在坤二宫；天上直使，在离九宫，即演成火地晋卦是也。余例推。

## 八门演卦例

其法以八门定位为内卦，所临之八门为外卦。假如阳遁一局，丁卯时，此时休门直使到巽四宫，则东南即为水风井卦；死门到乾六宫，则西北即为地天泰卦；伤门到兑，则正西即为雷泽归妹卦；杜门到艮，则东北即为风山渐卦；开门到离，则正南即为天火同人；惊门到坎，则正北即为泽水困卦；生门到坤，则西南即为山地剥卦；景门到震，则正东即为火雷噬嗑卦也。余例推。一时有八卦，而所用止一卦。如克路应，只看所去方上之卦。卜来人善恶，只看其来方之卦。卜他人灾福，只看其人所坐方位之卦。卜自己吉凶，须看何方响动，即看其方之卦。卜鸦鸣鹊噪，一切怪异，即看其所在方位之卦是也。

## 主客雌雄

世克应，应生世，利为客，宜先动；应克世，世生应，利为主，宜后应。世空，客兵不进；应空，主兵不前。世衰应旺，客弱主强；世旺应衰，客勇主怯。世应比和，不战，战亦不分胜负。若世应俱受月日之伤克，多败。

## 阵势得失

我为客，则以应为彼，世为我；我为主，则以世为彼，应为我。我克彼宜战，彼克我宜守。我生彼而傍爻并月日伤彼者，宜用奇兵以胜彼；彼生我而傍爻并月日伤我者，宜防贼兵来侵我。彼乘火，我乘水，利于水战；彼乘金，我乘火，利用火攻。又我金彼木，宜排圆阵，用白旗，金命人前出，可以制胜；我火彼金，宜排尖阵，用红旗，火命人前出，可以决胜；我土彼水，宜排方阵，用黄旗，土命人前出，可以胜彼；彼土我木，宜排长阵，用青绿旗，木命人前出，可以全胜。克彼之爻居离，宜从南击北；居兑，宜从西击东；居坎，宜从北击南；居震，宜从东击西。月日助我则吉，助彼则凶。

### 期候

万物之成，在于何时，则其败坏之期，即定于成之之时也。至于埋藏碑记，封发文书，而其开展之期，即定于埋与封之时也。物之败坏，当在世爻空破败绝之时，而埋碑记文书，则须看何时提出世下所伏之父母爻，及何旬空去其世爻，是其期也。又须合内外两卦之数，以定其年分日子之多少。假如阳遁八局，乙未时，此演成雷地豫卦。世爻未土败于酉，绝于巳，破于辰，受克于寅卯，空于甲申旬，凡此甲申旬中寅卯辰巳酉年月合败也。若定开拆文书，发掘碑记，当在甲申旬中子午年月日时也。盖以子水文书，伏在世爻乙未之下，赖子来提起，午来冲起；而甲申旬中，又能空去飞爻未土故也。

### 六亲克应

财：为妇女，为饮食，为钱财。
官：为官员，为公人，为病人，为恶人。
父：为老人，为裁缝，为画师，为吏人，为文人，为书册，为布帛。
兄：为亲戚朋友，为贫子。
子：为小儿，为禽兽，为医生，为僧道。

### 六神克应

青龙：为儒者，为僧道，为医生，为书客，为轿伞，为鱼，为树枝，为喜庆事，如嫁娶祝寿馈送等事。

朱雀：为文人，为书吏，为口舌，为呼唤，为牙行人，为笑语，为啼哭，为飞禽，为红色物。

勾陈：为泥作，为农人，为驼子，为牵牛羊人，为捕役，为公门人，为拗手，为提携，为跌，为阻塞，为争斗。

腾蛇：为妇女，为卖婆，为花朵，为骂詈，为奇闻异见，为绳索，为蛇，为污秽，为臭气。

白虎：为恶人，为屠人，为病人，为孝服人，为血光，为斗打，为行丧，为石匠，为刀斧，为鼓声，为庖人。

元武：为卖鱼人，为卖盐人，为乞丐，为娼，为贼，为酒醉人，为雨伞，为木炭，为水夫，为鱼盐油酒。

## 八卦克应

乾：为官长，为老人，为病人，为僧人，为公门人，为孝服人，为马。

坎：为渔人，为水夫，为乞丐，为猪，为鱼，为盐，为油，为水。

艮：为童子，为山人，为猫，为犬，为砖石。

震：为龙，为雷，为轿，为鼓声，为术士，为商人，为舟子，为木匠，为笔客。

巽：为风，为女人，为鸡鹅鸭，为道士，为秀才，为柴薪，为竹器，为花木。

离：为妇女，为炉冶人，为患目人，为红衣。

坤：为老妇，为农夫，为裁缝，为乐人，为戏子，为医生，为牛，为布帛，为食物，为药饵。

兑：为少妇，为尼姑，为羊，为响声，为歌唱，为口舌。

## 支应

辰：为凶徒，为牙侩，为猎人。乘虎为屠人，乘元为网罟，乘龙为鱼，乘勾为缸。

巳：为画师，为匠工，为远客，为庖人，为二女，为师姑，为炉冶人，为扇子，为花朵。乘朱为印，乘虎为弓弩。

午：为马夫，乘龙为官员，乘蛇为妇女，为旌旗，乘勾为武官，乘虎为患目人。

未：为农夫，为乐人，为戏子，为裁缝，为寡妇，为媒婆，为师巫。乘勾为牵羊人，乘龙为医生，乘朱为橘，乘龙为柳。

申：为贵客，为铜锡匠，为剃头人，乘龙为僧人，乘勾为缉捕人，乘虎为猎人，又为箭，为绵絮，乘龙为铜钱。

酉：为妇女，为银匠，为佛婆。乘元为娼妓酒保，乘虎为孝服人，又为锣声，乘朱为鸡鹅鸭。

戌：为犬，为猎人，为狱吏，为军卒，为僧人，为聚众。乘蛇为菊花，乘虎为铁器，乘武为蟾。

亥：为卖鱼人，为挑水人。乘虎为屠宰人，乘元、蛇为乞丐，乘白虎为梅花，乘元为雨伞簑笠，乘蛇为绳索，乘龙为图画，乘元、龙为鱼，乘朱、虎、蛇为哭泣，乘勾、虎、蛇为锁链，乘蛇为猪秽，乘朱雀为猪，乘青龙为幼孩。

子：为妇女，为小儿，为渔人，为舟子，为染匠。乘勾为驼子，乘武为盗贼，乘蛇为轻狂妇女，为青菜，为青菱，为菜油，为蟾蚬，乘龙为笔，乘武为水。

丑：为耆老，为故旧，为库书，为耕牛，为尼姑，为秃头人，为大腹人。乘勾为牵牛人，为枯木，为瓜。

寅：为官员，为公吏，为儒者，为祝子，为书客，为胡须人。乘龙为道士，乘虎为疯子。

卯：为童稚，为轿夫，为舟子。乘虎为木匠，又为鼓声，乘龙为术士，又为沙门，乘朱为行牙①人，又为枣子，为鸟笼，乘龙为盘盒。

## 洞庭老人奇门捷径占法

虔造六丁六甲神签，供于筒中。占时随手取签，看是何时神将。即从中宫起六甲日，如阳遁顺行，乙在乾，丙在兑，丁在艮，戊在离，己在坎，庚在坤，辛在震，壬在巽，癸在中宫。即于本日宫加子时起，仍照日宫次序，遁至本时宫止。惟酉戌亥三时，重在子丑寅三宫。如阴遁，中宫起六甲日逆行，乙在巽，丙在震，丁在坤，戊在坎，己在离，庚在艮，辛在兑，壬在乾，癸在中宫。仍于本日宫起子时，逆至本时宫止。再以日遁九星顺逆法，布九宫，是何星。再以奇门活法，移八门看数宫何门，俱照吉凶断诀。凡占身命，婚姻，家宅，地理，出兵，出行，人品，患病等事，星门并重。凡卜天时，种作，求财，谋望等事，星重门轻。如一时路途不便，令占者自说一时，或定以本日正时，掌上轮到时宫，看星门吉凶剖断。

## 演数七要

一曰数宫，二曰数主，三曰飞星，四曰八门，五曰直日星，六曰日干，七曰时支。

凡看数，遁至本时之星，即为数主。看他落在何宫，最为紧要。又要看临到本宫之星，善恶如何，门宫吉凶如何。其直日星符，并日时干支，俱要细推。

---

① "行牙"，南京图书馆藏本为"牙行"。

## 九星歌诀

门中逢一白，天地人皆吉。求名名自成，问利利须得。
死伤莫出兵，休景横逢食。会日咸池星，必然贪酒色。

门中逢二黑，常见云迷日。人怕有灾危，财忧有得失。
若临劫杀宫，夜夜防盗贼。食禄与禄存，逢人撞酒食。

门中遇三碧，口舌常如蜜。问事总迟疑，行兵看缓急。
相逢月①白人，男女休相及。伤惊会见时，梦里空悲泣。

门中逢四绿，家里有人哭。震巽起风生，兑乾应动木。
休生死可行，开景书堪读。若遇死伤门，灾来不可赎。

门中逢五黄，百事喜非常。人禀乾坤气，堂开日月光。
武臣侯伯第，文曲状元郎。纵值死伤地，连绵庆泽长。

门中逢六白，百事堪言吉。不作榜头人，也是皇家客。
出阵自然赢，门凶亦莫出。相逢衣白人，酒食财相识。

门中逢七赤，火烛疮痁厄。轰轰雷电声，顷刻为红日。
家中司命人，五灵官显赫。跌仆路途中，争官②遭杖责。

门中逢八白，出入皆为吉。阴人甚有情，四海多相识。
出阵与行兵，死伤门莫出。男白女元衣，相逢有喜色。

门中逢九紫，家里应添喜。读书人做官，贫贱儿防死。
将相正当权，僧道无如比。女必是佳人，男应是才子。

---

① "月"，南京图书馆藏本作"事"。
② "官"，南京图书馆藏本作"讼"。

## 九星克应歌诀

门中见太乙，星曜号贪狼。赌博钱财盛，婚姻大吉昌。
远行无阻滞，参谒见贤良。出行三五里，着皂辨阴阳。

门中见摄提，百事必迟疑。相生犹是可，相克有灾危。
远行多不利，耕种损牛犁。死门若相遇，老幼哭悲啼。

门中见轩辕，作事必牵缠。相生能救助，相克惹忧煎。
远行逢阻滞，赌博要输钱。出行三五里，遇见一官员。

招摇杜木星，当门事不成。出门三五里，阴人口舌迎。
怪梦虚惊怕，门鸣屋作声。前行十数里，必见二亲人。

五黄号天符，当门妇女诬。相克无佳事，行人住道途。
逃亡难觅见，路遇一尼姑。前行七八里，亲故见相呼。

门中见青龙，谋事喜冲冲。投人逢酒食，赌博见兴降。
更遇相生位，钱财不得空。前行七八里，医士道旁逢。

星曜号咸池，当门并不宜。出行多不利，相克有灾危。
赌博金输尽，求财空手归。纵遇相生位，还防是与非。

门中见太阴，百事喜相寻。财禄求皆盛，知交可是亲。
出门七八里，牵牛小子临。佳人若相见，一笑值千金。

门中见天乙，百事喜相生。求财皆顺利，茶酒自来迎。
出行十数里，相见孝衣人。妇穿红紫服，挈抱小儿行。

## 中宫直日九星歌诀

一白太乙号贪狼，用事求谋大吉昌。
身命值之名利顺，贪财好色酒杯长。

巨门二黑主多灾，进退无门病可哀。
身命遇之终不利，如从空里梦中来。

禄存三碧主财伤，百事谋为尽渺茫。
身命遇之须有患，明伤暗死切须防。

四绿文曲在中宫，出阵谋为并不通。
勿论王侯并将相，漫劳心力未成功。

五黄廉贞恐有迍，宁静安居莫出行。
妇女小人阴作耗，病宜拜祷谢神明。

六白武曲可求财，出入亨通事事谐。
身命遇之当百顺，灾星退散福星来。

七赤破军行不宜，蛇虎横灾最可危。
身命数凶防火烛，其间用事要乖离。

八白左辅是太阴，直日无忧坦荡行。

身命遇之尤大吉，行兵百事尽通亨。

九紫右弼是贵人，求谋用事自然成。
行兵献策无忧虑，指日功名受大恩。

## 九星吉凶歌诀①

一白春前三尺雪，万邦人贺十年丰。
阴阳宅地皆平静，人事和同路路通。

二黑不雨便为风，阴地平平阳地凶。
身命遇之多破相，遭官坐狱病龙钟。

三碧天晴地理清，人财破耗更相刑。
营求战斗浑非吉，可卷旌旗早罢兵。

四绿年时万物生，雨旸时若好收成。
阴阳宅地多兴旺，人事难图阵不赢。

五黄天道自熙和，小辈阴人侵算多。
富贵谋为中有阻，交兵大唱凯旋歌。

六白天时将欲雨，阴阳宅地两相宜。
百般动作皆如意，一举成名天下知。

---

① 天时、地理、人事。

七赤天时应作旱，寸金尺地也难居。
官符口舌频频至，血刃交攻阵阵输。

八白临垣地理清，天时人事实相生。
文章清贵山林客，凡遇阴人便有情。

九紫原来是德星，天时地理实当兴。
人生遇此登台阁，大将龙旗掣海清。

## 九星祈晴祷雨歌诀[①]

青龙人事自然兴，风雨依时天朗明。
太乙青天明又暗，太阴致雨不能晴。
天乙动时金宝盛，轩辕财散众人争。
招摇风雨多淹滞，咸池盗贼不时生。
摄提惹绊多非利，天符百事自和平。

## 数主吉凶歌诀

演数先将数主看，主居生地事无难。
若居难地非容易，得遇和同更喜欢。

假如数在坤宫，黑星为主，遁于离为生，遁于震巽为难，遁于艮坤为和同。数宫虽好，数主受难，则事难成。若数官虽凶，数主居于吉地，虽凶无害。

---

[①] 星重门轻。

## 占年时丰歉①

一白居中年，多雨雪霜露，五谷丰登，人民无灾，国泰君安。

二黑年，多阴雨风烟云雾，人民有灾，国家有患，物有丰歉，西南主有荒乱。

三碧年，多风雨雷电，物有丰歉，东南方熟，西北方荒，人民有风寒之灾，国有盗贼之患。

四绿，有风水，江南熟，江北荒，人民小灾，国家无咎。

五黄，天道雨旸不时，人民多瘟疫，国有荒熟。

六白，雨旸时若，君安国泰，民安物阜。

七赤，民遭旱熯之灾，五谷不熟，西方荒，北方安，江南不利，国有兵燹。②

八白，雨水多，五谷熟，八方宁静，人民安乐，国家无忧。

九紫，风调雨顺，国泰民安，江南见旱，平安无灾。

若三白在巽离坤，南方丰登；在震兑宫中，各处俱丰；在乾坎艮，北方丰熟。

## 射覆

一白：猪肉，鱼，酒，海味，茨菰，菱，蒜，地栗，③茭白，有蒂有核之物，水晶铁物之类。数目一六。皂色者。

二黑：野味，牛肉，肚子，甘物，五谷，瓦物，墨，布棉之类，方物，山药，竹笋，菇菇，落花生，芋。数目八十五之数。黑黄色者。

三碧：竹木，芦苇，花草之物，肉，鱼，米，荁，蔬菜，酸味，茶叶，

---

① 用年遁着中宫一星。
② 兵燹，音 bīngxiǎn，战火焚毁破坏。
③ 地栗，即荸荠。

檀香，笔，扇。数目四八三之数。色青蓝月白。

四绿：禽鸟之类，鸡，虫，蔬果，酸味，木花，草香，绳纤，直长细巧之物。数目四五八。青蓝色者。

五黄：断同二黑。

六白：马肉，圆物，木果，天鹅绒，虎豹皮，象牙骨物，珠玉金银之类。数目一六九。色大赤元黄白。

七赤：羊肉鱼蟹之类，辣味，金银铜器，缺器，废器，有口物。数目二七九。色白赤。

八白：狗肉，禽，鼠，瓜果之类，砚子，甜物。数目五十八。色元黄。

九紫：雉肉，烧炙煎炒之物，龟鳖，螺蚌，蟹，甲胄，文书，纸札。数目二七九。苦味。色红紫。

## 灵机赋

天机深广，全凭一点灵心。

人事渺茫，只在片时诚意。

言词有限，变化无穷。

乾坤有夫妇相生之道，还防两地相穿。

申巳有母女相合之情，何虑宫门相迫。

休生开为福德之门，嫌立破军之地。

伤惊景是雷霆之户，当兴武曲之门。

生门则亲寿安宁，杜牖则妻身贞静。

奴仆逃亡，极嫌开景之户。

子孙衰替，最忌伤死之门。

中堂乃无门之室，难安患病之人。

地户为文曲之乡，应建宫墙之地。

会文献策，利在景门。

避难隐居，宜于杜户。

疾病祈求，紫气反为恶煞。

逃亡捕捉，黑星便是吉神。

余凭定论，各自精神。[①]

## 军机妙论

伤门遁紫气于乾宫，当任干城之将。

震地会青龙于景户，宜屯细柳之军。

赤合惊门临丽日，开门同赤入西垣。

碧向坎边行，祖逖中流击楫。

紫从坤上去，孔明深入不毛。

贼在深山，须得死伤碧黑。

帅升虎帐，全凭天乙青龙。

赤合惊门乘巽马，烽烟交警。

将星同紫入离宫，羽檄飞驰。

赤在中宫，我去烧营劫寨。

黑居五位，人来破垒攻城。

## 战讼说

时将遁到坐宫为我，我为征；对宫为彼，彼为敌。敌宫克征，则我败；征宫克敌，则彼败。我遇吉星，则我胜；彼遇吉星，则彼胜。征宫得吉门，可出；敌宫得凶门，亦可进。中宫直日星吉，可行；星凶，不可行。如征敌两宫，在坤艮，则为比和，须看门之吉凶。我吉彼凶，可出；彼吉我凶，不

---

[①] "精神"，他本均作"精详"。

可出。中宫星，亦看吉凶。二宫左右为辅弼，我有吉，则我有救援；彼有吉，则彼有救援。如争讼，以辅弼为证佐。我喜吉星相助，不喜彼有吉星助也。中宫星为问官，最喜紫白，其余不喜。我劫彼营，喜中宫赤星直日。彼宫若遇赤星，亦可进兵。如中宫遇赤，或遁我宫遇赤，应防彼来偷劫。凡夺粮草，有黑星为妙。如我宫居中，无有对宫，止看中宫之星门，吉则可行，凶则不可行也。

## 五七妙诀

三白入伤门，家防孝服病消魂。
黑入死门中，病人不死也为凶。
黄居惊杜门，官符口舌乱昏昏。
赤入死伤惊，鎗刀头上过平生。
紫入死伤杜，僧道功缘无尽路。
若临驿马宫，走遍天涯路路通。
若临劫杀地，为盗为非遭杖配。
若入咸池宫，好酒贪花不善终。
若入己神位，非道非僧军匠类。

## 精微赋

财守财宫，粟陈贯朽，独不利于西垣。
马居马地，利就名成，可无拘于枥下。①
贵神不宜隐伏，② 禄马切忌空亡。
九星各居其位，静处安然。

---

① 坤为巨门，马居之，难发足也。
② 甲戊庚辰，贵在丑未。若隐于坤艮二宫，不得贵人力也。

八门不易其宫，守成足矣。

问事求谋，更移为妙。

行兵出阵，返伏皆凶。

门宫相迫吉无妨，主客相生凶有咎。

金木交差，避春秋，不避冬夏。

水火既济，利冬夏，不利春秋。

遇迫无伤，终有退休之日。

逢生有害，岂无悔吝之时。

遇赤星杀人放火，破形带疾者不为，为将者反吉。

逢黑曜捕盗偷财，丑貌胡须者不做，做官者仍凶。

一紫贵人，位高贵重，伤门之下可危。

三奇吉曜，马壮人强，死户之中莫入。

## 透天关

马入巨门①难发足，禄存②见禄必尊崇。

破军若遇将星，伏降屈己。

武曲如逢劫杀，威武胜人。

巽遇惊门，家有鸡妖蛇怪。

艮逢伤户，路防狗咬虎衔。

惊门带赤入坎宫，猪精作怪定然凶。

惊门带赤来寅位，狐鼠为精人作悔。

出门三位莫逢惊，雷电轰轰骇杀人。

行船四位莫逢惊，风浪滔天怕陷人。

---

① 坤也。
② 震也。

## 凿心歌诀

物之得失在何方，须把宫神克处详。

紫入贪狼①河井底，坤逢一白土中藏。

黑到禄存②公廨所，碧临乾地将兵房。

六白到南文卷处，赤来闹市③火灾方。

绿入咸池④废观院，黄生文曲⑤士林旁。

艮逢一白岩墙下，太乙居中是内堂。

碧入西方僧寺里，绿来亥上是衣囊。

黄共震巽园圃地，或于桥堁⑥及船舱。

珠玉金银衣物器，万般失却为人忙。

惟有窖金前世积，今生交付旧财郎。

其余皆是倘来物，得者谁知失者忙。

## 八卦性情体式

乾性温良，正直刚强。多动少静，尊严重敬。勇武果决，傲上不屈。

坎性隐匿，倾陷危险。矫揉染污，低粘卑窄。内存乎刚，外示以柔。浮沉不实，随波逐流。春夏跳梁，切忌危亡。秋冬容与，先难后易。

艮性怀疑，刚柔相济。背反不允，间阻拗捩。静养幽闲，偏僻知退。春夏温和德行，秋冬无恒缓佞。吉则肮脏，凶则顽梗。

---

① 坎。
② 震。
③ 卯。
④ 酉。
⑤ 巽。
⑥ 坎、艮。

震性褊急，气盛摇惑。庸驽振怒，神思恍惚。春夏朗照猛烈，秋冬偏隅乖劣。吉则倜傥，众所伏悦。凶曰强暴，勿能制物。

巽性准绳，进退缩朒。悭鄙艰苦，周章落托。春夏乘权，号令谋略。秋冬杂乱，与物伤乏。敢作妄为，莫知避忌。柔顺相猜，无诸障蔽。

离性聪俊，见事察明。夙慧饱学，宛转虚心。春夏文彩，通达无碍。秋冬蒙鄙，始终犹豫。凶有是非，吉怀礼义。囚死昏昧，生旺焕发。

坤性吝啬，顺缓泥执。顽怪不信，懦弱僻滞。休囚细琐，旺相厚德。

兑性内弩，邪言伪政。随风逐波，美恶相并。爽快口直，毁谗喜庆。吉为谨慎谦恭，凶必谄谀佼倖。测其休旺，君子小人见矣。

## 八卦轨限[①]

乾值身命威德重，尊崇与国为梁栋。
离宫焕耀足文词，坎必忧愁危险动。
震中声誉振寰区，巽内柔和好卑奉。
兑为容与爱物情，坤怀敦厚性宽平。
艮如旺合能镇静，衰则留滞运难亨。

## 九曜加临

贪狼在子，口甜心苦，委曲染污。
巨门丑亥，寻常喜美，宽严众畏。
禄存寅戌，公正无垢，忠烈淳厚。
文曲卯酉，理致幽闲，风雅柔弱。
廉贞辰申，急燥冰洁，中怀如雪。

---

① 点校者注：原文标题为"轨限曰"，据南京图书馆藏本改。

武曲巳①未，傲睨清静，强梁勇猛。

破军在午，发明豁达，易起易灭。

左辅登明，右弼太乙。

恭敬端重，钦仰令德。

吉者忌带伤残，凶者恶其扶助。

贪狼兮俊雅风流，丰姿冠玉。

巨门兮满月仪容，色兼紫黑。

禄存兮身枕疾病，鄙陋可厌。

文曲兮体宇瘦洁，柔弩怠倦。

廉贞兮淫泆无涯，朗照秀发。

武曲兮智谋果勇，中停润白。

破军兮露井掀唇，貌相残毁。

带吉曜兮出众奇伟，英锐争先。

并凶煞兮秽污不堪，形神退懒。

左辅兮眉目端严，使人钦羡。

右弼兮脸如傅粉，机略宏深。

生合兮则容止全完，刑伤兮则损失残缺。

旺相兮峥嵘壮丽，休囚兮瘦怯卑微。

辨神将之加乘，念阴阳之喜惧，九曜之吉凶可知矣。

---

① 巳，原文为"乙"，据南京图书馆藏本改。

### 造长三白占家宅歌诀

飞符入于鬼乡，看其休囚之类。
虎入门兮人散，雀带刑兮吏追。
勾刑门兮宅祸，虎害干兮人灾。
螣附蓬星为值战，小口惊忧。
武会任宿而当权，小人邪孽。
六合天柱，子女怨尤。太阴景英，宠婢窃位。
九地庚辛为伏刃，若遇惊伤而带刑害，暗中有损。
九天丙丁为飞蹀，若乘甲乙而逢克战，光怪须防。
朱雀再附丙丁，喧争聒耳。
元武更乘壬癸，宵小跳梁。
庚辛白虎得地，而凶势愈张。
戊己勾陈刑冲，而破败立见。
烧身之虎，先凶后吉。入土之蛇，蛰后须防。

反首兮画栋雕梁，跌穴兮藏风聚气。
九遁则知拱护有情，得使定然堂构森列。
守门在家清吉，游仪出外更良。
乙加辛，门廊有损。辛加乙，虎首房强。
癸加丁，厨厕不利。丁加癸，祟魅为殃。
伏干人宅俱不顺，飞干基址恐招殃。
伏宫招人妬害，飞宫祸起萧墙。
大格小格，邻房有冲射。
刑格勃格，眷属不安康。
白入荧，防有怪异。荧入白，火烛惊惶。

五不遇兮人有损，网罗布兮事乖张。

六仪击刑，凶灾叠见。三奇入墓，暗室幽房。

反吟不吉，伏吟不祥。

## 奇门捷要占天时法①

天地风云九遁间，端倪朕兆妙难言。

吉凶悔吝从生克，索隐钩深理自然。

六仪三奇分顺逆，八门九曜递循环。

如能穷此阴阳奥，何论天仙与地仙。

二三五八多风雨，四九局中春日旸。

一六七防阴滞气，细推凶吉格中藏。

夏日炎天不若春，三四二七恐多惊。

不测雨声五六九，局中一八日晖生。

秋来坤艮日光移，乾兑迁宫风雨凄。

二三四九弥漫雨，坎若逢之闪电霓。

直符逢芮不宜冬，霾雾阴云日不红。

五三六内多风雪，四七八局好天公。

一遁乙丙加休门，天开霞彩悦人心。

秋有微风能透骨，冬来肃杀雨沉沉。

二遁乙丙在开门，春月秋时多蔽形。

夏日云霓冬爽霁，螣蛇元武半晴阴。②

四遁丙庚在休门，夏若逢之雨阵行。

秋逢掠地风声振，春与秋冬朗朗晴。

五遁丁癸加休门，春夏飞沙日渐昏。

---

① 造宅三白亦同。
② 三遁阙。

冬景倏然成雨雪，秋虹雹霰复开云。
六遁丙戊加乾宫，夏雨秋风春日红。
冬若再临惊杜上，狂风飒飒雪飞空。
七遁辛加艮上乙，扬地掀天春夏中。
风雨互加秋令集，冬天开雾暖融融。
八九两宫互六七，风云龙虎一般同。
细详微理分凶吉，不遇门符应勿从。
天蓬飞入艮宫来，东北乌云一朵裁。
休使加临天任上，东方黄气满楼台。
生任加临在坎宫，黄云北上起穹窿。
苍云东北真华丽，禽芮加之与任同。
冲伤加艮在生方，东北乌云带紫黄。
直北云霓皆缥缈，东南西北尽光茫。
艮宫杜辅直符临，烟雾腾腾紫气生。
东北任方云障腻，北方又有一轻清。
英景如临乾位上，西北云霞彩映红。
东白北黄青在死，直符克应量无穷。
芮禽若也到休门，北起红黄东淡云。
坤宫上有青蓝色，西向烟尘紫雾生。
惊柱直符临震地，霓云白上又加青。
夏天四下浮云起，骤雨狂风布阵惊。
心开巽上加直符，四处生云气障魔。
白雾南乌西紫雾，坤艮黄云上不多。
休蓬离上真门迫，黑色迷南气渐回。
西有青云东潦水，北方红紫共徘徊。
直符震位加惊门，碧绿从西云翳青。
东向白云浑四散，巧云应在北方生。

坤艮宫中遇杜辅，蓝云翠碧死方多。
淡红在兑黄从巽，点点斑斑艮不差。
景英加兑起红光，白气潦潦东北方。
巽上浅黄加绿色，如逢旺月有华岗。
芮禽入震在冲伤，东起黄云兼白光。
南岭素缟带红色，西南西北黑苍苍。
惊居天辅素罗云，南有红光白带轻。
乾上青云常聚散，坤方黯黯雾沉沉。
相生相克观和色，旺相休囚辨的真。

## 奇门捷要占地理法①

地理有形皆有法，分门定局预能明。
相生圆活并长厚，相克尖斜浅狭轻。
天蓬方满带奇形，天任高冈驿路深。
得遇奇门园径在，相逢凶格拟坟墩。
天冲树木多丛杂，天辅三叉近阁亭。
天英窑灶兼枯涩，庙宇溪沟在芮禽。
天柱桥梁并曲径，园林寺观合天心。
休门潦水井泉多，道路桥梁生上过。
伤门闹市兼亭院，杜上斜沟曲涧波。
景上锦绣真罕见，四围土阜有山窝。
死门山野兼林木，苑囿长堤对酒垆。
惊门灰堑兼秽污，开处通衢入画图。
射地高低与短长，且将符使细端详。

---

① 造宅三白同。

旺相得时加倍算，休囚失令照寻常。
门迫受伤因减数，路途远近有规方。
锚铢瓦铄穿物色，更把天星合地详。
伤冲大小兼三四，杜辅中分五六纤。
休蓬一六为数先，生任排来七八间。
惟有景英三九数，芮禽死使二三连。
惊柱数中应二七，开心六九勿虚言。
休囚旺相从心豁，虽得千金莫浪传。
六甲直符加丙生，穿地黄元物色新，
加休土块深青紫，开若逢之见水津。
加惊壕堑疑坚石，加死多年骸骨深。
加景微尘兼灰土，杜门击瓮与磁荆。
伤上一宫殊物异，远年朽木地煤坑。
丙加符甲在开门，地色红黄雾气腾。
休门有水多漂白，生上顽砖及古坟。
伤门枯木兼藤蔓，杜上禽毛气赤清。
景门龟板泥枯壑，死门布帛贱衣襟。
惊上锁匙应铁索，傍边兼有石灰瓶。
丙丁如加天任宫，土中沙起色黄红。
冲星若也来相遇，蒲包草蓆有形踪。
辅星绳索有连钞，英上加之器是铉。
芮禽穿下多文墨，更有车辕与草茸。
天柱临之有贵物，非丝非帛拟钱箭。
天心奇物嫌投墓，堕坏财钱未落空。
天蓬沙走泥无实，如掘渊泉水溢冲。
丙己加生土色黄，如加伤位色如糖。
杜门碧绿还兼紫，景上斑斑点血苍。

死门乱石兼磁器，土色元红不是良。
惊门如有明窗亮，轻浮白色是开方。
休门色若污泥黑，再看天星辨隐藏。
丙加庚上荧入白，八位移来有凶吉。
休门不可例言凶，蓬景之宫非吉得。
加生怪石势嵯峨，加震穿寻多发积。
杜门铁索与香炉，加死尸棺有朽骨。
惊门灰烬及飞沙，玩器巾环开上集。
庚加丙上白入荧，开上加之不一同。
簪头器皿并钮扣，土色穿来定赤红。
休加土色如牲血，毁箸杯盘在艮宫。
伤门狸洞兼蚯蚓，杜上青森亦草虫。
景门干燥如螺蚌，死上丝罗不尚空。
惊门枯井堆砖砾，此格由来多咎凶。
青龙逃走乙加辛，开遇乘龙拟宝珍。
休门土血藏牲骨，生艮黔啄是羽鳞。
伤门遇遁多清洁，果核胡桃在杜门。
景上蛤蜊兼骨梗，死门旺相小尸灵。
羊角如鞋惊上得，更兼蛋壳应如神。
辛加乙上号猖狂，生杜宫中仔细详。
七八局中如合此，回凶转吉不寻常。
辛乙加伤土色青，地中蛇穴洞何深。
景门槁木并盔甲，黄土沙泥在死门。
惊门铁瓮多白色，刀柄枪头开位临。
休门骣物兼毛骨，生杜门中地可钦。
癸加丁上蛇夭矫，若遇休门气渐消。
开门物贵形如朽，惊上川流水自滔。

死门畜骨兼牛角，景得奇门有兔毫。
杜门乐器兼铉鼎，伤有木鱼不可敲。
生上一宫无外物，木梳毁折破磁稍。
朱雀投江丁加癸，如加死上古坟基。
惊如加水溢泥无，开上穿来旧石灰。
休门拟有头枯骨，生上逢之死犬猫。
伤门随板无钉钉，杜有山林古石碑。
景门锦雉真文彩，土色红黄地穴奇。

## 奇门捷要占人物法[①]

若占来者是何人，但看直符飞与临。
六仪三奇相互换，何宫何地细穿寻。
甲子直符加艮方，天星六丙下来藏。
吉格之中龙返首，贵客来时看紫裳。
甲丙同居在震宫，衙门官吏贵人从。
甲丙如居巽位上，长者仙丰及释翁。
离位景门居甲丙，武官边士论英雄。
坤死如逢甲丙者，带考儒家医与同。
惊门甲丙来相遇，作乐讴歌侮相公。
开门如遇甲加丙，高贵绯衣命仆僮。
青龙返首加休坎，贵人酒醉气何弘。
丙加甲子直休门，骑马高人近水津。
飞鸟跌穴居生上，小贵擎拳打老人。
伤门丙甲如加遇，仆执花笺请贵亲。

---

[①] 造宅三白同。

杜门飞鸟居于上，长女穿蓝抬轿行。
景英丙甲无门迫，华丽衣人暗备兵。
丙甲如遇坤死上，老人乘轿会亲情。
惊门丙甲媒人氏，从役相随鼓乐新。
惟有开门加丙甲，马嘶人喊振纭纭。
直符甲戌乙奇临，得使之时有吉星。
如在死门为入墓，带孝阴人手棒心。
乙己惊门犹不可，蒙童幼女口相争。
开门乙己如临位，贵客长须像道真。
乙己休门如遇此，外方来客裸形行。
生门乙己如逢遇，未冠童生面带村。
乙己如逢伤位上，负包医士答乡民。
杜门乙己逢相克，道姑托钵过门庭。
景上如逢乙与己，手持花罩是庖人。
甲申直符加丙奇，荧入太白不相宜。
休门醉客多狂士，诈侮佯颠近水涯。
加艮生门浑不吉，浪子擎拳打小妮。
伤门荧白来逢遇，撒发披头硬汉欺。
丙丁临杜无门迫，方外僧人化线衣。
景门此格如来到，破服渔翁卖蚌归。
荧入太白逢坤地，抬轿扛盘是脚儿。
兑上相逢庚上丙，卖糖老汉女男呀。
开门荧白来投库，老汉呼童备马骑。
六丙月奇符甲申，随庚加丙不奇门。
总遇休生非吉兆，主客相争利静人。
太白入荧在伤门，屈足跛人路上奔。
杜门庚丙来相遇，寡妇稀毛头若僧。

离宫庚丙不宜来，咳嗽胸心不畅怀。
更遇天星元武集，麻人瞽者莫疑猜。
死门庚丙来居上，大腹无文一老呆。
惊门六丙装库下，好唱优人腹有才。
太白荧惑逢开地，老者搥胸欺小孩。
坎休宫中加白荧，丰姿俊雅喜形骸。
生门太白入荧惑，踝体村夫东北来。
甲午直符乙奇临，逃走青龙非吉星。
加在休门为云遁，年迈儒家气象凌。
加艮合生为虎遁，九流高士半虚名。
伤门遇此龙逃走，草莽村人顶帻行。
杜门加此为风遁，燃烛烧香一善人。
景门龙走非为吉，放泼牙行及众群。
乙辛加在死门上，扒灰老者执油瓶。
惊兑之中龙生脚，讴歌妓女最娉婷。
开门甲午如逢乙，宰畜屠沽衣润身。
日奇之上六辛符，白虎猖狂凶事多。
虽在艮宫成虎遁，如穿人物像风魔。
伤门符到虎猖狂，鼓乐喧喧仔细详。
九天若也相逢处，掌理阴阳吉可藏。
白虎猖狂加杜门，负包挈裹女逃身。
景门如逢六辛乙，悍女将来探问亲。
辛乙加于坤死内，牧牛稚子涉前行。
虎狂发纵居惊上，婢遗小女骇门庭。
开门如遇辛加乙，近宫骑马急如星。
坎休白虎猖狂至，抒臂梢拳是棍人。
六癸加丁蛇夭矫，门符虽好不丰饶。

开门近贵兼奴隶，急急忙忙不惮劳。
休门六癸加丁上，买酒孩童跌在桥。
螣蛇夭矫生艮上，乞儿卖药负皮毛。
伤上癸丁加九地，木工泥水醉酕醄。
六癸丁加杜巽上，弹词女辈甚风骚。
景上癸丁如遇此，红眼佳人笑倩娇。
癸加丁在坤方使，老妇簪冠穿道袍。
惊兑夭矫丁癸上，盘头孩子赛酸骚。
六丁加癸甲寅符，朱雀投江气不苏。
不遇昭明多损失，举止虽安莫远途。
坎宫丁癸直符休，妇女携儿面带羞。
生门朱雀投江至，外方丐者手牵猴。
伤门丁癸来追犯，作伐浑婆弄舌头。
景门丁癸加符使，虾蟹渔娘连兴勾。
杜门丁癸投江遇，卖绢丝罗是女流。
惊门丁癸私窠妇，满面腌臜粉与油。
朱雀投在开上得，换针磨镜两相投。
死门玉女加于癸，污秽肩担过我眸。
大格天庚加地癸，直符须是甲寅中。
如在生门凶属库，文墨之人礼貌恭。
伤门大格多颠险，役吏公差往向东。
庚加六癸东南杜，披发顽童貌不庸。
景门如遇庚加癸，眼目昏花侍女从。
死门大格来经此，老妪披麻若与同。
惊门鼓舌摇唇妇，开位长人面带红。
休门庚癸来相遇，乐道仙翁手拍筒。
庚如加在甲辰符，上格为灾事莫图。

加在杜门庚愈肆，弄蛇花子打头颅。
景门上格加于此，不尴不尬一村夫。
坤死如加上格在，补锅钉碗一穷徒。
庚辰加在惊门上，击磬摇铃道者多。
开门上格凶为吉，点翠穿花卖货奴。
休上庚辰遇上格，卖盐好汉协强徒。
生门如此庚辰遇，弄瓦挑砖樵采哥。
上格如逢伤震位，放鹞擎鹰过我途。
乙丙青龙失水逢，吉不呈祥凶不凶。
如加坤死嫌投库，孝服哀哉是困穷。
惊门乙丙遇螣蛇，能画能诗近贵奢。
开上月奇来入墓，皓首穷儒心自嗟。
乙丙加休得水龙，风流俊雅在其中。
天星如遇符六合，侍女歌声笑正浓。
乙丙生门亦遇奇，失时君子富流儿。
青龙失水逢伤震，卖卜医家有望儒。
杜门乙丙和无迫，花阶女子笑人痴。
六丙时加地下丁，无刑无迫正奇门。
加在开门飞贵格，月奇投库有何欣。
游行虽是宦家子，跃马扬鞭拟失惊。
加在休门奇又合，挈榼提壶是贵亲。
生艮门宫遇丙丁，贵家公子谒亲朋。
伤门遇此为奇特，繁杂偏多子弟门。
杜门六丙逢丁伴，女女男男赌色盆。
景门武士兼文士，傍遇烧丹妖道人。
死上丙丁如门迫，乡愚富室逊繁文。
丙丁惊位如逢着，仕女娇姿可悦心。

乙丁逢死奇投库，丑陋阴人无复新。
惊门六乙加丁遇，艳妆小女哭过门。
开上乙丁奇得吉，才子佳人会有情。
休门玉女加六乙，贵客同来探可人。
乙丁加生奇得正，贵公路过意何深。
伤门六乙加丁上，巧画丹青雕笔生。
杜门如得奇来至，美髯仙家道学精。
庚若飞来遇直符，伏干之格事多辜。
此时利客不利主，细详符使亦无讹。
加在生门奇不现，拟是挑砖断磨哥。
加在伤门庚又克，补氁箍桶两相磨。
杜门遇有庚相犯，钉秤缘绳在路途。
景门庚在非高出，卖纸缝皮打铁夫。
死门伏干加非利，修网缦纱负货奴。
惊门庚伏重金器，打锡敲铜决不差。
开门道吉非为吉，篦头按脉自经过。
休门庚伏穿人物，摸蟹淘沙水面波。
天乙太白皆若是，伏干飞干差不多。

## 又占来意法

玉女守门得使奇，兼之三奇逢六仪。
此利阴私和合事，斯道通明宜秘之。
开休生位六丁来，占者婚姻不许猜。
更得阴私多妙事，不然好女自徘徊。
伤上玉女例言凶，衙役求医往向东。
妻妾必然应病患，更逢浪子带奸雄。
杜门玉女不寻常，婢妾随逃在路傍。
走进前来问端的，令往南方是那方。
景门玉女事何明，女附男肩会有情。
更兼酒食多欢畅，和合阴私竟有成。
守门玉女在坤方，孀妇攀门望约郎。
占事必因妻妾病，一番愁绪一悲伤。
星奇玉女到惊门，男女相争口舌深。
虽有阴亲何乐处，必须心怖事多迍。
青龙返首直符开，问取行人必定来。
惊门知有音和信，逆旅穷途坤死乖。
景上兵戈多斗杀，杜门祈祷福安排。
伤门捕猎应寻物，休与生门事事谐。
飞鸟跌穴利修方，移徙迁居共吉昌。
伤杜死门俱不利，休生开位两修良。
丙奇临戊遇门生，天遁月精能蔽形。
国事功名从此数，升迁天遁任游行。
乙奇临己与开门，地遁日精能蔽形。
田财交易兼坟墓，家宅移来此位真。

休门临丁与太阴，号为人遁得星精。
合伙求财无外意，门迫三刑是病人。
神遁生门为丙奇，九天相合始相宜。
消灾保福皆能庇，积货烧丹任所为。
生门九地合丁奇，开上九天乙共之。
丙奇加在艮宫内，鬼遁名之吉可推。
迁官纳婿并六甲，其中从此辨高低。
龙遁休门合乙奇，如临坎位可施为。
造船应举寻真的，试问来人占验无。
虎遁乙奇合艮辛，无凶无吉在休生。
步武投戈应过验，伤门访察事非轻。
休门开位乙奇辛，震上逢之云遁真。
乍雨乍晴天气改，异途事业得维新。
休生门合日奇来，巽上逢之风遁排。
招安讨险为决胜，捕捉逃亡彼已乖。
三奇会景合九天，天假祯祥格自然。
忧处勿忧多喜信，全生避难事无愆。
丁己会合杜门中，更得三星天隐宫。
财货不悉连价卖，乃为地假妙无穷。
每事问来多得意，失物寻人无影踪。
六个壬符合九天，惊门人假妙难言。
学艺开张皆获吉，如临门迫未为安。
丁己癸合在伤门，九地太阴六合真。
诸事遇之仅有益，如占病患不宜侵。
丁己癸合死门来，三隐宫中事可谐。
占问求财并合伙，以凶变吉必生财。
休门门与三奇得，临著太阴真诈格。

谋望营求获大功，彼此相生主胜客。
休生开上会三奇，九地临之重诈宜。
参谒异途能进步，行藏出入总无亏。
乙奇加己与加辛，得使三奇可问程。
若问奴婢应纳否，不然换一侧房人。
丙奇甲子甲申庚，吏役公差到我门。
继女继男皆适意，填房入室喜盈盈。
玉女得使骑龙虎，得宠偏招续后人。
天乙生门与九天，三胜三宫吉可言。
出门从此多生发，访友寻人遇路间。
天辅时藏有吉星，官司宜解罪宜轻。
甲己日巳乙庚申，丙辛日下午支临。
丁壬戊癸从辰寅，赦宥天恩凶不成。
月将加时取太冲，太冲合处日奇逢。
此是机关天马决，行人迁职竟成功。
有难宜逃往此下，如山剑戟总无凶。
君家如欲合私情，须究天三地四门。
天三月将加时取，从魁小吉太冲临。
地四月建除危定，合此之时私路亨。
出行并得地私门，并照奇逢百事宁。
借问地私何处起，天乙贵人加贵人。
冬至顺行阳顺数，夏至逆行阴逆行。
六合太阴太常处，此是地私多吉星。
已上吉格十有八，决人来意细潜心。
青龙逃走乙加辛，失脱逃亡问可寻。
白虎猖狂辛遇乙，官司户役可藏形。
朱雀投江丁向癸，鸡鸣飞怪抑何深。

螣蛇夭矫癸加丁，不问更移是病人。
丙加庚兮荧入白，交易之中口舌深。
庚丙太乙入荧惑，盗贼蜂攒在那村。
庚加日上伏干格，承继招嗣意有成。
庚加天乙为伏宫，更改移居不一同。
再临门迫言身病，白手求财总是空。
飞宫之格符加庚，凶险飞来一怖惊。
庚加六癸为大格，远望行人未转程。
庚加六壬为上格，六甲生男乾坎寻。
庚加六己为刑格，加景来人拟吉人。
丙临日干勃格是，新娶妻房是二婚。
庚加太岁为岁隔，日月时中总忌庚。
天网四张时上癸，举止行藏必昧心。
此是奇门入髓诀，克己穷功应若神。

# 奇门灵占

## 占雨①

凡占雨，以天柱为雨师，天英为闪电，天辅为风伯，天冲为雷祖，天蓬为水神，为云雾。壬癸二干，亦水神也。大抵占雨，不外乎此。

如天蓬游于坎兑震，乘壬癸二干；或天柱乘壬癸二干，游于坎兑震三宫；或天冲乘壬癸二干，游于坎兑震，皆主雨也。又如天英天辅所落，天上宫克地下宫者，必然风云雷雨交作。又看所落的宫分，是何干字，以定日期。与直符近，则雨速；与直符远，则雨迟。游于坤二宫，主密云不雨。即游兑坎震宫而不乘水神，亦无雨也。如天英临日干时干，主晴。天英与天冲合克日干时干，主雷电交作。

假如阴遁七局，秋分上元，癸未日子时占，天芮为直符，②上乘六壬，下临地盘天冲，亦有壬字，上下皆水木之神。壬子时干，天柱七宫为直符，主当日雨。③

假如阳遁二局，丙申日辛卯时，天辅为直符，临坤宫，是风伯所落之宫。又天英到兑七宫，是闪电所落之宫。天柱乘六癸加坎宫，得乙干。天冲加离九宫，与天柱相对，主雷电风雨并作。应于六乙日，与直符远而期迟也。

假如阴遁一局，乙酉日辛巳时，天英为直符，到兑宫。天柱乘六辛到坎宫，天蓬乘六戊到震宫。虽游于有雨之宫，但所乘不得水神，主无雨。又天

---

① 按此占法，头诸繁杂，不如《元机赋》之明简。
② 秋分上元甲寅，癸在二宫。
③ 法曰：秋分兑上起甲，次第数去，则壬至七宫，故又曰"天柱为直符"。兑坤相连，故曰"当日雨"也。

英火神，克了时干，乃用直符为用神，克时则主晴矣。占雨之法，难以尽述，大略如此。

## 占晴

凡占晴，以天辅天英为主。盖天辅为风伯，天英为火神也。云雨以风而散，以火而晴。如天辅乘旺相，落离九宫，或克所落之宫，或克日时二干，主风晴。如天英乘旺相，落三四宫，或克日时干者，亦主晴。大抵元武白虎主雨，再以顶盘贵神兼看，无不准验。其日期，亦以火神风伯所落宫分，系何干字定之。

假如芒种中元，阳遁三局，己巳日丙子时，天辅为直符，乘六己加坎，天英乘六丁加艮，顶盘又是螣蛇，皆火土之神，且旺相临于六癸之上，主癸日晴。

大抵定晴雨日期，占晴以天英为主，占雨以天蓬天柱为主。皆以所临之宫，看地盘是何支也。占晴以天英所临之宫，地盘之干何字，则知其期在何日也。占雨亦然。

## 占贼盗敌兵来去

凡占贼盗敌兵来去，先分界限。冬至以后，自坎至巽四宫为内，自离至乾四宫为外。夏至以后，自离至乾四宫为内，自坎至巽四宫为外。以六庚为敌人。敌人未至，六庚临外四宫；敌人已至，六庚临内四宫。如六庚所落之宫，克六庚者，主敌人安营不稳，自惊而退；如六庚所落之宫，再乘元武白虎天蓬之神，主敌人来必大战。顶盘得九天，则大张声势，鸣鼓而进；顶盘得九地，则偃旗息鼓而来。如贼已入我境，看何日何时去。六庚在内四宫，主不去，在外四宫则去。亦以六庚所落之地盘干支岁月日时，为来去之期。如太白入荧，虽主贼来，若在外界，亦主不来。荧入太白，虽主贼去，若在内限，亦主不去。

假如谷雨上元，阳遁八局，丙辛日壬辰时，天蓬为直符。六庚加三宫，在阳局为内四宫，主贼来，且主壬日或壬时来也。① 又如立夏中元，阳遁一局，甲己日乙丑时，此时天蓬为直符，乘六戊加九宫，天冲乘六庚，临七宫，为外四宫。又是反吟，上盘得太阳，定主远去不来也。

### 占贼情虚实

凡占两家对敌，当定主客。以直符为主，以六庚为客。以所落之宫生克，论虚实。如贼人来会战讲和纳降等情，未知虚实，看主客气落之宫。如六庚落宫，克直符落宫，则其情虚诈。如相生，定是实情，来意不敢为恶。如伏吟，则以六庚本宫，与直符本宫看之。反吟，来意主反覆无常。

假如白露下元，阴遁六局，甲己日乙亥时，天禽为直符加七宫，天辅六庚加九宫，是客来克主，来意主虚诈。

假如清明下元，阳遁七局，乙庚日戊寅时，天任为直符加七宫，天英为六庚加八宫，来生直符，其情必实。八宫之艮土，生七宫兑金也。

### 占伏兵有无

凡占伏兵，当以支干直符直使，巳申子卯决之。先看直使在何宫分之，又以月将加本时，看上有子卯申巳，定有伏兵。再旺相带刑，必有大战。如空亡休废，虽来不战。如巳申子卯，不在直使之上，定无伏兵也。直符宫有子卯一字，加在本时之干，贼在前；加在本时之支，贼在后；以月将加本时，支干相覆，贼在当头，于阴处邀截。

假如大暑中元，阴遁一局，戊癸日戊午时，此时天禽为直符，死门为直

---

① 此盘三宫乘六壬也。

使，俱加一宫。巳申子卯，不在符使之上，定无伏兵。

## 占升迁

凡占升期，以开门决之。又看太岁月建相生，因开门为官掌法印也。如开门加生旺宫，再有三奇，得合吉格，必定升转。再遇太岁月建，乘吉神来生，定然高擢帝廷。或有吉格而无旺相，有旺相而无吉格或有旺相吉格，太岁月建，不来相生，亦不能升也。①

假如六己年，大寒上元，阳遁三局，丙申日乙未时占，开门在七宫。开门本属金，七宫兑亦属金，同类助我为相，又上有月奇合之，又六己太岁，在艮八宫，乘天辅来生兑七宫，主升无疑。又看太岁宫落在何干，即以其干为所升之年月也。或以直符落宫占之，不用太岁亦可。盖铨部升官为直符之神也。

又如立春中元，阳遁五局，乙庚日丁丑时，开门到九宫，火来克之，为囚于鬼也，定不升迁。虽直符在坤，有生金之象，本宫不旺，亦无益也。

## 占上任吉凶

凡占上任后之吉凶，以上任之时、所向之方为断。如衙门坐西朝东，即看东方所得之宫神，向西即看西方所得之宫神断，南北亦然。所向以得吉格为主。如所向得吉格，则终于升迁；不成吉格而星旺，主降谪；若休囚废没者，主罢黜；有凶格者，主拿问；如返吟伏吟、五不遇时及入墓、格勃、飞伏等格，不看方向，而知其终为不吉也。

假如阳遁二局，丁壬日丙午时上任，衙门坐北朝南。此局六庚加地盘九宫，无吉格，主降调。

---

① 选官同此。

又如阳遁四局，丁壬日癸卯时上任，衙门坐南朝北，六乙休门加太阴宫，为重诈，主升迁也。

## 占科举会试中否

凡科举会试，以日干为士子，直符为总裁，天乙为房师，六丁为文章。直符宫克日干宫，座师不取。天乙宫克日干宫，房师不荐。六丁宫克日干宫，日干宫克六丁宫，或六丁宫休囚废没，俱主题目大难，不能得意。如直符天乙来生日干，六丁又得旺相，必中无疑。缺一不可。①

假如立秋上元，阴遁二局，六庚日丙子时，日干在六宫，天蓬在四宫，受日干之克。六丁临一宫，得废气。文章既不得意，座师又受刑克，此时占之，必不中矣。

## 占新任官善恶并何处人②

凡新官未到地方，人欲知为何处人，及心性何如，以开门为官星，九星为心性，天干为分野。如开上乘吉星为好人，凶星为恶人，天辅星心性文雅，天任慈善，天心正直，天禽忠厚，天冲风厉，天英昏劣，天芮贪毒，天柱奸诡，天蓬大恶。甲蛮，乙海外或东夷，丙楚，丁岱、江淮、南离，戊己韩卫、中州、河济，庚秦，辛华，壬燕地，癸赵魏。

假如大暑中元阴遁一局，乙庚日丙戌时，占新官上任。此时开门加二宫，乘天英，主暴烈，不行正事。又会六乙，必东夷之人。

---

① 考试同。
② 跟官视此，见贵亦视此。

## 占殿试甲第①

凡占甲第，以太岁为主。太岁者，天子也。以月建为主考，日干为举子，景门为策论。景门落旺相宫，又得三奇，并太岁来生日干者，为鼎甲。不得三奇，而得太岁月建来生日干者，为二甲。不生日干，又无三奇者，为三甲。

假如六戊年正月，立春上元，阳遁八局，丙辛日乙未时，天芮为直符加七宫，死门为直使加三宫，丙为日干在一宫，戊为太岁在三宫，月建寅为主考，但不生日干，在三甲后矣。

又如戊年正月，雨水上元，阳遁九局，六己日丁卯时。此时景门到三宫为旺方，上得星奇，日干在四宫，月建在一宫生日干，但太岁不生，仅得二甲。

## 占岁考等第

凡士子遇岁考，不知等第高下者，当以天辅为文宗，日干为士子，六丁为文章。六丁得旺方，更兼天辅来生，又得三奇，及开、休、生、景四吉门者，为取一等。文星旺，文宗生日干，不得三奇吉门者，为二等。文星虽旺，而文宗不生，或文宗生而文章不旺，仅为三等。文星不旺，而文宗又来克，幸有三奇吉门者，为四等。文星不旺，文宗又克日干，又在休囚宫，又无三奇吉门者，定是五等。得死门及诸凶格者，定是六等。

假如大暑上元，阴遁一局，戊癸日辛酉时，此时天辅在九宫，六戊在八宫，丁为文章，又为星奇，在九宫生日干，又乘旺气，定一等。

又如秋分中元，阴遁一局，丁亥日乙巳时，天辅在八宫，六丁亦在八

---

① 求名者同。

宫，文星又克之，为三等。

### 占文宗按临日期

凡候考，不知文宗何日按临者，以天辅为文宗，当分内外。冬至自坎至巽为内，自离至乾为外。文宗在内，主上半年考，在外主下半年考。冬至后，以十一月至四月为上半年。夏至后，以五月至十月为下半年。更以所落宫分分野，以定日期。再详时事，以支干配八卦决之。

假如大寒，阳遁六局，丙辛日壬辰时，鲁地人占考期。此时天任加一宫，天辅加三宫，在内，本宫得丁字。丁为岱，又为三数，至三月为考期矣。

### 占武举

凡占武举，与文举不同。文举看文章，武举看武艺。以直符为主考，以时干为举子，甲申庚为箭，甲午辛为红心，景门为策论。专以甲申庚落宫，克甲午辛之宫，或相冲，为箭中红心。再看景门旺相，又与直符相生者，主中。缺一不中。

假如霜降上元，阴遁五局，乙庚日庚辰时，直符在三宫，景门在六宫，甲申庚在八宫，甲午辛在九宫，直符宫克举子，不能中。

### 占婚姻

凡占婚姻，以乙为女，以庚为夫。如二家落宫相合，说之则成；相刑克，则不成矣。又以顶盘六合落宫为媒人，六合生乙，向女家，生庚向男家。庚宫克乙宫，女家畏而不嫁；乙宫克庚宫，男家嫌而不娶。乙宫带击刑，主女性凶恶；带生合，主女性温良。庚带凶神，主夫性暴烈；带生合，主夫性温良。

假如立冬中元，阳遁九局，乙庚日辛巳时，乙在七宫，庚在九宫，六合亦在九宫，同来克乙，女家断不肯嫁。虽乙庚原有相合之义，而女在金乡，男居火地，以火克金，必主不成，况男星又临死门乎？

## 占求财

凡求财之说，其事不一。当分体用，以生门主之。生门所落之宫分为体，生门天盘所落之星为用。用生体则吉，体生用则不吉。用旺体衰，体虽克用，不为大吉。体旺用衰，用虽克体，亦无大害。大抵看生门所落之宫分，再看上下二盘格局，吉凶何如。吉格吉星，所求如意。有一不吉，所求仅半。休囚不吉，所求全无。

假如惊蛰中元，阳遁七局，丁壬日壬寅时，生门到坤二宫，属土，为体。天蓬亦到坤二宫，属水，为用。体来克用，宜乎得财。但节在惊蛰，二宫为囚，且坤中六辛加壬，为蛇入狱刑之格，安得为吉乎？虽以体克用，所得亦微。

又如大雪上元，阴遁四局，丙辛日辛卯时，生门到六宫，属金，为体；上盘天英为用，属火。用克体，主不得财。

求财之说，是无中生有，原未有财而欲去求之，未知其得与否也。得财之说，是吾所本有之财，或应得之财，但未知何日到手。占法亦分内外，以时干地盘为主，以甲子戊为财星。盖甲为青龙，青龙为财也。若时干在内地，甲子戊亦在内地，此为财将到手之象，其得甚速，主在头半年内。又以本宫所得何支，定其月期与日期。若时与甲子戊俱在外地，主后半年得。若一内一外，主年内不得。值反吟伏吟亦然。如甲子戊时干俱合吉门，得财甚速。

假令立秋上元，阴遁二局，甲己日壬申时占。此时时干在七宫，为内。甲子戊为青龙，亦到七宫，与干同宫，俱在内地，主在头半年内，其期甚速，甚准。又七宫为兑，干支为酉，于月为八，主头半年八月到手也。

## 占词讼

凡人争讼，有心中不平。先告人者，亦有被人所告，而求伸理者。大要以开门为问官，直符为原告，天乙为被告，惊门为讼神。开惊二门俱克被告，则被告败。俱克原告，则原告败。一克原告，一克被告，则二家俱败。开门生原告，而惊门克原告，胜败平等。以直符天乙之旺相为胜，休囚为败。若直符生天乙，则原告和；天乙生直符，则被告求息，不必以惊开二门定胜负矣，总以落宫决之。

假如立夏下元，阳遁七局，丙辛日乙未时，天蓬为直符加六宫，天心加七宫，惊门在四宫，开门在九宫，此时两家俱不得惊门之力，而受开门之克，且俱在囚地，主两败俱伤，俱落金乡故也。直符落六宫乾，金也。天心落兑宫，亦金也。有比和之意，故均不得胜而求和也。

## 占走失

凡占失人口奴婢头畜，未知向何方找寻，并得与不得者，以时干为失主，六合为逃亡之物，俱以落宫论之。以六合与时干落宫，内外远近为断。时干六合俱在内，易寻；俱在外，难寻。若时干在外，六合在内，易寻，以六合所在之宫为方向。如得旺相之星，又得景、死、惊、伤四门者，可得。得九地、太阴，有人潜藏。九天速去，元武被人盗，螣蛇有人盘诘羁縻。得朱雀，有信。得勾陈，有内人相勾引而去。

假如大寒中元，阳遁九局，乙庚日庚辰时，此时时干到三宫，六合在坎一宫，占人与物俱在内；又六合会坎宫，有人潜藏，主不失。

## 占捕亡

凡缉捕，以六合为逃人，伤门为捕者。天合生伤门宫，自归；克伤门宫，不获。伤门克六合宫，易获。生六合，必有贿赂。伤门与六合同宫，有欺蔽。又六癸为天网，人在网中，必得。天网在一二三四宫可获，在五六七八九宫不可获。又阴时可获，阳时不可获。又太白入荧，同宫，必获。

## 占失财物

凡占失落金银财物等件，以甲子戊为财物。如见元武，主人盗去；不见元武，主自己遗失。元武克青龙宫，青龙生元武宫，定有人盗去。又以六甲旬中空亡看之。如甲子戊落在空亡之处，或自己迷失，或被人盗去，俱不可得。如问失落何处，以甲子戊所落方向定之。如在内，在宅中；在外，主失落甚远。又须定其所在，以落的宫卦体象断之。如艮为山，为少男，为东北；震宫为木，为长男，为正东之类。论得期，以地盘支干日决之。如有元武，有盗者，以元武落方，定贼所在之方。阳星为男人，阴星为女人。又以元武天盘地盘支干，决贼人衣服颜色。

假如大暑中元，阴遁一局，戊癸日壬戌时。此时甲子戊到三宫，不见元武，还是自己迷失，在于东方。又不见空亡，以震卦体象找寻，逢卯日得之。但甲子戊到三宫为击刑，亦伤损也。

## 占寿数[①]

凡人欲占寿数修短者，以天冲死门决之。盖天冲三宫之神为生气也，又五为死气也。又以九十岁为率，每宫十年。如天冲带旺相，一生无患；若有休囚废没，一生常有坎坷。占者将已经过寿数除讫，以所得余宫岁数论断。阳遁顺行九宫，阴遁逆行九宫。年至三旬而得四数者，除三十尚有十年之寿；年至六十而得九数者，除六十还有三十之寿。余仿此。

---

[①] 命运同此，视生门为生旺。

假如大暑下元，阴遁四局，甲己日己巳时。此时天冲在八宫，死门在四宫，阴遁逆行，自八数起，八七六五四，共得五十数。年至三十者，除去三十，还有二十，即寿至五十也。

又如大暑下元，阴遁四局，甲己日庚午时。此时太冲在九宫，死门在一宫，自九逆行，至一，得九数，年六十。得此者，还有寿三十年，即寿至九十也。

## 占修造①

凡修造以生门为主，必全吉日辰，又得生门。此地基上，又得吉星吉干为上，宜修造。生门会天禽，此时在中宫亦吉。若修方，生门在其宫，宫门不迫，亦可不忌。

## 占田禾

凡占田禾收不收，以休门合于木土之上，吉。更得三奇，及干元见合则有利。又天任落艮震主丰，再得青龙、六合、功曹、太冲，主四民乐业；若不落艮震，主年歉。再以贵神月将分旱涝。如天任所在，有蛇雀巳午天空太乙，主旱；传送天后，主涝。又生门主麦，伤门主谷。看三奇、太常、功曹、贵人在生门，则收麦；在伤门，则收谷。

## 占官事催提缓急

时干直符为官长，六丁为公文，直使为公差。直符宫克天乙宫，六丁临于内地，其提缓；直符克天乙宫，直使临于内地，其提急。再有击刑，则来

---

① 宅舍同此。

意恶；有三奇，则来意善。若相生，公差与官长见喜，相克见怒。又看六庚，庚为天狱，落休废易结，旺相难结。

## 占刑狱重轻

以本人年命日干，宫上星旺门吉，有三奇吉格者，官员降谪，庶人罪轻。星不旺相，有三奇吉门，并诸吉格；或无三奇，得吉门，并诸吉格，星旺相者，俱主罪轻，法及己身。有三奇吉格，门不吉，星不旺相；或星旺相，不得吉门三奇者，主罪重。星不旺，门不吉，格局凶，又无三奇者，主大凶。若本命日干，再犯击刑者，有刑罚之苦也。

## 占兴讼或呈状准不准

丁为朱雀，为讼神。朱雀落阳干之宫，又落宫与天狱相冲，或乘景门，其讼必兴。若落阴干之宫，或投江入墓者，不兴。又临旺相之宫，其讼大起。落休囚废没者，必结而讼不兴。大凡呈状，以开门为官长，景门为文状。开门宫生景门宫，吉；景门宫生开门宫，不吉。景门宫克开门宫，吉；开门宫克景门宫，不吉；休囚废没克开门，不吉。

## 占罪人开释

地盘六辛为罪人，上乘吉星吉门吉格，再克开门落宫，或与落宫上相生合者，其开释必速，不备者少迟。若开门落宫，克六辛落宫，再得休囚者，牵缠。又天网低，则不开，网高则开。

## 占罪轻重

开门为官，六辛为罪人。六甲旬中，六壬为天牢，必开门克六辛宫，辛上又有六壬临之，防有牢狱之灾。二者缺一，亦不为害。又壬字，不止甲辰壬，凡六甲旬中六壬时皆是。如甲子旬中壬申时，即申为天牢；甲戌旬中壬午时，即午为天牢。余仿此。必天盘上克六壬所得之支，再得开生二门者吉。

### 占出狱

壬为牢狱，看所加之地盘。干为罪人，必地盘之干，克六壬所得之支，又得休生开三门者得出。以受克之日为日期，必得六丁时，或六丁落宫，生囚人之干，方看休生开三门。

### 在外占家中安否

以日干为主，十干长生处为家。如甲干，则甲木长生在亥，亥寄于乾，必乾宫地盘中，无凶星凶门凶格等，家中平安。有凶星凶门凶格者，看克宫何干，以日干六亲决之。年为父母，月为兄弟，时为妻子也。

### 占店主善恶

时干落宫，遇蓬芮英柱，俱主恶人，余五星俱吉。落宫克时干，主有侵害。时干落宫遇三奇吉门，并诸吉格者，虽有恶意，亦不敢害。如无吉格，但乘旺相，亦无害。如时得休囚废没，并凶星者，当有侵害。

### 占远信

六丁落宫为信，时干落宫内外为迟速。临外信迟，临内信速。丁奇受制休囚，轻则信迟，重则信无。朱雀投江，无信。蛇夭矫，来迟。六丁带三奇合德，有喜信。六丁带击刑，有凶信。投江在内，亦无信，庚格亦然。又景门临于本人所居之地，其信甚速。如人在北方，占南方信息，一宫得景门，主信到。如人在南，占北方信息，景门在九宫，信到。余仿此。

### 占道途吉凶

以时干前宫，看天蓬为盗贼。时干所落前一宫，得天蓬为贼盗，如无者不遇。再看时干所加本宫，得三奇吉门，并得旺相，及诸吉格者不妨。

### 占请人来否①

请人方向，地盘干克天盘干，地盘星又在内界，或所往之方，得开门则来。如上克下，地盘星在本方宫，及不得开门，主不来。所请方不落空亡，得日干者来。

### 占行期

占出行，或被牵缠，不能摆脱，或被节制，不能自由，或犹豫不定。时干为起行之人，日干为牵缠节制之人，开门为起行之期。若日干克制时干，不能行。时干克制日干，即行。日干上下皆有来克者，得行。若犹豫者，看时干在外为去，在内为不去。俱看开门落宫，下得何干，以定其期。

### 占登舟

震三宫为船，天盘所得之星，为船主之善恶。得辅禽心三星为上吉，任

---

① 请医同此。寻人亦同此。

冲二星为中吉，得芮英柱蓬为大凶，其船不可登。

凡占水，休门之下，见申酉为江河，见小吉为井，太冲为池塘。

### 占招赘

女招夫，须天盘六庚宫，生地盘六乙宫。庚上得吉祥星宿，主夫性温良，兼得长久，得凶星不利。如男求妇者，须天盘六乙宫，生地盘六庚宫，可成。如嫁娶，则以乙为女，庚为男，两宫相生比者，如期嫁娶；相克害者，有迁延。又丁丙加年月日时干，年月日时加丁丙者，亦主迁延也。

### 占交易①

直符为买物之人，生门为所买之物。生门落宫为物主，门来生直符，其物得买，有利益。门与本落宫相生，为物主相恋，其物难买，相克则难以成交。直符得旺相，生生门宫，利卖者。生门宫生直符宫，利买者。凡欲买物，彼买主之方，得吉格者，有利；得凶格者，其物不堪。彼买主之方，得吉格者，相安；凶格者，尚有烦恼。

### 占贸易②

生门落宫旺相，再得吉祥星宿，及三奇飞鸟跌穴等格，主买卖兴隆。如不全者平常，落空休囚凶星，再有六庚加己，一切凶格者，主大不利。得天冲，宜于春夏，天禽宜于秋冬，余不利。

---

① 伙计田产同此。
② 生意谋望同看。

## 占见贵人

休生为主，与三奇会合则吉。与日干相合，则贵人喜悦，而有酒食财物。开门上亦利于求见，余门星干不美。

## 占定一岁丰歉

俱于立春日某时交春，看九宫以分九州，视九州有何星奇即知之。坎一冀州晋魏分，艮八兖州韩郑分，震三青州齐分，巽四徐州鲁分，离九梁州吴越分，坤二荆州楚分，兑七梁益州卫分，乾六雍州秦分，中五豫州宋分。

天蓬所临之方，主瘟瘴春作，百姓流离，夏水漂没，奇神救之减半。

天芮所临，奇神加之，人不为灾，七分收成；若加凶宿，人瘟物死，五谷不登。

天冲所临，吉奇加之，五谷半登，惟宜果实，春夏人物灾伤。

天辅所临，在吉处，五谷大成，人民安乐；若加凶宿，主大风水溢，损伤人物。

天禽所临，有吉宿者，主五谷大丰，人物蕃盛；若加凶宿，主长吏不宁，贵人移动，夏多瘟灾。

天心所临，有吉宿者，主秋熟，长吏贵人，频受恩喜；凶宿加之，春种虽多，夏秋水涝。

天柱在吉处，半熟，人民瘟瘴；加凶宿，有蝗虎流火为灾，秋冬尤甚。若有三奇制之，必有德庆。

天任所临，大有吉庆。奇神加之，主生芝草祥瑞，及贤人在位；凶处五谷半熟，人虽灾而不死。

天英所临，亦为祥瑞。得生旺地，五谷熟，人民安，长吏有安庆；在克处，凶宿加临，主旱潦灾殃，春种，夏多枯死。

天乙所在之宫，其岁多生贵人。或值大比，必有上第一甲者。

### 占放债

天乙为取财之人，直符为财，生门为财神，各以生克旺相论。直符克天乙宫吉，天乙克直符凶。天乙生直符吉，直符生天乙凶。生门与天乙同克直符，其财尽失。同生直符，子母俱全。生门与天乙，有一生一克，不全而迟。天乙财神，得休囚气，虽生直符，终不能全得，或主迟滞。①

### 占索债

伤门克天乙宫，去人实心去索。天乙宫克伤门，彼必争斗不服。伤门与天乙同来生直符，子母全获。同来克直符，不还。伤门生直符，克天乙，还。生天乙，克直符，不还。天乙旺相，克伤门，虽有不还。休囚生伤门，虽无钱必还。若天乙乘庚辛，来克直符，必有经官之事。直符克天乙，乘六丁，或景门加三四宫，亦有经官之事。甲子戊会开门，加内地时干，其债速还。

### 占合伙

地盘生门为财主，天乙生门落宫为伙计。地盘克天盘，不成。天盘克地盘，及天盘生地盘，俱不利。地盘生天盘，方有利益。

### 占官事牵连

本人日干为有事之人，庚为天狱，辛为天庭，壬为天牢。本人日干，以

---

① 天乙，乃天盘上乙宫。

地盘为主，上三凶煞，以天盘定之。犯一星，与天盘日干同宫，定有牵连；再有刑击，定有刑罚。得天网，有枷锁临身；再有凶格等煞，连累甚重。若有三奇吉门，并吉格，无碍。若不犯庚辛壬，定不牵连。

## 占访友

凡访友，以所往之方，地盘为主，天盘为客。要相生合，再得吉门，去必相遇。若相克，又无吉门，则不遇。庚逢年月日时格，亦不遇。

## 占病生死

凡占病，以天芮为病神，生死二门为死生。本人年干落宫，得生门不死，得死门难愈。若年命休囚废没，再有凶星凶格，大凶。余六门亦主缠绵，以天芮废没之月为愈期。占父母病，得年干入墓；同类病，得日干入墓；儿女病，得时干入墓，大凶。又凶星凶门，加病人年干，更无救神，亦凶。若凶星加奇门，上下二干相救，可死中求活。若三奇吉门吉格，更上下干有合，虽不服药亦可。

## 占胎孕

凡占孕，男女产育难易者，论坤卦。坤上所得之门为胎，天盘为产室。产室克门，子不存；坤克门，胎不安；门克坤宫，孕妇长病；天盘克地盘，孕妇不安。得门属阳为男胎，阴为女胎。如伏吟为子恋母腹，胎虽稳而难产。见白虎为血光神，其来甚速。门到坤宫为入墓，必是死胎。天盘为门宫二者之墓，不吉。为坤之墓，不利母；为门之墓，不利子。如有三奇，必有好子也。

## 占分居

坎离二宫为阴阳分位之始，自十一月至四月为阳，以坎艮震巽为内，离坤兑乾为外；五月至十月为阴，以离坤兑乾为内，坎艮震巽为外。以年为父母，月为兄弟，日为己身，时为子媳。按本局中支干推之，如俱两处为分居，一处为不分居。以宫分支干，照岁月定日期，以旺相休囚定吉凶。

## 占迁移

凡迁移方上，有三奇吉门，再得天禽，四季日皆吉。天辅春夏大吉，天心秋冬大利，其余星俱不利。各以来占时，看何星为天乙定之。①

## 占行人

以本人年命，合当时局中干支为行人，以支宫为宅舍，左右为来之迟速。如占东方之人，得西方即来，北方不来，南方在路。其日期以地方远近旺相决之。如行人是甲子生，在南方，若遇坤兑乾三方，将来遇坎，即至；若立艮震巽三方，又前遇克我之卦，半路有阻。再带吉凶神煞，以定安危。又天蓬天芮，俱主行人。千里外者看天蓬，千里内者看天芮。时下得蓬芮为来，即以时干为来期。伏吟不来，反吟为来。三奇吉门，合于行人年干之上，即到。凶星凶门，此人必有妨碍不来。又年格年来，月格月来，日格日至，时格时回。

---

① 天乙，即直符也。

## 占回乡

凡人久在他乡，欲回故里，未知得回与否，及何日得回。以本人年命占时入局中，如人已在外方，占时其年命已落内界，主回。以地盘支干，定其日期。如其年命落在外界，虽有心回，终有牵缠，不能回家。上得吉门吉星，回家平安。上得凶门凶星，回家有事。

## 占同伴善恶[①]

凡出外，途中遇人同伴，不知善恶，占之地盘。时干为己身，看上得何星临之。如得禽心冲辅为善人，如得蓬芮英柱为恶人。再得旺相，而时干又居废没之地，主有侵害。时干旺相，凶星废没，不敢害。俱得旺相，俱得废没，亦不能害。如凶星害时干，得休生开三门，并三奇，及一切吉格，主被害中有生意。时干旺相，得刑格，并一切凶格，难有侵害，亦无妨。

## 占捕盗

天蓬元武为贼盗，伤门宫为捕人，时干宫为物主。伤门落宫，克天蓬元武宫，易寻。时干宫再克天蓬元武宫，易捕。若伤门宫生天蓬元武宫，不能捕捉。天蓬元武来克时干伤门，与天蓬元武同宫，时干再克，捕必不获。天蓬元武同宫，党羽必众。如旺相则难捕，休囚易获。乘六庚为大盗，不然为小寇。天网低则可获，天网高不可获。

---

[①] 差役视此。

## 占人谋害

庚为仇人，日为己身。庚金落宫，克甲落宫，有谋害。甲落宫，克庚落宫，不谋害。甲落宫，受击刑，有害。若旺相，虽击刑不为害。庚金上下二盘星宿，皆来克庚，及甲申作直符，须不能害。

## 占遇难逃避方向①

凡有危难逃避者，不知何处可去，当看杜门。六丁六己六癸，或六合，天上太冲，及生门所临之方；又看本时时干，此数者合一则吉。再遇吉星三奇，大吉，反此不利。避兵看六庚，避贼看天蓬，避官讼看六辛。时干为己身，庚加时干，不加内地，不必避；加内地，不克时干，不必避；不加时干，不必避；加时干，不克时干，不必避；克时干，临内地，加时干，当避也。天蓬六辛同此。避仇人，先动者为客为阳，六丙主之；后动者为主为阴，六庚主之。客占以六庚落宫，克六丙落宫，又临丙地，当避。或克而不临内地，或临内地而不克，俱不必避。若六庚乘休囚之宫加丙，不必避。乘旺相之宫加丙，当避。主占看六丙，亦然。丙下临六庚，凡事将退，亦不必避。

## 占鸦鸣

凡遇鸦鸣，急视景门。在直符前一，劫迫来临；在前二口舌；前三婚姻，不然争讲门庭；前四斗殴，财利相争。直符后一，事涉女人；后二欺蔽奸淫；后三亡失衣物。更寻六丙下值何神。河魁，贵人有灾，六畜有伤；从

---

① 投主看此。

魁在下，寡妇传音；上有吉将，酒食邀迎；传送在下，人来觅物；小吉在下，妇人喜成；胜光在下，征召欢欣；太乙在下，大吏相寻；天罡在下，争斗讼死；太冲在下，酒食邀请；功曹在下，庆贺大吉；大吉在下，亲戚得遇；神后在下，事必奸淫；登明在下，吏索公文。又须听声，遇何方隅。吉门则吉，凶门则凶。

### 占雀噪

看朱雀所临下，得何奇何门，以决其事。开门得奇，主有亲朋至，或行人远归，或主酒食。休门得奇，主有喜事喜信，及婚姻之事。生门得奇，主田宅财物头畜之事。不得三门，及门迫奇墓，俱主无所关系。更看景门所临，吉格则有喜信，凶格则有凶信。

### 占雪

乾兑二宫主之。或天心乘癸壬二宫到兑，或天柱乘癸壬二宫到乾，皆主雪。各以落宫所得之干，以定其期。或天蓬直符直使在巽，见天罡胜光日破，主雪中有雷。见后阴元武亥子从魁，主大雪。朱雀风伯，亦主有雪。天蓬直符，会六合伤门加震，主大雪久阴。

### 占攻城

六庚乘旺相，得开门，加中五宫，其城可克。又地盘天禽所落之宫，得旺相，及吉门者，其守将可擒。得休囚废没，及凶门者，守将必死。

### 占守城

天禽落宫，得生休景门，再旺相，有六丙，其城不克。如无吉门旺相，再犯天蓬六庚，加入中宫，不守。

## 占援兵

凡被攻日久，环围不去，六庚开门作敌人，必六丙景门，合生天禽。或在左右之宫，必有援兵，近而且速；离宫若远则迟。若六丙景门，得休囚受克，援兵不至。若天蓬乘六庚败气，攻者不克，守者可守。

## 占胜败

直符落宫为主，六庚落宫为客。直符落宫，克六庚落宫，主胜。六庚落宫，克直符落宫，客胜。又旺相则胜，休囚则败。如主宫得景惊二宫，或二门与主宫相生，主胜；如客宫得景惊二门，或二门与客宫相生，客胜。如主客相生，必来讲和。如主客相乘旺相，二门互相刑克，其势相等，则两相恐惧，不战而退。六庚为直符，即为主客同宫，不分胜败。又日干加庚，主胜；庚加日干，客胜。

## 占闻报虚实

甲乙壬癸四时，闻事皆虚，忧喜俱无。逢戊丙，闻忧则虚，闻喜则实。逢六丁，闻忧无大忧，喜无大喜。逢己庚，闻喜则无，闻忧则实。逢辛，忧喜平平。

## 占贼临境可居否

直符加时干，为动为客。直使加时支，为静为主。支宫受直符落宫克之，再乘元武，此城不可居。或直使被本宫下来克上，亦不可居。或直符宫与直使宫相生比，或受刑克，敌来不能取胜，其城可守。或直使宫神，两相生比者，可守无妨。

## 占水陆

坎为水路，艮为旱路。直符落宫，被生则吉，被克则不吉。又休生所落之宫，亦可出行。

## 占行兵迷失道路

凡行兵，遇深山大野，暮夜，三军迷失道路，以三奇定其向，或以天罡所指行之，百步外自遇大路。

# 御定奇门宝鉴卷五

## 元机赋上

元女之秘，遁甲之文。轩辕立法，风后演行。

遁甲之法，为元女之秘术，创自轩辕。其臣风后，演成四千三百二十局。一年有四千三百二十时，一时立一局，则每时之吉凶，各方之善恶，一举掌而尽知之。当趋则趋，当避则避，毫发不爽。黄帝因用之以灭蚩尤于涿鹿之原，其法始传于世，以为行兵之秘文。

运九宫八卦之数，用三奇六仪之灵。

九宫者，即箕子《洪范》九畴①也。以天蓬、天芮、天冲、天辅、天禽、天心、天柱、天任、天英九星，分配九宫；以一坎、二坤、三震、四巽、中五、六乾、七兑、八艮、九离，飞布于九位。八卦者，坎、艮、震、巽、离、坤、兑、乾也。取名休、死、伤、杜、开、惊、生、景八门，以顺飞乎九野。三奇者，乙、丙、丁也。乙为日奇，丙为月奇，丁为星奇。六仪者，戊、己、庚、辛、壬、癸也。配于六甲，以飞布于九宫。

---

① 《洪范》九畴，就是《尚书·洪范》中提出的治理国家必须遵循的9条大法。据说是周武王十三年（前1122）灭殷后，殷遗臣箕子与同武王论述天人关系时提出的9条大法。它们分别是：初一曰五行，次二曰敬用五事，次三曰农用八政，次四曰协用五纪，次五曰建用皇极，次六曰乂用三德，次七曰明用稽疑，次八曰念用庶征，次九曰向用五福，威用六极。

八方各有吉凶，九星区分祸福。

八方者，即八卦方位。坎正北，艮东北，震正东，巽东南，离正南，坤西南，兑正西，乾西北。以八门加临八方，天地两盘，有生有克，各有吉凶。九星各配奇仪，分布九宫，有阴有阳，有吉有凶，视其加临，以定祸福。

三光下照，百福咸臻。六甲来临，千祥骈集。

三光者，乙、丙、丁为日、月、星三奇也，故曰"三光"。天上乙、丙、丁三奇所临之方，百事吉利，所谋皆成。六甲者，甲子、甲戌、甲申、甲午、甲辰、甲寅也，带戊、己、庚、辛、壬、癸为直符。本时旬头六甲所到之宫，即是直符。贵人所临之地，百事可为。

三门会合喜非常。吉格相逢诸事昌。

休、生、伤、杜、景、死、惊、开八门中，以开、休、生为三吉门，伤、杜、景、死、惊为五凶门。若天上六甲直符，及乙、丙、丁三奇所到之处，又合得开、休、生三吉门同到，吉庆非常。奇仪吉门会合，得九遁、三诈、五假诸吉格，则诸事吉昌，所为皆就。此时此宫，可以行恩施惠，进有德，赏有功，登坛拜将，钦受兵符，运筹决策，发号施令，行兵征讨，训练士卒。

蓬星六乙，宜颁恩赐赏加封。

六乙号天德，又为蓬星，所到之宫，出兵大利，所向无敌。天兵未动，敌人自恐；天兵未行，敌人自惊。凡下营垒，安旗鼓，攻战征讨，出行逃亡，俱当从天上六乙方而出，人鬼不见。此时此宫，宜施恩布德，赏赉士卒，加封号，颁赦命。

六丙明堂，喜振武扬威发令。

六丙号天威，又为明堂，王侯压伏，寇盗不起。此时此方，出兵征讨，入人之国，犬不吠，马不惊，敌人自恐，乘威詟①服。宜出战聚众，安营立

---

① 詟，zhé，丧胆；惧怕。

寨，求谋请谒，上官赴任，俱从天上六丙方而出，大吉。

六丁玉女，宜筑垒安营。阴神最灵，宜偷劫守隘。

六丁号玉女，又为太阴。太阴最灵，出幽入冥，刀虽在项，犹安不惊。此时此方，宜阴谋暗计，私约交通，偷营劫寨，伏匿逃亡，据关守隘，安营筑垒，俱利。

六戊天门，利于出师遣将。

六戊号天武，又为天门。时加六戊，乘龙万里，所向摧阻，莫敢呵止。此时此方，利于出师遣将，入人之国，犬不吠，马不惊，战必胜，攻必克。远行商贾，百事大利，凶恶不起。

六己地户，宜于立界修营。

六己号地户，最宜阴谋密计，设伏偷营，修理城郭，以兵自守。吉时加六己，如神所使。不知六己，出被灾死。从天上六己方而出，大利，不宜作显扬事。

六庚为天狱，宜决狱而固守屯兵。

六庚为太白，又为天狱凶星也。时加六庚，抱木而行，强有出者，罪罚缠身。此时此方，只宜听决刑狱，诛戮奸邪，出兵不利，固守则吉。强欲扬兵远出，必至大败，身被枉械，陷入牢狱。商贾路死，入官遭刑，上任革职，嫁娶无子。

六辛为天庭，宜杜塞而潜形决狱。

六辛号天庭，又为白虎凶星也。时加六辛，行逢死人，强有出者，罪罚遭刑。此时此方，只宜出刑法，奋威武，决罪囚，断死狱，不宜出军动众。强有出者，必遭刑狱。将兵客胜主败，入官因系，上任遭刑，出行路死，商贾折本，嫁娶无子，诸事不利。

六壬天牢，出兵不利。

六壬号地网，又为天牢。时加六壬，为吏所禁，强有出者，飞祸临身。此时此方，只宜理刑狱，决罪囚，正法律。若行兵，利伏藏，暗计遮邀密击，偷营劫寨，不利扬兵战斗。远行出入，百事皆凶。强有出者，必为仇怨所捕，飞祸临身，嫁娶不利，入官遭禁，上任逢刑，逃亡必获，商贾无利，入宅不安。

六癸天藏，最利逃亡。

六癸号华盖，又为天网。时加六癸，众人莫视。不知六癸，出入必死。此时此方，只宜断刑狱，正威武，积贮军粮，收敛财货，学道求仙。避难隐迹，逃亡躲匿，埋伏藏兵，俱宜从天上六癸方去大吉，人莫能窥，亦当视其网之高下而用之。将兵客败主胜，商贾不归，嫁娶难产，子必受刑，斗讼入狱，移徙穷败，逃亡不得，入官迁除，落职问罪。

阳时利客，宜扬兵而鼓噪。

甲、乙、丙、丁、戊为五阳时，利于为客，用天上神，宜高旗呐喊，先遣发兵马出征。

阴时利主，宜隐避而埋藏。

己、庚、辛、壬、癸为五阴时，利于为主，宜用地下神，当衔枚设伏，待敌先出而后应之。

天蓬筑垒喜安营，

天蓬星值符临方，宜安边定国，修筑城池，兴工动作，屯兵固守，保镇一方。又宜埋葬、吊丧、送死，不宜移徙入宅，斗讼入官，修造祭祀，商贾交易。用时值之，防水火盗贼，破财失脱。

天芮屯兵难进战。

天芮星值符临方，只宜屯兵固守，训练士卒，培养锐气，安静为吉。虽得奇门，不可出兵，主败北杀伤，中途自返，有霹雳非祸等事。受道、结交、葬埋吉。嫁娶主争讼，女子惊死。盗贼不出三日败。起造家长死，商贾失财物。

天冲天辅，遣将成功。

天冲星值符临方，宜选将出师，交锋战斗，报仇捕捉。筑室三年凶，移徙一年，女人腹疾。上官赴任，文吏堕车，武吏升职。嫁娶女子惊慌。

天辅星所临之方，宜选将交锋行兵，得地千里。入官上任，武职升迁，文职不利，百事皆吉。

天任天心，出兵少利。

天任星直符所临之方，将兵利为客，四时皆吉。又宜请谒庆贺，立郡国，种田禾，动明君，通货财。嫁娶子孙贵，出王侯。入官文吉武凶。

天心星直符临方，出师行兵，秋冬利，得地千里，春夏不利。诸事皆吉。

英柱两星不吉，天禽半吉半凶。

天柱星直符临方，只宜屯兵固守，修筑营垒，藏形隐迹，训练士卒。

天英星直符临方，出师行兵大败，只宜出入远行，饮宴作乐，上书献策。

天禽星直符临方，将兵征讨，四时皆吉。不战用谋，敌人自服。上将有功，受赏封爵。余事皆吉。

阳星开而百事可行，

蓬任冲辅禽为阳星，阳星加时为开，利为百事。

阴星阖而诸凶莫作。

英芮柱心为阴星，阴星加时为阖，百事不宜。

开宜布阵而深征，

开门利兴师布阵，面君谒贵，求名谋利，上官赴任，投书献策，远行婚嫁。

生可出兵而赴任。

生门利出兵征讨，从生击死，决胜千里，面君谒贵，上官赴任。出入谋为献策，入宅嫁娶。

休利行营，

休门利兴师遣将战斗，有人相助。上章面君，上官赴任，求名谋利，请谒嫁娶，治兵习业，招降设伏，纵劳致逸，入宅安家，和集万事。

景宜突阵。

景门利突阵破围，耀武扬威，上书献策，募将招贤，谒贵拜职，选士赏赉，求官升擢，结婚和亲，广兴宅舍。

伤遭患害，只喜索债与畋渔。

伤门利阴谋索债，捕盗捉贼，兴讼告讦，采猎筌鱼。此门有杀伐之心，不怀仁义之思，要合丁奇来到，得白虎猖狂之格，必伤彼鬼方，欲全我一时而已。

杜塞不通，惟利潜踪兼保障。

杜门利掩捕逃亡，遇凶藏躲，令人难寻。诛斩凶恶，剪灭不平，判决刑狱，筑垣填坎，闭截河池，邀绝道路，断塞奸谋，隐伏兵马，藏形固守，不宜战斗，防昏迷失路。

死中便于丧葬，

死门利射猎捕鱼，诛戮行刑，吊丧送死，破土安坟，开田修路，塞水填基，攻城击垒。

惊上岂可奔驰。

惊门宜劫寨冲营，攻击斗打，祭风祷雨，投文献策，奔走逃亡，血光号吼，渔猎捕捉，口舌斗讼。诡说虚惊之事，诈言私檄之灾。

符腾阴六，虎元地天。贵神八诈，各有用焉。

直符、腾蛇、太阴、六合、白虎、元武、九地、九天，此名八诈，即贵神也，各有所用。

伏藏九地，

九地之下，宜隐藏伏匿，掩迹埋名，设计暗图，闭营守固。

扬兵九天。

九天之下，宜耀武扬威，士卒精强，大可施为。

腾蛇元武凶危，

腾蛇所到之宫，作事反覆羁留，梦寐惊恐，宅舍怪异。

元武所到之宫，作事盗贼劫掠，损财暗害，破败刑伤。

六合太阴逃避。

六合所到之宫，利逃亡隐迹，凡为如意，吉庆盈门。若欲偷生免死，逃亡绝迹，须择生门三奇之方，上临六合，远行避难，能使神鬼不见其形。

太阴所到之宫，利嫁娶求名，请谒出入，上官赴任，竖柱上梁。交锋接战，宜机谋暗诱，伏兵取胜。

直符百事皆宜，

直符为贵神，直符所在之方，利扬兵耀武，请谒出入，上官赴任，求名谋利，布阵交锋，斗讼、婚姻、营造，俱吉，亦须合奇门方妙。若不合奇门，吉中招凶，胜后取败。

白虎逃亡泣涕。

白虎所到之宫，主叛亡遗失，损伤凶害，君臣不和，骨肉相残。将兵征讨，立主败亡，灾及主将。若逢父母兄弟自身妻子年干之上，不合奇门，必主凶厄灾非。

九天生门天乙三胜地，莫犯其锋。

九天刚暴之神，生门对宫为死路，天乙贵神之方，俱吉。坐而击其冲，大胜。

符使天地生门五吉方，休当其锐。

直符、直使、九天、九地、生门为五吉方，出此方，大胜。

星克宫而客赢，宫克星而主利。

地下九宫之星为主，天上加临九星为客。宫克星为主克客，利主不利客；星克宫为客克主，利客不利主。

门制门害有凶机，门利门和多喜气。

宫克门，门克宫，皆不吉。门生宫，宫生门，或门宫比和，百事皆利。然要看天地两盘，分主客而用之。

入墓击刑而不吉，

墓者，干库也。奇仪入库，闭塞不通，昏迷暗昧，诸事难成，不可举动。虽合吉门，亦不可用。求谋阻滞，狐疑不决。

甲乙属木，木墓在未，到坤二宫，为入墓乡。

丙丁属火，火墓在戌，到乾六宫，为入墓乡。

戊己属土，土墓在辰，到巽四宫，为入墓乡。

庚辛属金，金墓在丑，到艮八宫，为入墓乡。

壬癸属水，水墓在辰，到巽四宫，为入墓乡。

刑者，支刑也。甲子直符宫加三，时加卯，子刑卯，卯刑子，为无礼之刑。犯之，主下犯上，臣叛君，子逆父，奴欺主，妻制夫，贱妨贵。官事重重，疾病缠绵。

甲戌直符宫加二，时加未，丑刑戌，戌刑未，未刑丑，为恃势之刑。犯之，主婚姻财产相争，是非口舌，饮食喧闹，奸谋之事。

甲申直符宫加八，时加寅，巳刑申，申刑寅，寅刑巳，为无恩之刑。犯之，主上凌下，君辱臣，父残子，主害奴，夫侮妻，贵制贱。

甲午直符宫加九，时加午，午自刑也。犯之，主祸从自身起。

甲辰直符宫加四，时加辰，辰自刑也。犯之，主疾病缠绵。

甲寅直符宫加四，时加巳，寅刑巳，巳刑申也。

**游仪得使而多亨。**

乙奇加于甲戌甲午之上，为"乙奇得使"。丙奇加于甲子甲申之上，为"丙奇得使"。丁奇加于甲辰甲寅之上，为"丁奇得使"。六甲为君主，三奇为辅弼。得使者，谓得君行道也。但六丁加辛，是龙逃走。六丙加庚，是火入金乡。六丁加癸，是朱雀投江。此三者虽为得使，亦不为吉，宜分主客而用之。

**开三宜用，闭五难通。**

三为生气，故逢三为开，开则百事皆亨。中五无门，闭塞不通。故逢五为闭，百事无成。《经》曰："趋三避五，恢然独处。明此两途，至老不苦。"

**玉女守门，宜公庭之宴乐。**

玉女守门，为天上直使之门，加于地下六丁之宫，为得玉女阴神之祐护。凡婚姻嫁娶，亲迎欢会，阴私和合，夜渡关津，无不吉利。若丁火到墓宫，为绝香烟，主破财伤畜，小儿病凶。

时干不遇，防卑下之凶忧。

五不遇时，谓时干克日干，阳干克阳干，阴干克阴干也。此时纵有三奇吉门，亦不可举动，百事皆凶。犯之，主臣叛君，下犯上，子逆父，妻制夫，奴欺主。

天网张而视其高低，肩两丸而不妨匍匐。

天网者，六癸也。天网四张，谓天上六癸所临之方也。此时百事皆凶，不可举动。惟有逃亡隐伏，宜出此方，追者不及，遇者不见，神不知，鬼不觉。将兵出此，只宜屯营隐伏，坚守壁垒，则能免灾。敌若来攻，彼自溃败。虽得奇门，亦必败亡。

六癸加临尺寸有高低。临一宫二宫，网低止得一二尺，可于两臂负刀，锋刃向外，用力推之，割断天网，匍匐而出，慎勿回顾。若临三四宫，为网高三四尺，又为入墓，断不可出，出必见伤。若被敌围困，却从太冲、小吉、从魁三方而出，更合奇门，上临太阴，为尤吉。若临八九宫，其网去地八九尺，天网高，过人头上，俯首而行，任意出门，逃亡绝迹，皆为吉利。

天辅之时，逢凶化吉。

天辅，吉星也。天辅星，直符临时干之时，诸事皆吉。

若逢威德，遇难成恩。

丙为天威，亦曰天德。遇丙时，或甲加丙，为龙回首。或丙加甲，为鸟跌穴。此时主客皆利，出兵战斗，大胜，一敌万人。远行得财，造作有喜。

春不东伐，夏不南征。秋莫西攻，冬毋北击。

春夏秋冬，配东西南北，各为四时旺方。凡出战，当坐旺击衰者胜。若逆旺方而战，必至大败。

太岁之方，岂容冲犯。月建之地，切勿施为。

太岁之方，为君主之位，月建之方，为宰相之宫，可坐不可向。坐而击其冲，大胜。若坐岁破、月破方，击太岁、月建方，必主大败。

反吟伏吟，进退多端。

奇、仪、星、门在本宫，天地两盘一同者，为伏吟。天上奇、仪、星、门在地盘之对宫者，为反吟。伏吟时，只宜收敛货财，养威畜锐，不利出兵，固守营寨吉，两阵对垒，讲和而解。反吟时，只宜散恤仓廪，不利出兵。主中途反覆，事出意外，将卒斗伤，全军败没。

勃兮格兮，忧惶不已。

丙属火，性猛烈。火能克金，行兵之时，遇丙火相加，则受克必主大败，故名为"勃"。勃者乱也，主纲纪紊乱。庚属金，万物遇金则伤，故名为"格"。格者阻也，主阻塞格斗。若庚丙相遇，一勃一格，百事无成，必遭刑害。如急不得已，宜运筹布局，反闭而去，变凶为吉矣。

雀投江兮忌远征，

天上六丁，加地下六癸宫，名曰"朱雀投江"。丁属火，为朱雀。癸属水，为江河。火入水宫，故曰"朱雀投江"。主文书牵连，或文书失水。占家宅，有惊恐口舌。用兵防奸细，官事主忧愁。若有诉讼，自陷刑狱。或闻火起，不救自灭。闻争斗，即当自散，不必往救。百事皆凶。

蛇夭矫兮防惊恐。

天上六癸，加地下六丁宫，名曰"螣蛇夭矫"。癸属北方之水，为元武龟蛇。丁属火，蛇入火宫，受火煅炼，故曰"夭矫"。主行路迷程，忧惶难进，万事伤嗟，虚惊不宁。安坐静守则吉。

虎猖狂兮伤残，

天上六辛，加地下六乙宫，名曰"白虎猖狂"。辛属金，为白虎。乙属木，金来克木，莫能制御，故曰"猖狂"。此时举动行师交战，客兵猖獗，莫敢对敌，主兵大败。婚姻修造，必遭刑伤，求财须防灾损。

龙逃走兮陷阵。

天上六乙，加地下六辛宫，名曰"青龙逃走"。乙属木，为青龙。辛属金，金能克木，故必引身而逃避，故曰"逃走"。此时举动行师，主兵安坐获捷，客兵大败。作事破财遗失，凡事皆凶。

白入荧兮贼来，

天上六庚，加地下六丙，名曰"太白入荧惑"。天柱、天心、开门、惊门到离宫，亦是"金入火乡"。庚金为兵，遇丙则为"格勃"。此时主贼兵即来，偷营劫寨。当伏军兵于此方迎战，则丙火克庚金，主能胜客。若丙临生旺之地，交锋大胜，贼将可擒。若临墓宫，被贼蹂践，大凶。凡事不利，反惹祸殃。

荧入白兮贼去。

天上六丙，加地下六庚，名曰"荧惑入太白"。天英景门加乾兑宫，亦是"火入金乡"。丙为火，遇庚则为"勃格"。凡遇贼兵，速发军征剿，即时可灭。迟滞则贼兵先来，让贼为客而为主，宜遁逃速避，庶可免祸。若安坐中营不动，使彼为客，必被伤败。

鸟跌穴兮宜出战，

天上六丙，加于地下六甲之上，名曰"飞鸟跌穴"，此时主客皆利，而客兵尤吉。利于出兵，战斗大胜。远行得财，造作有喜，百事皆利。君子吉，小人凶。若得生门相会，坐生击死，百战百胜。

龙回首兮利兴师。

天上六甲，加于地下六丙之宫，名曰"青龙回首"。主客皆利，而主尤吉。此时安坐在宫，可以举造百事，利见大人。行兵大胜，利于为主。扬威万里，一敌万人。

六甲置阵，用在日干。金圆木直而土方，水曲丙丁而火焰。

置阵之法，以六甲为主，须用本日日干之五行以为变化。甲乙日属木，宜为直阵。丙丁日属火，宜为锐阵。戊己日属土，宜为方阵。庚辛日属金，宜为圆阵。壬癸日属水，宜为曲阵。此置阵之法也。

五音择将，胜负先知。以宫商角徵羽之音，定水火木金土之制。盖火遇水而被害，木遇金而反伤。我克他生我必凶，我生他克我为吉。

择将之法，以将之姓氏五音为主，以配金木水火土之五行，以观其生克。受生者胜，受克者败。又察其敌将之姓氏，属何五音，配何五行，而我则遣克彼将之姓氏，领兵出利方击之，必主大胜。

天遁宜上策而进兵，

天上丙奇合生门，加于地下六丁宫，不犯奇墓门迫，名曰"天遁"。出此方，可以兴王定霸，威振天下。朝君王，谢苍穹，祭神求福，出兵征战，上书献策，求官进取，修真炼形，剪恶除凶，入山移徙，市贾出行，婚姻嫁娶，百事大吉。

地遁宜屯营而固守。

天上乙奇与开门相合，加于地下六己宫，不犯奇墓门迫，名曰"地遁"。出此方，可以藏兵伏锐，下寨安营，建府立悬，置仓造库，开圹安坟，筑墙造垣，修道求仙，逃亡匿迹，出阵攻城，所向克捷，百事皆吉。

人遁择士以求贤，

天上丁奇与休门相合，加于地下六乙宫，上会太阴，不犯奇墓门迫，名曰"人遁"。出此方，可以求贤选士，择勇将，说敌人，和仇雠，举兵列阵，招军买马，添进人口，投书献策，隐藏伏匿，婚姻和合，交易获利十倍。

龙遁渡江而水战。

天上乙奇与休门相合，下临坎宫，或壬癸水宫，不犯奇墓门迫，名曰"龙遁"。出此方，可以祭龙神，祈雨泽，水战淹敌，计量水面，把守河渡，运用机谋，填堤积水，移舟转向，下船开航，修桥穿井，造置水柜，祭祷鬼神，捕鱼畋猎，治水通河，掘池浚泉。

神遁可以祷祀祈求，

天上丙奇与生门相合，上会九天，不犯奇墓门迫，名曰"神遁"。出此方，可以祭祷鬼神，运用法术，画地布筹，驱役鬼神，呼召风雷，摄魔制魅。若大将行兵，当扬威耀武，呐喊摇旗，鸣锣击鼓，攻敌城寨，阴谋暗计，行间探敌，并吉。

鬼遁可以偷营劫寨。

天上丁奇与休门，或开门相合，上临九地，不犯奇墓门迫，名曰"鬼遁"。出此方，可以侦探敌情，偷营劫寨，设伏攻虚，密伺动静，诡诈文书，愚弄敌人，驱神役鬼，炼法摄神。

虎遁招降涉险，

天上乙奇合生门，下临六辛，加在艮宫，不犯奇塞门迫，名曰"虎遁"。出此方，可以招安亡命，设伏攻险，计谋邀击，度要害，据险阻，建立山寨，拓置关隘，采围射猎，捕盗贼，捉逃亡，演武行兵，顺风纵火，出战求官，到任升职，万里威风。

云遁喋甲治兵，

天上乙奇合开、休、生三吉门，下临六辛，加在坤宫，不犯奇墓门迫，名曰"云遁"。出此方，可以藏形蔽迹，设鬼祭神，祷雨兴云，喷喋甲胄，召将行符，遁藏埋伏，进袭战斗；或托射雕为名，令士卒仰视，大吉。立军伍，建营垒，造兵器，学道求仙，祈雨泽，滋稼穑。

风遁歌谣作乐。

天上六辛，合开、休、生三吉门，下临乙奇，加在巽宫，不犯奇墓门迫，名曰"风遁"。出此方，可以祭炼奇神，默吸风云，喷喋旗旌，设坛祭风，飞砂走石，拨土扬尘，顺风交战，以敌客军；或托异香天降，令士卒仰望，沉听音乐，祷祀风伯，呼风布阵，因风纵火，攻垒破阵，立旗竖帜，歌谣作乐。

精乎此者能回天，通乎此者能作圣。良将握其战胜之权，士庶妙其趋避之用。熟加详玩，万举无差。

人能精此九遁，则出幽入冥，神鬼不能与其能。有回天之力，有通灵之手。在良将可以战胜攻取，在庶士可以趋吉避凶。须当细心理会，精熟其法，自然万举万全。

究宫中之元奥，穷万象以开迷。所用本时宫位，吉凶时局中推。

详究九宫天地两盘生克之精微，以开世人愚蒙之迷惑。其吉凶祸福，但看时局中之生克，及天上本时干宫之生克，可知矣。

天占风雨云雷，地占阴阳风气。君占治乱与兴衰，臣占忠谋与奸计。民占其疾病丰凶，事占其吉凶宜忌。兵占其主客赢输，物占其五行同异。命中生死荣枯，占出元机趋避。

奇门之法，可以行兵，预知生负，可以趋避，预识吉凶，而兼可以占卜未来。如天地君臣，治乱丰凶成败，攻守荣枯，皆可预先定之。或趋或避，造化在我挽回，天地不能主张矣。

风雨初寻六甲，各方得气生死。

占天时之风雨，以六甲直符宫之生克，为本方之晴雨。各方晴雨，看各方之生克。

次将师伯细分，凌犯交冲起止。

五符，天曹，地府，风伯，雷公，雨师，风云，唐符，国印，天关，地轴，六贼。查本日日干禄位上，起五符，顺行天曹地府于十二宫，视风伯所到之方，主有风；雨师所到之方，主有雨。

五符方，宜出兵大胜，耀武扬威。若请谒求谋，上官赴任，利见大人，商贾交易，竖造安葬，迁改婚嫁，大利。如从此方出兵，必有顺风相送，乃天助也。

天曹方，宜上章奏书，呈文对簿。凡有机密，从此方来传报者，乃奸计，当防之。是摄我之机密，窥我之虚实，凡为不利。若见战斗，主气力弱。

地府方，宜埋藏固守，设伏暗计为吉，不宜出兵谋为等事。若逢战斗，有虚惊，三军忧失。若以月将加正时，并遇魁罡加之，主有杀人吊客之事。惟得吉格奇门临之，稍得称意。

风伯方，主出入忧惶。若于此方有风对面而来，出兵大败，作事有虚惊，暗昧失物。若与吉格奇门相会，方免破败。若安葬竖造等事，有风雨为应。

雷公方，出兵主惊恐虚诈，雷声铳炮鼓角为应，急宜固守。凡事勿举，谋而不遇。阴私计谋，怪梦忧愁。

雨师方，主有阴雨，宜穿井挖河取水。若出兵战斗，必遭沙滩暴雨涨泛之险。凡事不宜，只利祭龙王雨师等神。

风云方，主天阴暗，唤客迎宾，心无定准。若得合云遁，必有大雾。宜偷营劫寨，不宜先出兵。若从此方来报信者，必系虚诈，百事不宜。

唐符方，利出兵交战，人马大胜，一可当十，凯歌而回。若遣将破敌，百战百胜。求谋婚嫁，上任求名，请谒出入，竖造安葬等事，大吉。若合奇门，尤为祯祥。

国印方，宜袭职受恩，扬兵出阵，大胜。主将得权，有天喜紫诰之喜，一切营谋皆吉。若合得吉格奇门，为尤吉。

天关方，出兵交战，车破马伤，虽有精兵，必至大败。犯之者流血千里，前途倒戈，路途阻滞，因病遗失，诸事不通。

地轴方，防有埋伏陷坑，行兵谨慎为要。须防人马不通，迷途枉道。凡为遇而不遇，钱谷散失。合得吉格奇门，庶免凶咎，只宜固守为吉。

六贼方，宜加防守，恐逢盗贼。暴风来处，即是贼来之方。若有人来投降，必是虚诈。利于施恩，诱其心腹。若合得吉格奇门，方许无事。凡事皆虚不实，一切举动，多主暗耗损伤。

其法于地盘日干禄位，起五符顺行，看其凌犯交冲，以定风雨。同宫曰"凌犯"，对宫曰"交冲"。看风伯雷公雨师风云落处，与天盘上直符时干两宫，或凌犯或交冲者，必主有雨。

甲禄寅。　乙禄卯。　丙戊禄巳。　丁巳禄午。

庚禄申。　辛禄酉。　壬禄亥。　癸禄子。

日旬生合冲击，甲子所合己丑。冲伏宫中及位，行止轻重交垂。甲戌虽旺欣欣，岂堪遇于乙未。

日旬者，六甲直符旬头也。风雨有无，要看直符之生合冲击。甲与己合，子与丑合，故甲子与己丑为合。子加子为伏，子加午为冲，雨之行止轻重，皆准此。戌与未为击刑，故甲戌不堪逢乙未。甲戌己直符到坤宫，及戌日未时，皆是也。余可类推。

子为阴雨，午为晴光，寅中有风，辰云飞扬，戌阴风雨，申晴为常。子击即雨止，午击无光扬，寅击异风阴，戌击所主止，申击必为阴，辰击晴能始。

　　子属水，故甲子属阴雨，午属火，故甲午主晴光。寅属木，故甲寅主风。戌属土，故甲戌主阴云风雨。申属金，故甲申主晴。此常例也，若遇刑击，便主变其常矣。故甲子到震，为子卯相刑，虽有雨，当立时止。甲午到离，为自刑，虽晴明，立主阴晦。甲寅到巽，为寅刑巳，主有暴风阴惨。甲戌到坤，为戌刑未，虽有风雨，主立止。甲辰到巽，为自刑，主云开见日。

　　凌轻犯重，冲为散迁。战自同宫，日旬旺偏。戌在巽犯，辰到戌凌。外忧归位，整威势灵。

　　六甲到处，有凌有犯，凌轻犯重。甲戌加巽，为犯阴犯阳也；甲辰加乾，为凌阳凌阴也，总以辰戌互相凌犯也。甲寅加坤为犯，甲申加艮为凌，寅申互相凌犯也。甲子加午为犯，甲午加子为凌，子午互相凌犯也。加在对宫者为冲，逢冲即散，晴变为雨，雨变为晴，即反吟也。同宫相克为战，如甲子加于甲午，甲午加于甲申，甲申加于甲寅，甲寅加于甲戌，甲戌加于甲子是也。俱要看日旬之衰旺，旺则重，衰则轻。此外又有伏吟，六甲归本位也。遇伏吟，晴则久晴，雨则久雨。

　　休门利子午不欣，甲寅得地半阴晴。戌临此处多阴晦，辰得此宫专必遂。

　　此言六甲加于坎宫，以占晴雨也。休门属坎宫，坎为水，甲子加之，为两水相遇，水旺主有雨。甲午加之，火受水制，立见雨泽。甲寅甲申加之，木水金水，俱为相生得地，主半阴半晴。甲戌加之，土来克水，主天阴晦不雨。甲辰加之，土来克水，亦主阴晦。

　　辰戌临艮生地美，寅午得之必晴明。子合岂得成云霖，申为击刑难主晴。

　　此言六甲加于艮宫，以占晴雨也。生门属艮宫，艮为土，甲辰甲戌加之，土与土合，土旺主阴云无雨。甲寅加之，木克土，主云开见日。甲午加之，为火生于寅，必主晴明。甲子加之，水受生门艮土之克，断无雨水。甲申加之，为冲犯，为击刑，必主雨。

伤加子兮无雨期，辰戌在宫风雨凄。寅申相会必无雨，甲午逢之晴必许。

此言六甲加于震宫，以占晴雨也。伤门属震宫，震为木，甲子加之，水泄气，木居旺地，主无雨。甲戌甲辰加之，土受木克，必有风雨凄凄。甲寅加之，两木相合，木旺生火，主晴明有风起。甲申加之，金来克木，风霾尽散，主无雨。甲午加之，午属火，木又生之，主晴朗。

巽子风雨怕午冲，戌生此处必行凶。甲至此兮晴亦风，午行此处雨濛濛。辰至此地难雨霁，刑冲情合晴光丽。

此言六甲加于巽宫，以占晴雨也。杜门属巽宫，巽为木，甲子加之，水来生木，必有风雨。若遇午日午时冲之，又主无雨。甲戌加之，木克土，必有雨。甲申加之，申到长生之地，主晴明，亦有风。甲午加之，火投水库，主微雨。甲辰加之，为自刑入水库，主久雨。甲寅加之，为刑情，二木合为旺，旺木生火，主晴。

子入离乡晴反覆，戌生于此旺为福。甲申必定主晴明，甲午自刑有阴云。甲辰气促必转晴，寅合于此风必轻。

此言六甲加地离宫，以占晴雨也。景门属离宫，离为火，甲子加之，水入火乡，阴晴反覆不定。甲戌加之，戌为火库，金居火旺之地，必主晴明。甲申加之，申本主晴，又加火地，必主晴朗。甲午加之，午到自刑之地，主阴雨满天。甲辰加之，辰居绝地，必主晴明。甲寅加之，必主晴朗有微风。

子归死地气难舒，戌刑岂得风雨生。申值此地亦为阴，甲午晴时遇阴阻。辰无旺气定成阴，寅不为阴风亦轻。

此言六甲加于坤宫，以占晴雨也。死门属坤宫，坤为土，甲子加之，水受土克，主阴云昏闷。甲戌加之，为击刑之地，不起风雨。甲申加之，土盛生金，主阴云。甲午加之，为火到土宫，日入云中，故虽大晴之时，必起阴云。甲辰加之，重重土蔽，必主阴晦。甲寅加之，木来克土，晴而有风。

子住惊乡气难成，戌为风半雨难伸。申临此宫多恍惚，午为晴朗必生云。辰住依稀半似阴，万里无云岂是寅。

此言六甲加于兑宫，以占晴雨也。惊门属宫兑为金，甲子加之，金能生水，又为水之沐浴地，必主有雨。甲戌加之，土生金，为泄气，主有风而无雨。甲申加之，金居旺乡，两金合而生水，虽值晴明，必主有雨。甲午加之，虽为火克，然火居死地，虽晴明，必主生云。甲辰加之，土掩金上，半阴半晴。甲寅加之，受金之克，必主云布中天。

子在乾宫风雨处，戌居自刑多专主。申得风轻气自欢，午若云遮开必然。辰自犯兮岂休息，寅居于此阴必迁。

此言六甲加于乾宫，以占晴雨也。开门属乾宫，乾为金，甲子加之，乾金又生子水，必主风雨。甲戌加之，火居本库，主有风雨。甲申加之，申金居病死之乡，不能生水，主有微风无雨。甲午加之，火克乾金，天虽有云，终必开霁。甲辰加之，名曰"犯"，主有雨。甲寅加之，木居生养之地，始虽阴翳，终必开朗。

风雨看甲，次看师伯。凌犯战冲，成气重重。三四主雨，一二行风。

占天风雨，先看六甲所到之宫，审其得地不得地，以推风雨之有无。次以五符加本日干禄上顺行，过风伯雷公雨师风云所到之宫，或阳凌阴，或阴犯阳，或在直符对宫相冲，或同宫相战，凌轻犯重，冲轻战重，凌犯战冲，有三四位者，必主雨；若只有一二位者，必主风。

子癸临巽，水入龙宫。符水加辰，旺水临龙。龙临大海，在于一宫。速速雨霁，无甲亦同。子癸临申，用之多功。

辰属巽宫，若甲子戊，甲寅癸，到巽宫，为水入龙宫。又为水入库中，无雨泽。若直符是子癸加于甲辰之上，是为旺水入龙宫。甲辰直符加于坎一宫，是为龙归大海，俱主无雨。天色立时晴朗，若子癸临于坤宫申地，及甲申上，为水到长生之地，主风雨。

所遇变元，不可不穷。所变之元，穷之端的。子午卯酉，君之所治。辰戌丑未，臣之所位。寅申巳亥，民之所系。风为怨怒，雨为泣涕。风雨潇潇，凄惨之气。暴雷水雹，骤然而起。考之三才，占之事宜。上天成象，以定灾异。

凡风雨变动，当查审日期，以甲己入元日为始。若本日旬头系甲己，加子午卯酉日有变，其占在君。甲己加辰戌丑未日有变，其占在臣。甲己加寅申巳亥日有变，其占在民。若有狂风，主怨怒，有暴雨，主悲泣。若兼风雨悽惨，主阴谋叛逆。若暴雷冰雹，拔屋折木，主暴兵四起，关梁阻塞，饥馑流亡。俱当审其日干支，系何六甲旬头之下，以定君臣民三者之应念。又以宫分定分野，以事理分别门类，如下文占之。

阳将阴神，二气齐分。门仪细推，别主辨形。

六甲为阳神，以其所加用者天干也。八门为阴神，以其所加用者地支也。直符者贵神也，以直符加于六甲为阳将，以直符加于使门为阴神。阳将不吉，视阴神吉，则可救。若阳将凶，阴神又凶，则无救。

直符贵神帝位求，腾蛇怪异事难休。太阴私谋有密事，六合欣欣喜自由。白虎兵丧及争斗，元武奸淫盗贼忧。九地阴谋多病痛，九天杀伐逆臣谋。

此以直符八将看来方，以占风雨吉凶也。直符方来属贵神，帝王之位，诸事皆吉，旺相获福。遇腾蛇方来，主有怪异事相牵缠。遇太阴方来，主有阴谋秘密事。遇六合方来，诸事和合喜庆。遇白虎方来，主有兵丧盗贼，及争斗事。遇元武方来，主有盗贼奸淫事。遇九地方来，主有阴谋疾病。遇九天方来，主有杀伐叛逆之凶，俱以甲己变元局中推之。

庚若加符君有晦，丙加庚上敌回兵。六仪刑击人情恶，庚己相加定有刑。庚加壬格迷程路，雀入江兮谒贵卿。腾蛇夭矫生灾怪，入墓休囚事不成。天乙飞宫臣有逆，庚临丙上贼须临。丙临符甲贤臣助，甲丙相加喜子孙。玉女守门宜宴乐，更兼排宴赐功臣。宫中添喜歌麟趾，册立中宫听玉音。

　　此以奇仪诸格，占风雨吉凶也。六甲为十干之首，君王之象。若天上六庚，加于六甲之上，则庚金来克甲木，主君王有灾忧。天上六丙，加于六庚之上，为荧惑入太白，如有盗贼变乱，即得扑灭，然当先发兵，我为客以制之；若迟缓，则反为蹂躏矣。六仪击刑，三刑也。子卯相刑，寅巳申相刑，丑戌未相刑。午辰为自刑，主有背逆争斗刑狱之事。六庚加己为刑格，主有刑伤。六庚加壬为道上格，主行路迷程，不能前进。六丁加癸为雀入江，丁为玉女，主贵臣遭厄。六癸加丁为蛇夭矫，主有怪异事，惊惶莫措手。奇仪入墓，谓入于墓库之宫。如甲乙到坤，丙丁到乾，庚辛到艮，壬癸到巽，戊己到巽是也。主事多晦滞不明，百事无成。入墓则成休囚，休者以其不得时令也。水旺于冬，相于春，休于夏，囚于四季，废于秋。土旺于四季，相于秋，休于冬，囚于春，废于夏。木旺于春，相于夏，休于四季，囚于秋，废于冬。火旺于夏，相于四季，休于秋，囚于冬，废于春。金旺于秋，相于冬，休于春，囚于夏，废于四季。凡奇、仪、星、门，逢时旺相有气，百事皆吉；休囚无气，百事皆凶。六甲直符加庚上，为天乙飞宫格。庚金克甲木，下克上，主有叛逆之臣。六庚加丙上，为太白入荧惑，主盗贼即至，宜预防之；俟其至而后出战，可以取胜。六丙加甲，为飞鸟跌穴。甲木生丙火，下生上，主得贤臣之助，国受其利。六甲加丙，为青龙回首。甲木生丙火，上生下，主君敬臣下，后妃生子。直使之门，加于六丁之上，为玉女守门，利为阴私和合事，有酒食宴会之乐，及赐赏功臣之庆；兼主宫中生世子，与册立妃嫔之事。

　　细推气色及何形，吉凶仪内定其真。色形克应须当较，路上占之亦此论。门符阳将及阴神，一一推排仔细寻。直符贵神及老叟，财物相将乘木走。直符之将本青龙，天乙贵神八将首。腾蛇异事与奇形，执物虚空形象巧。逢客淹煎及缠扰，忱惶惊恐多颠倒。太阴之应似阴人，必是文书谋计真。更是喜谈方术事，原来离上更相亲。六合呵呵喜笑频，相逢美女及衣新。欣然少妇提壶樘，丽色鲜颜交合亲。白虎新丧，孝子缟衣。残疾老病，屠猎悲啼。忧刑带伤，斗争飞骑。元武奸人刺客，更兼儿童盗贼。元客亡徒卜者，逃窜私情窘迫。九地老翁瞽目，病人隐患新丧。更兼持筹算士，鬼神幽冥作当。九天行处多声，口舌争斗喧嚣。或是屠夫甲士，手持利器弓刀。

　　此以直符八将方，出行举动，以占其克应也。直符是贵人星，出行路上，得遇贵人，又高年老叟。又六甲为青龙，故主财物，从车船竹木而至。逢腾蛇，主形状古怪奇异之物，及有执物而至，是空虚花假之物。客来相会，必掩煎缠扰，难于送别。忧惶惊恐，事多颠倒。逢太阴，不是女人，便是阴险小人。主谋议文书，及谈方术事。从南方而来者，可依托。逢六合，遇人必喜笑相迎，一见如故。更有美女少妇，衣新衣，将酒食，和颜悦色，殷勤相接。逢白虎，必遇新丧孝子，或白衣人，或屠夫猎户，闻啼哭之声，或残老人，或斗争带伤之客，或骑马而过。逢元武，必遇盗贼，或奸人刺客，或儿童小子，或讲元门卜课之士，或逃亡走窜窘迫之人。逢九地，必遇瞽目老病，心多忧患之人，或新丧者，或算命卜祝之人，说鬼神幽冥之事。逢九天，出门必遇响声，或口舌争斗，或是屠夫兵卒，手内刀镗者。此皆随出门之方而占之，不专在直符直使之宫也。

　　偶遇旋风到我前，心惊肉跳细钻研。忽然遇应须当避，进退之权不在天。幸逢美格莫休囚，天遁之宫岂可游。白虎猖狂须见患，庚加于己辱难休。天网前途多不遇，急宜退步莫相求。切勿去乘龙走处，丁临六癸必然忧。腾蛇夭矫来啾唧，用意须防情不测。入墓休囚事有危，地克天兮时克日。静用地兮动用天，地是主兮天是客。内中死者更有生，须搜余气及阴神。

　　凡出行在途，或遇旋风，扶摇羊角，而忽起于前后左右；或于安静无事之时，忽心惊肉跳，目瞤喷嚏，即当于本时奇门局中，细查直使，及方位生克占之。倘有凶兆，即当走避，切勿强行，遭逢凶祸。如逢美格，即当进程，进有佳遇，切勿迟疑，坐失事机。天上生门六丙，下临六丁宫，名曰"天遁"。虽是美格，然出行者不宜用之。其余八遁皆然。天上六辛，加地下六乙宫，为白虎猖狂，主前途迷惑，不利前进。此时举动，行兵交战，主客皆伤。然辛金克乙木，为客者独出独入，进退自如，猖狂云扰，无人阻当。主兵大败，匹马不存。庚加己为刑格，出行车破马倒，中途而止，奴仆逃亡，慎勿追赶，反遭其辱。六癸所加之方，为天网四张，不能前进，进亦无遇。六乙加辛，为青龙逃走，出行主破财遗失，受辱非轻。六丁加癸，为朱雀入江，主文书牵连，口舌官讼，行兵防奸细。六癸加丁，为螣蛇夭矫，主行路迷程，忧惶难进，万事伤嗟。若奇仪墓库之宫，居休囚之地，俱有凶危，百事难成。地盘奇、仪、星、门克天盘，时干克日干，俱不可行动，主有下犯上，臣弑君，子逆父之事，百事皆凶。地盘为主，天盘为客。欲为主，宜看地下吉利之方而行；欲为客，当看天上吉利之方而行。然又当细查阴神及余气，得旺相，阴神又吉利，则吉者愈吉，凶者不至于大凶。

宫位已周，无可他求。占之各土，须分九州。乾雍坎冀，艮兖巽徐。震青离扬，坤荆兑梁。中五豫地，蔡宋汝阳。水土之变，占何宫现。八宫细详，吉凶自见。

奇仪九星八门八将，天地两盘，已经定局。于是细查局中之九宫，定分野以知其所发之地。

乾宫主雍州秦分，西距黑水，东距河南、汉中，北至瀚野。坎宫主冀州晋魏赵分，东距海，西距河，南至于无隶，北至于沙漠。艮宫主兖州韩郑燕分，东南距济，西北距河。震宫主青州齐分，东北距海，西南距岱。巽宫主徐州鲁分，东至海，北至岱，南及于淮。离宫主扬州吴越分，北距淮，南距海。坤宫主荆州楚分，北距荆山，南及衡山之阳。兑宫主梁州晋分，东距华山之阳，西距黑水。中宫主豫州三河周分，西南至荆山，北距河。

山骞川竭，观于九星。卫柱心辅，两两相临。金临于木，乃天降之。土临于木，地之所司。格凶进险，格美进宜。利客进速，利主进迟。仔细推详，切忌轻观。

此以九星占山川崩决之吉凶也。凡山崩川竭，河翻水壅，当以九星所临之地推占之。天冲加天柱，金克木，地克天。天心加天辅，金克木，天克地。地克天之处，主地土荒芜，人民饥疫流亡；天克地之处，主天灾流行，地方变乱。看其交加之处，即可知其分野之吉凶治乱矣。如逢凶格而进，则必遇险阻；逢美格而进，则必得平易。天克地，利客宜进；地克天，利主宜止。要仔细推详，切勿卤莽忽略。

天蓬所临之地，主春病疫瘅，百姓流离。夏大水漂流，移徙市邑。有三奇合吉门吉格，灾减半。

天芮所临之地，有三奇合吉门吉格，五谷七分收。若见凶神凶门，人多瘴疫，六畜死，五谷不成，地陷土崩。

天冲所临之地，有吉神吉门，主果实大熟，禾稻半收。夏目疾，秋痢疾。到乾坎二宫克制之乡，人民一岁灾伤不歇。

天辅所临之地，有吉神吉门，主五谷大熟。秋早收，人民安乐，木植贱。到克制之乡，风水泛溢灾伤，秋大风，飞砂走石，损伤人物。

天禽所临之地，有吉神吉门，五谷大收，人物安宁。到克制之地，冬夏瘟疫，五谷不熟。天禽为中宫星，若不得地，则主神州长吏不宁，贵人移动。

天柱所临之地，得吉神，五谷只半熟，人民不安，有瘴疫。到克制之乡，五谷不熟，蝗虫为害，兵革伤残，血流千里，虎豹为灾。

天任所临之处，得吉神吉门，五谷熟，人民安。若到克制之乡，只半熟，有瘴疫。

天心所到之处，有吉神吉门，秋大熟，人民安，贵人受恩。到克制之乡，岁不熟，水潦为灾，瘟疫死亡。

天英所临之处，得吉神，五谷熟，人民安，长吏受恩爵。到克制之乡，主旱涸，大瘴疫疟，目疾。

　　占君理今事非一，将星到坎临天极。喜气临时颂太平，凶气临之修道德。

　　占天子吉凶祸福，以坎宫为主。天子坐坎朝离，向明而治，故也。若有三奇吉门、吉星、吉格到坎宫，则主天子福寿，坐享太平。若遇凶星、凶门、凶格到坎宫，则当修德以省过。

坎宫即是天子宫，符来喜气是青龙。蛇有虚惊及怪异，太阴远使必相逢。六合临宫多喜庆，虎临丧葬与兵凶。元武临宫防有逆，土功九地恰临宫。九天迁变干戈是，反吟颠倒伏吟穷。直符为君八将首，诸善诸恶相随走。

此看八将加坎宫，占天子之吉凶也。天子坐坎朝离，故以坎宫为天子之位。若得直符到坎，是贵神星登帝位，又为青龙临帝座，主天子有进贡纳宝得地之喜。腾蛇到坎，宫中有虚惊怪异事。太阴到坎，为外国远使来，及立后妃之喜。六合到坎，主宫中有喜庆，四海享太平。白虎到坎，主刀兵及死丧伤亡事。元武到坎，主有贼臣阴谋逆事。九地到坎，主营造宫室，修建陵寝祠庙。九天到坎，主有迁移国都，及用干戈出兵征讨。反吟诸事颠倒，伏吟吉凶不移。直符为君王之象，八将之首，或吉或凶，皆随之而定。

一宫真是天子气，又有午离及卯酉。甲丙丙甲喜欣欣，内外京省多贤人。

此以子午卯酉四正宫，占四方之吉凶也。坎宫固属天子之位，而午离为朝对，卯酉为左右。推之于外，则为东西南北四方之郡县也。此四处，或得甲加丙为青龙回首，丙加甲为飞鸟跌穴等美格，则天下太平，正人持世，贤良在位，百姓咸受其福。

一法官评在六庚，六庚逢丙即是贼。不是朝内多权奸，便是宠臣来卖国。

此以庚丙相加，占臣下之奸佞也。天上六庚，加于地下六丙之上，为格勃。格则不通，勃则乱逆。此地之臣子，即为朝内之奸贼，谋臧弗从，不灭复用，颠倒是非，残杀忠良，逢迎蒙蔽，恃宠卖国，不至败亡不止也。

庚加直符贼势兴，直符加庚君莫征。灾占不宜远巡狩，阴神余气占可救。

此以庚符交加占国贼也。六庚加于六甲直符之上，为天乙伏宫格，贼势猖獗而来，主人畏伏而不敢动。六甲直符加于六庚之上，为天乙飞宫格，主军雄勇莫当，客军宜飞而逃避。出兵征讨，必主大败。如此灾占，君宜慎防，不当远出行巡狩之事。若得使上之阴神相扶，门上之余气得令，可以救之。

刑格见灾多刑伤，壬癸庚临远贡阻。刑伤所聚君灾厄，大小格逢关梁苦。

此以刑格占兵盗也，庚加己为刑格，主国有刑伤，君有灾厄。庚加壬为小格，亦曰"道上格"。庚加癸为大格，主兵戈满野，盗贼纵横，关梁阻塞，四夷不朝，远贡不入。

八宫之丙庚加之，九宫之丁辛亦如。余气无吉真为忧，仁德之君亦用愁。天数正当恐惧日，禳灾祈福在人修。

此以丙丁庚辛，临宫衰旺，占君祸福也。艮宫为寅方，为丙火长生之地，庚金墓绝之乡。离宫为火之旺地，金之败乡。若丙在艮，而天上六庚加之。丁在九宫，而天上六辛加之。虽则庚辛为白虎七煞金神，而加于丙丁之上，丙能克庚，丁能克辛，丙丁自居生旺之乡，庚辛自投败绝之地，亦必有灾祸临身。若此时八门余气所加之地，得相生相旺，尚为有救，可以免灾。若余气又在迫制败绝之宫，头头遇凶，真为无救。即使仁德之君，在位必灾祸叠见，兵荒洊至。惟修德行仁，可以禳之。

庚丙相加为贼，纲纪紊乱多失。合神占是后妃，所忌丁壬共室。阴神余气更逢，内乱荒淫酒色。阴神若带元凶，必进小人乱逆。庚与元武重重，叛子逆臣莫测。

六庚加丙，为太白入荧惑。六丙加庚，为荧惑入太白。一为格勃，一为勃格。主朝内多奸贼，颠倒是非，变乱黑白，纲纪紊乱，国政废弛。时干之合神，占在后妃。如甲加己，戊加癸，丙加辛，丁加壬，乙加庚之类。最忌丁壬相合，则化为水。阴神又遇太阴六合，余气更逢旺相，则必宫中内乱，荒淫酒色，朝政废弛。若丁加壬，壬加丁，上临阴神是元武，必有小人，潜通内孽，或私乱宫闱。若庚加乙，乙加庚，上临阴神是元武，必有奸臣暗行弑逆，人君当严内外门禁以防之。

若论击刑之格，余气何妨一宫。欲求得数之年，交加子午西东。生旺休囚看门气，门气逢时事亨通。若无本年相合同，推从排合及符宫。此年定数寻君位，阳顺阴逆其数备。但穷浑沌也无差，国运交加真机会。

若遇三刑之格，须查本宫门气之旺相休囚。吉门要旺相，凶门要休囚。欲求所应之年，要查坎离震兑四宫，门气之生旺休囚。四宫者，属子午卯酉，为四方之郡县也。门气者，余气也。门气合旺相，则诸事皆亨通。若此四宫，不与本年干相合者，止推排直符之宫，此占岁中之吉凶，君王之安危，一定不易之法也。阳局顺行，阴局逆行。自天地开辟以至浑沌，皆此法也。

辅弼占之丙及丁，丙是君侯丁是乡。外曰王侯内曰相，乙奇贵戚与皇亲。辰戌丑未臣之职，甲旺生臣臣之益。君臣相生恩永昌，子孙奕世沾恩泽。臣宫若见庚来加，朝内恩无三代锡。再逢刑克气又凶，此是功臣遭戮斥。

此占臣之贤愚吉凶也。占辅弼之臣，须看丙丁之位。丙属王侯，丁属卿大夫。然在外主王侯，在内主宰相。乙为日奇，占在贵戚。乙与甲比其衰旺与君主同休戚。辰戌丑未，四者占属臣工。若直符六甲在旺相之宫，而能生臣宫之奇仪者，为君臣相生，恩宠非常，子孙世世荣耀。若辰戌丑未之宫，逢六庚加之，或庚日庚时而成格者，则朝无三代之宠锡，多遭黜革。若又遇三刑，或相克，及八门余气亦相刑克者，无可排解，则臣多遭戮辱。

癸能克丁轻大夫，此宜挂冠归泉谷。

丁为卿大夫，甲寅癸直符加于丁上，癸能克丁，丁受癸制，甲寅又系直符，则主君上轻慢大夫，必遭黜辱，不宜轻进。

甲辰壬与文臣比，臣下专权无敢说。此宫专制王与侯，大臣之内亦为忧。大臣背主去寻由，翻云覆雨有逆谋。

甲辰壬加于六丁之上，为丁壬相合，又为玉女乘龙。主臣下纵横专权，无人能制。而壬克丙，故虽王侯亦皆畏之，起背逆之心，人主当预防也。

丁临癸兮文明失，癸若临丁迁异职。入墓之时当避之，丙壬之臣占亦如。

六丁为朱雀，为文书。丁临癸上，火受水克，主文运蔽塞，声名丧败。六癸为华盖，癸加丁上，为得华盖之覆临，必得升迁美职，不次超擢。若丁奇到乾为入墓，又逢六癸加之，则有凶灾，去官落职，宜避之吉。六丙加壬，六壬加丙，属王侯，其占亦同。

六庚之君君道弱，丙奇王侯本性恶。只因丙丁专制庚，此际臣强真的确。

甲申庚直符，则庚为君，丙属王侯，丙能克庚，其性必恶。此时君弱臣强，操权窃柄，大为国患，无可如何。

腾蛇之性，多怪多异。政令变迁，虚伪盈宁。

此以八将临丙丁，占臣下贤奸也。腾蛇属火，其性本恶。若临于丙丁臣位之上，主臣下怪异，作事乖舛，变易政令，不守祖制，纯用诈伪虚名，欺罔君上。

太阴临臣，明良之欣。四方无征，万邦安宁。

太阴乃阴祐之神，临于丙丁臣位之上，主臣下忠良，谦和温厚，四海安宁，天下太平。

六合主之，和而有私。酒色为常，殆于国事。

六合乃和合之神，临于丙丁臣位之上，主臣下结党扶同，惟知贪财好色，宴乐自娱，不容心于国家政事。

白虎来临，政不和平。相竞相争，受罪纷纷。

白虎为凶悍之神，临于丙丁臣位之上，主政事乖张，臣工作逆，争斗是非，问罪受刑，纷纷不绝。

元武所主，奸邪侍立。轻则盗财，重则卖国。

元武为奸盗之神，临于丙丁臣位之上，主臣下奸邪，结连朋党，分别门户，竖立旗帜。轻则为盗贼，劫掠人民；重则私通敌国，背君卖国。

九地之神，暗佞明诚。其属在坤，乾道无欣。

九地乃幽晦之神，临于丙丁臣位之上，主臣下阴谋暗计，外忠内奸，阳顺阴逆。其事在于臣下，人君不利有此奸邪。

九天司令，君亦畏之。出则为将，入则相之。

九天乃猛烈之神，临于丙丁臣位之上，主臣下大有才略，谋为出众，文能辅国，武能安邦，出将入相，有震主之威，人君亦畏忌之。

吉将临臣及生门，臣道多贤及肃清。凶将临之加死门，贪酷败露及深刑。

吉将临臣，如直符太阴六合九天，临于丙丁臣位之上，又有生门合于丙丁之宫，主朝内多贤臣，纲纪肃清，政教严明。若凶将临臣，如腾蛇、白虎、元武、九地，临于丙丁臣位之上，又有死门合于丙丁之宫，主臣僚贪秽，苛酷暴虐，败露受刑。

凶要凶兮休吉动，吉要吉兮休凶用。凶旺乘吉动克君，此时篡弑气当成。

凶将只可合凶门，若合吉门，则凶乘吉气，凶事必成。吉将只可合吉门，则凶事不成。若吉将合凶门，则臣下前忠后奸，有始无终。凶将合吉门得旺气，则为奸臣力能制主，篡弑必成。

君臣仪合元武气，昵爱奸雄无可议。

甲直符加丙丁，是君臣两仪相合，鱼水和同。若将神有元武临之，则左右皆奸臣，蒙蔽欺主，包藏祸胞，事防不测。君为迷惑而昵爱之，不为悔悟。

腾蛇之气半相同，奸异重重不可逢。

君臣两仪相合，而将神有腾蛇临之，其祸患亦相同。但作事多怪异惊惶，国家被其斲削。

白虎死门气极凶，此时臣道岂能隆。

白虎凶将，与丙丁臣位相合，主臣下多豪横不法凶恶之徒。若加死门，兼主死丧杀戮之惨。

元武死门不可当，权奸谋弑有刑伤。

元武凶将，与丙丁臣位相合，主臣下叛逃，盗贼凶顽之辈。若又加死门，必事杀戮刑伤，死亡之事。

乾坤艮巽是民宫，四方财库民之营。观之劳瘁及从容，寅申巳亥在其中。变化之权分动静，六仪击刑民困穷。君道不昌国将乱，此时民位更为凶。

乾坤艮巽，内有寅申巳亥，故为民位，亦为财库。若乾坤艮巽四宫之中，有六仪击刑者，主其宫分，赋役繁重，刑罚苛酷，兵丧并起，百姓流亡，父南子北，四海困穷。

此以下占百姓之安危。

寅申巳亥元之中，阴阳失信正当直。交节伏中多失常，此乃四方民道失。观之所值属何灾，风为怨怒雨为泣。

寅申巳亥元中，阴阳失候，风雨愆期。当交节之时，多失常度。此乃百姓应当受灾，须看其所值属何灾殃。若起狂风，主百姓怨怒而生变乱。若降霆雨，主百姓悲愁而生变乱也。

击刑之岁不安和，八将加时看若何。直符财帛年丰稔，蛇将民谣怪异多。太阴却是阴谋贼，六合阴神女乱夫。白虎兵丧灾咎至，元神盗窃有藏窝。九地民人常疾疫，九天风雨败田禾。

寅申巳亥之元，逢击刑之岁，主百姓刑伤，破败不安。观八宫之上，八将所加何神，以定殃祸。若是直符加之，主田禾丰稔，财帛富足。若是螣蛇加之，主有怪异变乱，及民谣四起。若是太阴加之，主四方多阴谋盗贼。若是六合加之，主天下妇女淫乱，风化不正。若是白虎加之，主有刀兵死亡。若是元武加之，主盗贼蜂起，偷窃财物。若是九地加之，主有疾病灾殃。若是九天加之，主狂风迅雷，败伤五谷。

　　腾蛇夭矫有虚惊，市井妖言讹乱人。白虎狂时刀剑动，青龙逃走败年成。

　　六癸加丁，蛇投火里，受火煎熬，百姓惊惶，妖言惑众。六辛加乙，金来克木，必有兵戈扰乱，地方遭殃。六乙加辛，木受金克，五谷不成，百姓饥荒，大风伤禾，

　　冲刑之格灾莫当，庶民此际见流亡。

　　冲刑者，甲寅加甲申，甲子加甲午，甲辰加甲戌是也。其祸尤甚，兵丧盗贼，人民离散。

　　白虎加临多杀戮，必见神号并鬼哭。

　　冲刑之宫，上有白虎临之，则其宫分，必有刀兵杀戮之惨，流血成河，白骨满野，神号鬼哭。

　　雀投江上见漂流，父子分离母女忧。更有格符乘旺相，惊惶困苦不淹留。

　　六丁加癸，火投水中，水能克火，其分野大水为灾，漂流五谷，百姓饥荒，家散人离，父南子北，妻东夫西。若六癸复乘旺相之气，则地方扰乱，惊惶不宁，其灾尤甚。

　　天乙飞宫起困穷，此时草泽有英雄。王侯将相原无种，天数由来始复终。

　　直符加庚，天乙飞宫格。天乙贵神，君象也，而合地下之七煞金神，为得兵权之象。此占不在王侯将相，当有草泽之问，崛起而成大事者。盖庚为草寇兴兵，故不生于侯王之家，而生于穷民之室，此天之定数也。

　　甲丙相加民道安，此时百姓足千般。

　　六甲加丙天生地，六丙加甲地生天，其时百姓富足，地方安宁，五谷丰稔，人享长年，科甲盛美，文章华国。

　　丙临庚上盗全无，庚丙由来遭贼厄。会于阳地乃山陵，会在

阴宫居水窟。若乘旺相久披猖，逢着休囚不久灭。

六丙加庚，为荧入白，主地方盗贼灭息，风恬浪静。六庚加丙，为白入荧，主地方盗贼蜂起，掳掠杀伤。若会在坎艮震巽阳宫，则其贼起于深山陵谷之中。若会于离坤兑乾阴宫，则其贼起于江湖水泽之内。若庚乘旺相之气，其贼猖獗横行，贻害多年。乘休囚之气，则不久可灭。若上临白虎，又会死门，则此贼必杀伤多人，扰害地方，占据城邑，谋王定霸，窃号称尊。

美格更兼旺相气，民宫之美无灾否。再得君仁邦国昌。民丰国足真无比。星仪门气俱相生，四方咸得吉欣欣。占之所主在何地，九州十字割宫分。子午卯酉分四正，配于乾艮与巽坤。

美格者，如鸟跌穴、龙回首是也。又遇旺相相生，则百姓安乐，天下太平。更逢君圣臣贤，则熙熙皞皞，①古今无比。若九星奇仪八门，俱相生相旺，则四海同风，八方清泰。要知落在何处分野，即以九宫分之。坎离震兑属四正，乾坤艮巽属四维，各依宫分而定之。

事用专坐之宫，八门远近皆同。

此下占事类之吉凶也。凡占事类，以我身为主，分出东西南北，定为九宫八门。以事物所坐落之方，取此一方之星仪门将，阴神余气占之。本身为中宫，八方为八面。如东方有喧闹响动，或飞鸟一阵自东来，或人作客在东方，或谋事征讨在东方，即以本时之局，震宫方上细查之，即可知其事类之吉凶矣。不论路之远近，皆同此占法。余宫仿此。

直符本是贵神，所属亦是青龙。专主动行财帛，迁移土木兴工。

天上直符所到之宫，即为贵神，亦属青龙，主其方，有财帛进益，当得行动迁移，或起造兴工，有土功之事。

螣蛇本性怪异，更主淹煎迟滞。其神土木灵神，求谋必定难成。胸中狐疑不决，忧愁心事难宁。

螣蛇到其方，主有怪异之事，淹缠不散。其神为火土之神，凡有求谋，皆

---

① 熙，音 xī。熙熙，和乐貌。皞，音 hào。皞皞，广大自得之貌。

属花假，必无成功。且自己胸中，多疑多虑，不能决断，忧惶不宁。

太阴图求谋望，将神朱雀文书。兼有文契商酌，因生口舌求和。

太阴到其方，必主暗计图谋。其将神亦曰"朱雀"，主有文书契券之事，或事涉阴人，及有是非口舌，来求和解。

六合性贪求望，皆因喜气心粗。所主婚姻配合，私情说合调和。

六合到其方，主作事喜气欣欣。然亦过于喜悦，贪图求合，不顾是非，不权利害，未免入于非礼之中。或主婚姻配合之事，兼有私情说合。若是妇女，必有奸情和合，谨防为妙。

白虎惊忧疾病，更兼行人问信。斗讼伤亡谋害，移徙出行争竞。

白虎到其方，主有惊恐忧愁，及争斗构讼，谋害伤亡，或移徙住居，或出行作客，并问行人信息。

元武所主盗贼，兼于小人走失。小人为害难调，遗亡失物隐匿。

元武到其方，主有盗贼偷劫，奴婢逃走，有遗亡失物之患。更有小人暗计潜谋，最难调停防避。

九地幽暗之神，卜居心事难伸。更有淹缠灾疾，阴谋喜事难成。

九地到其方，主有卜居之事，心中不宁，有不能向人告白，更有久病不能脱体。暗图婚姻和合，喜事终属无成。

九天迁变出行，斗殴无讼相争。休囚口角问信，旺相陷害行人。

九天到其方，主有迁移变更，及远行外方，有斗殴相争，高声大闹，终不结讼。若休囚，不过口角相争。如旺相，必有陷害。行人在途，宜慎防之。

休主财兮生主兴，伤为捕捉杜难行。景门小喜初为美，死中休废反乘生。惊中作事言无半，但遇开门有动行。

此以八门到方，占事类之吉凶也。若遇休门，主有财帛之喜。若是生门，主有兴造之事。若是伤门，主有捕捉盗贼之事。若是杜门，主有隐匿闭塞之事。若是景门，主有小喜，或文章华采，先吉后凶。若是死门，主有死丧刑狱之事。若是惊门，主事多花假，半虚半实。若是开门，主有动身远出之事。若死门落在旺相宫，主死丧立见。若落在休废宫，反主生全。得时者为旺相，失时者为休废。

死事求生占余气，不须考校及阴神。格中无救真无救，余气有救死而生。

凡所到八门，奇仪八将不吉，要死里求生，须细查八门旺相休囚之余气，不必考究直使上之阴神。若遇凶格，固为难救，然八门余气有救，则凶者可以复吉，死者可以复生。如惊门为凶门，墓于丑，囚于巳午，若于四五月到离宫为囚，十二月到艮宫为墓，是凶门之余气，得囚墓，凶者不能为凶，而反主吉矣。

宫有元机，运用神工。吉凶动静，各有处分。静要求荣看动，动要求助何人。下生上兮得助，下克上兮无欣。上下比兮自谦，上下合兮多成。

九宫各有吉凶，皆以动静取之。地盘属静，天盘属动。以动合静，则吉凶生焉。若要出门为客，须得天盘利时。假如今日今时，欲出南门谋事，须得生门到时，出行则吉火生土，利为客。又要看天上奇仪所助者，是何等之人。若地克天，不利为客。天地两盘比和，主客和合，伏吟是也。若上下相合，如甲加己，乙加庚，丙加辛，丁加壬，戊加癸是也。主作事皆成，彼此和合。

更有阴神余气，中途险易衷情。

更以八将加于直使门宫之上，是谓阴神。合之符上八将，两将相参，然后吉凶有准。又要看天上八门所加之宫，或生旺，或墓绝；所遇之时，或旺相休囚，余气吉凶，以知死中之生，生中之死。而中途之险阻平易，情形必见矣。

元武螣蛇虚鬼，元武白虎多惊。

此以阳将阴神，重叠相加，以知吉凶也。元武为盗贼，螣蛇为虚诈。若二将相合，则有虚诈拐骗偷窃之事。元武为盗贼，白虎为仇凶。若二将相加，则有盗贼劫掠，杀伤死亡之事。

最喜重重六合，岂爱白虎叠叠。

六合为和合之神，凶中化吉，所为如意。若阴神阳将，俱得六合，主喜气盈门，百事和谐。白虎为凶煞之神，遇之，主死亡杀伤孝服。若阳将阴神，俱得白虎，主上下不和，骨肉相残，死亡伤损，立见凶殃。

休合符而财旺，太阴重重谋望。

直符是六甲，为青龙，主财帛。休门属水，主货财。若直符又合休门，主钱财大旺，粟米盈仓。太阴为幽暗之神，若阳将阴神，俱得太阴，主暗地阴谋，隐伏潜踪，诸事皆从暗谋而成。

丁合仪合阴情，元白凶重谋害。

六丁玉女，与太阴相合，或六仪与太阴相合，主有阴私和合，暗地通情。若元武与白虎相合，六丁虽为玉女，亦属阴小，主阴谋劫杀，破败刑伤，为害最凶，宜慎防之。

下生上兮必动，下克上兮必败。

凡八门加宫，宫为静，门为动。宫生门，则为客者吉，可以举动，事在必成。若宫克门，则为客者凶，举动行兵，制主之制，必至大败。

更逢天网四张，有伏暂匿必在。

若诸凶会合在六癸之方，为天网遮张，如有逃亡伏匿，不能远去，过时必出。若有谋为，迟而后发。

多①冲开与九天，其事必有散迁。

若奇仪在对冲之宫为反吟，又合开门，上临九天。反吟主反覆，开门主开散，九天主变动不宁。故遇此局，凡事虽主谋定而行，临期忽生变动，改头易面，另出一番，不可拟议。

杜死九地朦晦，疾病忱煎难退。更有螣蛇相连，灾疾难退淹缠。

杜门闭塞不通，死门死丧疾疫，九地阴晦沉沦，故杜门死门上会九地，主疾病死丧，晦滞忧郁，煎熬难退。若更有螣蛇牵连，则灾祸疾病，久患淹

---

① 多，南京图书馆藏本作"对"。

缠，不能退散。

病有五行所管，水肾金家肺气。火心木是血肝，土乃脾家之咎。生死克旺相参，凶厉反行生气，其灾直用轻看。太弱又加克贼，其身岂敢承当。旺相并休及废，四时本位中藏。

病原以五行推算。水属肾经，金属肺经，木属肝经，土属脾经，火属心经，皆以天上所加之奇仪八门断之。又以生克衰旺参看。凶格凶门，要得休囚之气，其灾反轻。如遇生旺，则灾祸愈重，不可当。若奇仪八门，不得时令，为太弱。又遇克贼，其人必至死亡。旺相休囚，皆随四时之令定之。

飞宫不利财兼贵，伏宫之格有忧疑。

直符加庚，天乙飞宫格。六甲直符是贵神，又为青龙。甲畏庚金之克，而飞扬逃避，故不利于贵人与财帛。六庚加直符，为天乙伏宫格，亦畏庚金之克，而隐伏不敢动，故多忧愁疑惑。

朱雀投江在文书，文明不利是真机。

丁为火，号朱雀，到六癸为投江，主文书失水，文运不振，士子蹇滞。

庚加癸壬必有阻，六仪击刑事难措。更有自刑为灾祸，搜索气神何所主。遇神多吉一时灾，无吉无凶岂释开。

庚加癸为大格，庚加壬为小格。遇格之时，事皆阻格难行。六仪击刑者，甲子直符到震，甲戌到坤，甲申到巽，甲寅到坤，是也。诸事难于措手，更有甲午到离，甲辰到巽，谓之自刑。诸事皆从自己破财，祸从身起。此时当看阴神余气。若阴神得凶将，余气得旺相，则虽有灾害，不过出于一时，后终得吉。若无吉神，又值休囚，则灾祸不浅，岂能开释。

阴直阴阴遇美格，小人作事多利益。阳直阴阴美格逢，贵人作事喜重重。

直符属阴星，而阴神又遇太阴加之，复得奇仪相合之美格。阴星属小人，主小人利益，作事皆成。

直符属阳星，而阴神又遇太阴加之，复得奇仪相合之美格，阳星属君子，主贵人喜庆，作事皆成。

直丙阴气或九天，丙甲六合职高迁。

六甲直符加丙上，而上之阴神得九天，天上时干六丙，加于六甲之上，而上之阴神得六合，主官职高迁。得九天必是风宪言官，得六合必是礼户之职，为国家创造规模，治平天下。

阳直阴时多旺动，经商万里驾轻船。白虎元武重叠见，途中财物君莫笑。

阳星直符，上遇太阴，而星门又得旺相之气，利于举动。凡经商出行，水陆咸利，万里无阻。若得白虎元武，重叠来临，则途中必遇盗贼，劫掠刑伤。财物非其所有，空手回家为幸。

九地欣欣来卜居，此时定主可安居。

阳星直符，而阴神得九地加之，则人之来也问卜居之事，此地可以安居，永无灾害，旺财发丁。

开戊仪乘及九天，此际出行堪万里。

甲子戊直符，与开门相合，而阴神上临九天，则出行大吉，开门所向通达。六戊为天门，九天则阳气高升，乘此而行，无往不利。故《经》曰"乘龙万里，莫敢呵止"。

六仪击刑占官贵，见者休官并罢位。若求财帛问利益，本不归兮焉问息。倘乘直符要出行，且自安居免灾迍。

遇六仪击刑，主刑伤破败。若于此时占官贵，则主休官罢职。若经商谋利，则本利皆失。若遇击刑为直符，欲乘直符方而出行，亦必遭遇灾殃。不如且安居静守，以避灾殃。

刑格之占次击刑，倘兴词讼莫相争。忧辱忍之灾祸免，斗战伤身凶莫减。白虎元武若乘之，出行遇事当避之。

六庚加己为刑格，其凶祸次于击刑。若欲兴词讼而遇之，则当忍忧受辱，以求免祸。若必欲结讼斗战，必至受刑伤身，难免棰杖之辱。如将神中有白虎元武，加临刑格之上，凡出行遇事，皆当避之，必有盗贼劫掠，杀伤刑戮之惨。

出行莫乘蛇夭矫，途中怪异真不少。水遇水波见咎殃，陆行车马定破倒。求救须将救处求，阴神阳将气余搜。

六癸加丁，螣蛇夭矫，出行遇之，主前途迷惑，不能进程；且路中颠倒错乱，灾祸非一。若乘船，必遭没溺之苦；陆行，必车破马倒。如欲救之，必须看阳将阴神，重叠相加，查其吉凶；又要察其门之旺相休囚余气，以知其吉中之凶，凶中之吉。若遇阴神余气有救，则灾殃得免。

遇勃切莫逆，纲常真有失。遇之怒必兴，有闻君莫敌。占之谋望及索求，须看宫门有生克。

丙加直符为勃符，直符加丙为飞勃，作事遇时，切莫用之，必主颠倒错乱，纲纪紊失。若有斗争，必当避之，强与对敌，便致伤败。此时若欲谋望诸事，须看宫门之生克。宫生门，利求索；门生宫，费力而后成。门克宫，求事必遂，有伤体面；宫克门，所求不得，反遭诟辱。

疾病九地言迟滞，父母兄弟各为室。搜之占者气何所，随气占之见端的。反吟之占多反覆，伏吟之占有病伏。

此占疾病之吉凶也。若占疾病，而将神得九地，主疾病属阴，迟滞难退，各以父母兄弟宫分占之。天上时干为本身，生我之干为父母，我生之干为子孙，克我之干为官鬼疾厄，我克之干为妻妾奴仆，比和之干为兄弟。查其干之所克六亲者，即是疾厄，以五行定病，以衰旺定迟速。若反吟主病势反覆，轻重作止，不可定准；伏吟主病势淹缠，不能去身。

求获去寻伤，过此岂相当。伏吟切莫动，藏伏亦为用。更寻六合处，多吉真堪用。

伤宜采猎捕捉，征讨索债，出此门，必有所获。若舍此而别用他门，则无益矣。如遇伏吟，则不可用，惟隐避藏匿者宜之。若上有六合临之，则所求必获，所索必有，不费余力。

九天临处看杜门，惊死俱皆难动身。求望临于景门上，初然为喜后为忧。

　　九天之上，动而不息，利于出门做事。若会杜门惊门死门，俱难动作。即使有所求谋，百无一成。若会景门，便可求望，但初喜后忧。

　　若论所求之各宫，他生我今我必荣。交接之宫遇比肩，原来此处气相连。太阴六合文书喜，九天白虎飞动兼。位中独戊余无动，戊为动神占为用。六戊若移在三宫，此为击刑必有凶。细将仪将气阴神，进退穷通仔细分。若要所求元妙处，歌中变化去搜寻。

　　凡看所求事之宫，各有专主。如占君，看坎离。占四方，看子午卯酉。占臣，看丙丁辰戌丑未。占民，看寅申巳亥。占事，看诸事所坐之方位。只要他来生我，则我得吉庆，作事皆成。若是交接事之宫，宫门比和，看此宫之将神相连，定其吉凶。如太阴六合相连，则私谋暗计皆成，文书和合连至。九天与白虎相连，主非祸凶恶立至，莫能抵御。若其宫中止有甲子戊，无余仪，则以天盘戊为动神占事，即以此戊字为用神。若六戊移到三宫，是为击刑，必有凶祸。须细查六仪阳将阴神余气之生克衰旺吉凶，以分其进退穷通，总以歌中搜寻其元妙也。

# 御定奇门宝鉴卷六

## 元机赋下

兵分主客，势之相敌，先虑安危，再搜其策。将观将状，门观应克，宫分两家，穷究分别。

此以下占行兵之吉凶也。凡行兵要先分彼我之为主客，势之强弱，格之吉凶，门之生克，以定安危，再当搜求其余策。八将观其将之善恶，八门观其门之生克。一宫之内，分天地两盘，即为主客两家。天盘为客，地盘为主，查其生克衰旺，以知胜负。

直符旺相莫相迎，但得休囚只半倾。若遇飞宫应我用，他先我后且消停。

直符是六甲，六甲系贵神，行兵切不可向之而迎战。若得旺相之气，尤不可迎之。坐直符，击对宫，大胜。如直符得休囚之气，坐者半胜，迎者半败。若直符加六庚之上，得飞宫格，我当为主，不可为客。候他先出，我且消停。窥其兵势，审其强弱，而后应之，必胜。

螣蛇言利半乘虚，余气搜寻为破期。究得十分真败处，决之用度见高低。

螣蛇为虚耗之神。九星六仪，三奇八门，俱得大利。而上有螣蛇临之，止得半虚半实。搜寻门气旺相休囚，以定其破败之期。查究到十分真败之候，即当速发军兵以征讨之，一战即见高低，而存亡之势决矣。

太阴用度周全，且莫忽略轻看。若昨盘中无恐，我军固守为安。

太阴之将，阴柔之体，暗计图谋，事事周全。若轻易出兵浪战，则反致败衄。<sup>①</sup> 就是天盘中大利，毫无克害，我军亦当安静固守。

六合之军畏死，我军雄勇可使。若有降顺当留，令之远调别处。

六合之将，和合之神也。其神所临之地，兵将胆怯，未发兵，先思和。此时我兵，可以乘势决战，雄勇莫当。若有贼兵来降，是真心归附，竟当受之。但宜远调他方，不可留在本营。恐其穿合线索，勾引我兵，归还旧巢也。

白虎之军性猛，久迟必退成空。若欲尽力攻取，此将有始无终。若不及时招抚，将来日后兴戎。

白虎为凶悍之神，其性暴戾，猛烈难当，乘势进战，可以获胜；若迟久则成退缩，有始无终，不如及时招抚，必来归降。若不招降，将来必成大祸。

元武之军多变，机关莫测通神。惟以求荣为美，其心畏死贪生。

元武为盗贼小人，其心多诡诈，其性多反覆，故其军多变乱反覆，机械变诈，不可测识。然中心退缩，畏死贪生，不顾忠义，不惜廉耻，秦强归秦，楚强投楚，惟以强弱为从违，欣羡荣华，招之则至。

九地多阴谋，来兵有异伏。逢之莫急进，用之必败覆。

九地为阴晦之神，将来多阴谋密计，来军多设伏乘虚。遇此时，当相机而动，不可进战。进必全军败亡，只可严营固守，待利而动。

九天之气多刚暴，转变更迁难测料。遇此兵锋宜避之，可将气神来相校。

九天为刚暴之神，其性善动，更番转变，难以测料。遇此敌锋，当坚守以避之。当细查门上之阴神，及门气之旺衰，而考校其吉中犹有凶，凶中尚有吉，以定其灾祥也。

直符休门天晴朗，坤维兵伏宜防早。主将虚惊利坐中，客逃

---

① 衄，同衂，音 nǜ，损伤，挫败。

西南车马倒。捕捉乾宫丑日擒，出军道路知安好。

直符会休门，主天时晴朗。三四月有风，六月有雷，十月有雪。出兵道路平坦，至晚有人窥伺。西南方有伏兵，宜防备。有一蜀中大汉，同妇人来降，主将有虚惊，宜安坐中营，过子日子时方吉。客将车破马死，逃奔坤方，不可擒捉。捕捉，贼伏西北方老妇人家，至丑日，方可擒捉。

直符生门雷兼雨，未时方晴北风举。兵利南方不利乾，主将功成午未许。客军丑命来防破，捕在妇人草屋里。

直符会生门，天时主大雷雨，未时方止。风自北方来，三日住止。行兵利南方，不利西北方。山冈下有人引路，有楚中兄弟二人来降，贪酒色，不宜收。主将有大功，当于午未时出兵，大利，不可迟。客将亦有利，丑命人来，防破之，旌旗数易。捕盗捉贼，有妇人引至草屋下擒之。

直符伤门日象阴，无边风雨不曾停。兵行逆地攻当速，路远山高不利征。主将急移防刺客，客逃中矢捕休论。

直符会伤门，主太阳有亏，有不测风雨至。行兵遇逆地，当速攻打。三山五岭，地势险仄，只宜屯营，不宜前进。有败兵来降，宜收之。主将当急移营寨，防有内变。三马并行吉，否则防刺客。客将中流矢而逃奔，速追可擒。捕捉盗贼，已去不可得，追之三五日，可见面。

直符杜门天大晴，兵遇重关碍不行。上下不谐行[①]可受，将军劳瘁不宜征。客兵厌战将和解，捕捉逃亡难获寻。

直符会杜门，天时大晴，无霜无雨。出兵行过石门重关，往来皆不利。子丑二时有得，有一人贪酒，有二人贪色，上下不和，来降可受。主将劳疲，不可出征，客将亦不愿战，宜用说客和解。捕捉难获。

符景云收并雨散，丑日雨霖军地患。进前必败有舆尸，主沐君恩受封拜。客将受伤主则强，捕捉之时在离位。

直符会景门，天上云收雨散，至丑日有雨。行兵难以前进，进则必败，

---

① 点校者注：行，它本作"降"。

长子率师，弟子舆尸，君子用事，又使小人参之，安得不败？主将得功，大君有命，开国成家，小人勿用。客将马虎争衡，客伤主胜。捕捉，三人执绳可缚，在正南方。

符死阴雨坤风晴，若在秋时雷震声。行军车陷城难拔，主将宜畋不利征。三日客擒五日败，小人可捉君子贞。

直符会死门，主天时连日雨，必待西南风始晴。二八月，有雷声从地起。行兵有陷车之险，城郭完固，不可破。有正人自吴中来，用之大利人国。主将只宜田猎，出征防小灾。客将三日就擒，五日亡，兵散主降。捕捉，小人可获，君子不可捉。

符惊多雨遇辰晴，地险兵亡祸立侵。若合奇门方有吉，将旗折喜遇天英。客军我往人当败，捕捉维宜术士临。

直符会惊门，主天多雨，至辰巳日方晴。出军地险，有陷车之厄，过山涉水，凶祸莫救，遇奇得门，庶获安全。有间谍者，即间可知敌情。主将有折旗之事，无咎，得合天英星方吉。客将此往，彼必亡，得奇不亡。捕捉可获，乃术士也。

符开得丙晴可必，无丙当霖四十日。敌国空言不见人，行兵宜水不宜陆。有奇则胜无奇退，客败逃亡难捕捉。

直符会开门，主天时遇丙奇晴。无丙奇，主四十日雨。行兵宜舟不宜陆。敌国相约，未见人来，只见信至，其人性刚直难调和。主将有奇，百战百胜，无奇不可出兵。客将不利，士卒宜用背直符击对冲之法。捕捉见影不见形，迟则可得。

蛇合休，多雨阴，丙日晴明雷电生。老将行兵乾有伏，逢奇可进得秦人。主军训练方能胜，客将逢灾捕不擒。

腾蛇会休门，主天多阴雨，至丙日辰日方大晴，丙日有雷电。行兵须老将用兵，埋伏在西北方，有奇可进。得一近视眼，陕西人，有才能可用。主将利练士卒，出则取胜，客将渡水有难。若天英在宫，不可击。捕捉只宜谨防，不宜捉获。

蛇合生，风雨行，风停雨细巳日止。主客宜和勿讨寻，遇奇得将贤人至。主将宜攻守不成，客从乾破捕阴人。

螣蛇会生门，天时主风动雨生，风止雨细，巳日晴明。行兵，进则伤，主将宜讲和，穷寇莫追。可得一大将，遇奇更得多贤主人，利战不利守。客将于三日后，可从西北方破之。捕捉，在织机房，妇人隐匿。

蛇合伤，风雨狂，若逢大雾阳光见。兵宜结寨在平洋，遇奇山谷逢君子。主将刑伤奇不妨，客胜难击捕林藏。

螣蛇会伤门，主天有雨，若大雾无雨。行兵宜结寨在平洋，如遇奇可进山谷，有君子进，小人退。主将防兵刃之伤，有奇可救。客将大胜，不可击。捕捉在竹木林中，宜缓捕之。

蛇合杜，密云布，若遇辅星三日雨。行兵设伏在山路，男女来投切莫用。主将英星称大武，客兵奔败逃难捕。

螣蛇会杜门，主天时密云不雨；若遇天辅星，有三日雨。行兵有山有河，可以设伏。有夫妇二人来投，不宜重用。主将得英星，大利。不然，仅可守旧。客将亦不利，宜退不宜进，进则失辎重。捕捉，贼已去，不可追。

蛇合景，天晴光，三日兑上有火起。兵进山前锋莫当，主将有灾得邑免。客军行动将身亡，捕捉坎地剿无妨。

螣蛇会景门，主天大晴，三日有火起于西方。行兵前有两大山，后有一小山，此处可进兵。有一矮人从西方来，可用。主将有无妄之灾，得三邑可免。客将行，有眚，无攸利。捕捉在北方，进可剿。

蛇合死，晴光丽，奇云掩斗二日雨。进兵遇火逢文士，主将举动咸得宜。客军覆败应子午，捕喜无奇擒即至。

螣蛇会死门，无奇大晴，有奇云掩斗口，二日得雨。行兵进则防火来攻，有天蓬星至，得一文士，得一术士，否则无贤人。主将上下相合，举动皆利，进退不难。客将有覆军杀将之灾，应在子午日。捕捉遇丙奇可逃，无奇可擒。

蛇合惊，气濛茸，丑日艮风云雾散。行兵山格水难通，主副得冲兵可进。客贪财帛败无踪，捕在江湖水里逢。

螣蛇会惊门，主天有云雾相连，欲雨不雨，丑日遇东北风，方晴。行兵左山右水，阻格不可进兵，平洋可进。有兵卒荷兵器来，可用之。主将有水灾，惟利用副将可进。遇天冲星，可大进。客将多贪财帛，若贿之，可破。捕捉，其人隐在江湖中，为水客，通医兽，可擒。

蛇合开，风雨从，神坛社庙防有伏。不利行兵遇老翁，主将出征获匪丑。客来焚死败无踪，捕防格斗有刑冲。

螣蛇会开门，主天久雨无晴。行兵神坛庙内有伏兵，不宜进。有一老年人至，谈神仙事，可用之。主将出征，有嘉折首，获匪其丑。客将来则焚，去则死，应三九日见。捕捉不利，防格斗，且有伤。

太阴值休门，天时常遇阴。蓬星有雨半月应，兵无桥渡不能行。有文士，善阴谋，主将病侵休浪战。客军已渡宜坚守，捕捉西东莫到手。

太阴会休门，天时常阴，遇蓬星有雨，二八日应。行兵前有河水，无桥可渡，不宜进兵。有文士通家来见，善阴谋。主将有疾，不能督兵。客将鸡鸣渡关，城宜守，不宜战。捕捉或东或西，难捉摸。

太阴值生门，丙丁晴乙雨。兵至鹊巢贼有伏，速宜退步勿前举。医巽来，知贼怀，主将天冲能破敌。客军败北泣如雨，捕捉本家丑日遇。

太阴会生门，主天时有丙丁奇，天晴，多东南风。乙奇至，有雨。无奇，骤雨至。出兵前有鹊巢，乃伏兵之所，宜退不宜进。有医士从东南方来，知敌人消息。主将得天冲星，破敌国如摧朽。客将专听小人之计，用兵必败。捕捉隐伏，在本人家，丑日可擒。

太阴值伤门，艮风晴辅雨。异人指示贼巢窝，整兵进战贼无旅。大将怯，士卒勇，主似焚巢无栖止。客军前喜后还输，捕捉无功空此举。

太阴会伤门，主天晴明，有东北风，自巳时起，至申时止，次日方晴。若遇辅星，主有雨，进兵有异人指示巢穴。大将有退志，士卒退而不退，终得胜。主将懦弱，如鸟焚巢，无穴可栖。客将先胜后败，先喜后悲。捕捉是远方人，无家，难定其所，不可捉。

太阴值杜门，丙丁都邑焚。行兵阻水前难渡，固守前津功必成。安心腹，帛与金，主防刺客来床下。客将无能当速侵，捕捉官家可就擒。

太阴会杜门，天时有丙丁二奇至，南风发，主火焚都邑。出兵有大江在前，不可渡，宜守之以待敌至，可破。营中有腹心，贤人有退志，宜用金帛以安之。主将防有刺客，隐在床中，宜寻之。难星过，无害。客将无能无断，可攻而取。捕捉在市井，近官院人家，可擒。

太阴值景门，风雷多雨少。火药伏埋防火患，平洋地面宜搜讨。三人来，计何巧，主将利乾巽莫讨。客军水厄收宜早，捕捉无形西北道。

太阴会景门，天时多风雷少雨，从巳午时起。出兵平洋中，有火药埋伏，宜防之。有三人同来，皆兵卒也，欲为奸细，谨备之。主将利征西北方，不利东南方。客将有水厄，宜守旧，不可动。捕捉难获，有三人送在西北，或西方巡夜人家。

太阴值死门，有雨来朝晴。坤方有伏宜坚守，奇到方能破敌兵。才高客，善游说。主将利西南，客军迟可击，捕捉擒之须迅急。

太阴会死门，天时主本日雨，来日晴，有西风方晴。出兵，城西南有伏兵，可守不可攻，必候奇到方可破。有高才人，可合诸侯，可连说客，不可使敌人。主将利西南方，不利东北方。客将有三日大利，两日不利，可于①坎宫徐击之，胜。捕捉，本人在东方，进饭后即行，宜速图之，可获。

---

① 原文为"须"，据南京图书馆藏本改。

太阴值惊门，甘霖养万物。震险利我不利渠，进兵征伐破可必。有贼降，不诚实，主将三日可全胜。客得降人贼败北，匿离大将擒难获。

太阴会惊门，天时主霖雨时降，万物滋生。行兵东方多险，我利彼不利，可破。有人来降，有名无实，不可信他。主将命在冲星，有小灾，或三日出师，可以全胜。客将得降人智力，贼可破。有奇至，不日即破。捕捉是大将，避在离宫，可和不可捉。和则有大功，捉则有大祸。

太阴值开门，丑日见阳光。兵行路坦利前进，退则遭殃军败亡。母子来，用不臧，主兵火利东风起。客谋花言智莫当，捕捉阴人男已飏。

太阴会开门，天时雨已极，即当晴，至丑日晴明。行兵前路空亡，可进不可退，退则我军败亡。有人母子同来，子弱母强，不中用。主将有奇至，起东风，用火攻；无东风，只可固守。客将用间谍，来善言。捕捉，女人可获，男人奔逃，不可获。

六合休兮奇至晴，无奇申刻北风临。行兵水阻贤人至，主将谋为皆不成。客军得助浑难伐，捕问阴人卯未轮。

六合会休门，天时有乙奇至晴，无奇申时起北风。行兵水道不通，有小人接引。有贤人从震方来，五日后至。主将有谋不成，有为不遂，宜坚守，吉。客将得大人力，有救，不可伐。捕捉，有女人知音信，住在水边，卯日未日可擒。

六合生兮雷无雨，得蓬星兮雷雨注。行兵宜在西南利，主将守攻咸称意。客军可破阴谋计，捕在僧房捉可遇。

六合会生门，天时得蓬星至，午时有大雷雨。无蓬星，有雷无雨。行兵进入险难，恶事消散，利西南。主将进可战，退可守，大吉。客将士卒不练，多阴谋诡计，宜以计破之。捕捉，念佛人家可获。

六合伤兮风雨厉，有兵变兮西南起。行兵奇至乾方利，主防火发卯与戌。客贪酒色兵离异，捕在西方土木氏。

六合会伤门，天时遇心星，风雨兼至，主西南方有兵变，应在吴越。行兵逢高峻之山，有奇至，兵从西北方可进。有一术士献技，可信之。主将防火灾，应在卯戌日。客将贪酒色，失士卒心，宜协心齐力，作急进兵。捕捉，属土姓人，在西方，木音姓人家，可捉。

六合杜兮久雨频，地阴窄兮敌备轻。出兵九天伏九地，主将家难三九临。客必损将并折兵，捕匿酒房速去寻。

六合会杜门，天时阴阳失和，四时失序，时风时雨，四十日方晴。行兵虽有险途，无埋伏，可进兵。兵出九天方，人伏九地方，士卒和利。主将家有隐忧，三九日有信至。客将折兵不利。捕捉在酒铺中宿，即时捕之可获。

六合景兮不时雷，坤兵变兮酉辰推。出兵我利贼就缚，主将连霖车马亏。客得天心兵不败，捕捉娼家西半隅。

六合会景门，主天有不时之雷，西北有兵变，辰酉日起。行兵我则利，彼则不利，其来可破。三人同心，贼人就擒。主将有车马之厄，出阵遇风雨。客将天时不顺，人心尚固结，不可破。捕捉，在娼家饮酒，西方可捉。

六合死兮无奇晴，路逢陷兮龙虎争。妇作间谍言难信，主军进退事皆亨。客有飞符兵亦精，敌诱我军捕难寻。

六合会死门，天时，有雷电，无奇，大晴。行兵一蛇当道，二虎争衡，途中有伤。有妇人来行间，在帐下，不可信从。主将天①时顺利，人事亨通，无往不利。客将有主意，有飞符至，多顺少逆。捕捉，是一军为敌所诱，在西北，不可获。

六合惊兮天大旱，城中空兮伏兵悍。偏将奇谋可即从，主防婢害午未看。客军将进须防探，捕有虚言终不见。

六合会惊门，天时，大晴无雨。有丁奇至，大旱。行兵，三里之城有伏，城中皆虚设，有偏将献劫寨之策，可从。主将有一小婢谋害，午未日时

---

① 点校者注：天，故宫本作"大"，参校他本改。

防之。客将有渡关河之志，宜防备。捕捉，虽有人说信，皆虚诈。军兵为敌所诱，不可捉获。

六合开兮雷电惊，兵宜守险计谋倾。客自吴来谋可用，主防副将夺权争。客利固守犯天嗔，捕捉贼勇反遭擒。

六合会开门，天时，寒露节多有雷声。若在春时，雷发，有龙起。行兵，百人守险，万夫难敌，宜用计以破之。有客从吴中来，多出奇计，宜重用之。主将有副将争权谋害，不宜进兵。客将天地不交，四时不顺，可守不可攻。捕捉，其人甚勇，捕之，反受伤。

白虎加休天即晴，行兵前路有虚惊。切莫纵兵防中计，百人奋勇敢先登。主将谋为皆不遂，客军利战莫安营，捕捉娼家不可擒。

白虎会休门，天时，主有雨，一日即晴。行兵前有虚惊，若纵兵掳掠，则中敌计，宜慎之。营中有百人奋勇敢前效死，宜从。主将谋不成，求不遂。客将利战不利守。捕捉，有一草头姓人，在娼妓家饮酒，不利，不可捉。

白虎加生天即霁，午后巽风三日已。行兵险阻破东方，处士谈元心莫喜。主将贵谋休浪战，客军防烧辎粮地，捕捉火攻大得利。

白虎会生门，天时主晴，午后有东南风起，三日方止。行兵，有险阻峻山，可从东方破之。有处士着青衣至，谈修元门事，不可用。主将，谋之在我，成之在天，不可强进。客将，东南有火星起，防烧粮食之灾。捕捉，有一将守道，可用火攻之。

虎伤若得丁奇会，坎主风雷奇不晦。出兵巅险势堪赢，敌将真降情不诡。主宜严厉不宜宽，客将骄盈事机退，捕捉急追①翻有悔。

白虎会伤门，天时，有丁奇会坎宫，主有风雨雷电。无奇，天晴。行兵，前有虎山龙岭，皆兵马出入之所，可破。有敌将来降，是真情，宜收之。主将宜威严，用杀戮，不宜放释罪人，放则祸生肘腋。客将好胜，谋事多不成。捕捉，待其人再回可获，急则反去。

---

① 点校者注：急追，他本作"急迫"。

白虎加杜雾大恶，霉收风起阳光作。行兵守险勿轻狂，敌有文书称主客。主将屯兵①防阵亡，客军鼠斗牛反却，捕捉艮山小桥获。

白虎会杜门，天时，有大雾，多霉，风起则晴。行兵，有人固守隘口，不可轻进。有使客持文书至，得佳音。主将出师阵亡，宜守不宜进。客将鼠牛相斗，牛伤鼠无恙，午未日有信。捕捉，东北方山下有小桥处逃避可捉。

白虎加景天心合，时雨时晴三日歇。行兵弩伏宜往北，营中心腹生反覆。主将色迷用怒激，客利亥子逢丑杀，捕自来降何用缚。

白虎会景门，天心星至，时雨时晴。三日后，方大晴。行兵，中途有弩手埋伏，宜往北方进之。本营中有腹心人，反覆不可同事，宜防之。主将被女色迷恋，不肯出征，以怒激之，方行。客将亥子日出兵利，丑日凶。捕捉，三日后，其人自来降，不必去捉。

白虎加死黄云乾，五日雨后灾星缠。行兵桥断渡河击，中途谋叛岂真然。主患偷营至，客防袭寨难，捕人只在火房边。

白虎会死门，天时，西北方有黄云起，主五日后雨，有小灾。行兵，有水无桥，被敌所拆，渡河击之，胜。行至中途，有人谋叛，不可信也。主将于丑未日有劫营之殃，宜防之。客将地利人和，可战可守，不宜袭人营寨。捕捉，在火房潜藏，宜急捉可获。

白虎加惊有异云，三日狂风发屋惊。兵行有险不可进，君差良将丑未临。主不劳兵得土地，客军好战势将倾，捕惟获信总难寻。

白虎会惊门，天时，午后有异云铺顶，三日后，有狂风坏人房屋。行兵，前有凶险，不可轻进。朝中差委善将至，在丑未日时应。主将可不劳兵刃，破人城池，得人土地。客将甘战不甘守，追逐之自败。捕捉，有三五人同谋，在东南火烧山下，难捉，三日见信。

---

① 点校者注："屯兵"二字，底本无，据他本补。

白虎加开奇至晴，若无奇合雨相因。行兵宜步休乘马，刺客还防在我营。主军出入兵皆利，客有帮扶战即赢，捕在营中可就擒。

白虎会门，天时，有奇至晴，无奇至雨。行兵，车马难进，步兵可进。有刺客在小军营中，宜查察防备。主将出入，无往不利。客将有朋友带兵助战，主将宜防之。捕捉，本营中隐藏，营中获之。

元武兮休门，白云兮天晴，黄云兮雨生。行兵鹿走前途伏，远客人来谋可听。主将有奇方可进，客军坚守战休轻，捕往他方不可擒。

元武会休门，天时，白云盖顶晴，黄云大雨，三日后方晴。行兵前有鹿走，下有伏兵，仅百余人可进。有朋友来访，是远方人，见之无妨。主将谋事不成，宜守不宜进，有奇可进，进无大胜。客将君子道长，小人道消，人心坚固，不可破。捕捉，已往他方，不可捉。

元武兮生门，微雨兮不久，午戌兮应有。巽僧引前险可进，游子告信贼情丑。主将平安称无咎，客军不睦起兵寇，捕捉东方竹林口。

元武会生门，天时，微雨不久，应在午戌日。行兵，东南方有一僧人，接引入贼营，地虽险，兵可进。有游食人送贼情来，亦可信。主将无咎乃利。客将多不和，有越兵为害。捕捉在东方竹林人家，可获。

元武兮伤门，霖雨兮济旱，戌日兮方断。行兵伏遇草头人，商贾人来报逆叛。主将须防忽中风，客军利涉休登岸，贼人久向潢池散。

元武会伤门，天时，有霖雨，可以济大旱，到戌日方晴。行兵，有草头姓人埋伏在山中，举火为号，不可轻进。有商人知贼消息而来，宜敬重之。主将有中风之疾，宜子午日防之。客将利涉大川，不利山谷。捕捉，久去不可捉。

元武兮杜门，风雷兮电扫，甲寅兮晴好。行兵临渡须防贼，预探方能免折耗。主军谋胜战功成，客将营中防火燎，贼已远去人难找。

元武会杜门，天时，主有风雷，至甲寅日方止，太阳光见。行兵渡河，贼于河中设计候渡，宜慎防之，勿中其计。主将善谋略，出兵大胜，成伟功。客军当有火灾，焚烧军营。捕捉，其人早已远去，不可寻捉。

元武兮景门，半月兮扬光，过望兮雨狂。行兵路坦无埋伏，抵掌谈人用不妨。主军有疾终无咎，客将收兵宜善藏，捕捉东方五日亡。

元武会景门，天时，有半月晴，遇望日而雨。行兵，无险阻，可进兵，更无埋伏奸伪等情。有人至，善言谈，谈必可用，用不误事。主将有疾病，无大咎。客将利涉大川，不利出师。捕捉，贼在东方，五日可捉。

元武兮死门，蓬会兮雨霖，三日兮不晴。行兵坤地通微径，献策双双一是真。主军利动防车倒，客遇奸谋事不成，贼人捕匿在僧庭。

元武会死门，天时，有蓬星临门，当大雨三日，不晴。行兵前有大溪，进退俱不可，西南有小路可进。有二人同来，一人献策，一人图利。主将出师，利于举动，但有车折之咎。客将有小军用女乐献媚，其计不成，无咎。捕捉，在燃火之处藏躲，多是僧道。

元武兮惊门，乍雨兮乍晴，晴后兮复倾。行兵有险休轻进，僧道偏能荐贵人。主将利水乘舟楫，客将将亡木姓擒，贼已离巢不必寻。

元武会惊门，天时，有丁奇到，自辰至午晴，自午至未雨，雨后转晴。行兵，前有险阻，不可进，进则有伤。有僧道引攀龙之客来，主将吉利，登舟楫而行。客将不吉，当败于陆，见擒于木姓人。捕捉，知我音信，已离巢穴，不可捉。

元武兮开门，庚午兮艮风，风起兮日红。行兵鸟道险难攻，刺客来营言可从。主将有灾无大咎，客宜坚壁固潜踪，贼人已在震之东。

元武会开门，天时，庚午日未时，有东北风起，无雨。行兵，有羊肠鸟道之险，可守不可攻。有剑客至，宜重用之。主将有灾咎，亦无大害。客将亦不宜出兵。捕捉，不在原处，当在东方寻之。

九地会休门，问雨却偏晴，若遇蓬星风雨倾。行兵有地山名火，险极当从西北行，主将升迁在目今，客军多智莫相轻，捕捉难获何处寻。

九地会休门，天时，求雨反晴。如有蓬星，得大风雨。行兵，前有地名火山，甚险，当从西北进之。不日有天使至，主将目下有升擢，客将有机械，不可轻敌。捕捉，难获。

九地会生门，霖霪久不停，大水瀑涨淹军营。兵宜进，退休轻，朝颁恩诏显光荣。主人震怒量非宏，客得坤人助战赢。捕捉近，在河津。

九地会生门，天时有大雨，久不得晴，有大水至，防淹沉军营。行兵去顺来险，不可轻退。当有天子勅书至，主将因金帛事有怒。客将有西南方河州人来助战。捕捉，人不远，匿在江河近地。

九地会伤门，忽雨忽兼晴，晴中有雨雨中晴。兵遇重关毋遽进，客来谈笑不宜凭。主战水灾丑未临。客难大作攻则擒，捕在坎，小桥濒。

九地会伤门，天时，晴明忽然起风雨，忽雨又忽晴。行兵，路上有重关之险，上有数百人守之，不可进，宜下营，相时度势而行。有佳士来投，宜收之，难以凭依。主将出战，失水大灾，丑未日，不宜出兵。客将如鱼跃入火中，不可救助，宜攻之胜。捕捉在北方，小涧桥边，二人同事。

九地会杜天有云，北风起今天光晴。行兵利陆不利水，骑马报贼消息真。主将三六九灾兴，客利西方巽上倾，捕人乾地吏家寻。

九地会杜门，天时，多云，有北风，无雨。行兵，陆路可进，水路不可进。有一人骑马至，报敌人消息，甚真。主将三六九日见凶灾。客将利西方，不利东南方，宜从巽方发兵击之，可破。捕捉，在公吏人家，藏匿西北方上。

九地会景门，无奇必久雨。奇至巳午晴可许，出兵舟里遇敌粮。文士两儿来见话，主将功成名大遂。客军乃是倭夷侣，捕捉尚在巢窝里。

九地会景门，天时，主久雨，有奇至，逢巳午日见太阳，久晴，无奇必雨。出兵，从舟中去，获贼辎重货物，大利。有一文士引两儿来见主将，求必得，欲必遂，有大功。客将是外国人，得胜。捕捉，其人还在，急去可捉。

九地会死门，天时必大晴，日逢翼轸微雨经。行兵地险雄如虎，奇到贤人来助兵。主将力弱不从心，客军大利士卒精，捕匿艮巳亥擒。

九地会死门，天时，大晴，遇翼轸星值日，有雨，亦不大。行兵，猛虎当道，犬羊屏迹。有贤人来谒，有奇到，则来助。主将心虽欲战，力不从心，得水姓人来助。客将车马士卒皆利，宜先发制人，独不利于为主。捕捉，在东北方潜藏，巳亥日见。

九地会惊门，巳午时多风，云上于天雨不逢。行兵险胜平洋否，官道来临福曜从。主将变化如飞龙，客将多疑事不通，贼已投人扑个空。

九地会惊门，天主午时有风，密云不雨。行兵，居险胜，平地交锋不胜。有官人同道士来，是吉星相临。主将如龙蛇之变化，目下飞腾，进退皆利。客将多疑无决断，不敢进兵。有奇至，得太阴相助，战必胜。捕捉，贼已向西北方投降人去，不可捉。

九地会开门，太阳正当空，有雨骤来意外逢。行兵守吉进则凶，三人交合百谋通。主将暂退进成功，客虽小灾亦利攻。捕贼盗，即投笼。

九地会开门，天时，主太阳当空，无雨，若有雨，必骤。行兵，进则君子有厄，退则吉。有三人交合，百事皆成。主将有大功，退兵三舍，宜速进。客将亦利，有小灾。捕捉，盗贼难逃，三日可得。

九天休门兮，雨散云收兮，午未之日大晴兮。出兵越境而守兮，虎马命奸人诈降兮。主将褒封，勑书至兮。客军不利，北面受缚兮。捕得缺唇，报信可捉兮。

九天会休门，天时，云收雨散，必晴，至午未日时，方大晴。出兵，越境而守，有忧。有虎马命人来，是奸人诈降。主将宜先出境，有褒封勑书至。客将不利，必北面受缚，有奇至，可免。捕捉，必得破唇人报信，捕之可捉。

九天生门兮，遇任连雨兮，严冬之日大雪兮。行兵险阻可击兮，草头姓人知兵兮。主将休征，副坐营兮。客将辅车，邻人助胜兮。捕在西方，谋事难捉兮。

九天会生门，天时，天任星至，有连日雨，冬时则连日下雪，欲晴不晴。行兵，有险阻处可击，平易处不可击，击之有灾。有草头姓人来见，知兵法，可用。主将不宜出兵，兵宜副将坐营。客将有辅车之势，宜用邻人胜之。捕捉，在西方最高之所住居，谋大事，不可轻捉。

九天伤门兮，天时大晴兮，旱乾之灾三月兮。行兵峻岭夏破兮，外亲接见大利兮。主将乘云，进遇荣兮。客军管鲍，莫击其冲兮。捕捉在东，知交藏匿兮。

九天会伤门，天时大晴，有三月旱灾。行兵，有高山峻岭，六月可破。有外人接引至亲来见，大利。主将步步登云，进退荣显。客将有管鲍之交来，不可击其冲。捕捉，在东方相识人家躲避。

九天杜门兮，此日乍晴兮。黄云次朝，午后雨兮。兵渡大江，风起巽兮。两人解粮来妇兮，主将迟疑。战将吉兮，客军遂意，亦受显荣兮。捕在乾方，术精远扬兮。

九天会杜门，天时，一日晴，如未时有黄云盖顶，次日午后有雨。行兵，利登舟，渡大江，有东南风起。有二人解粮草来，又有一女人至。主将疑兵，有行有战，将出兵吉。客将凡事遂意，有荣显之兆。捕捉，是贼在西北方水边住，通术数，不可捉。

九天景门兮，雨后东风兮，三日之期雨止兮。行兵水阻利西兮，敌信蜀人来知兮。主将成功，褒封至兮。客贪师出，用法可制兮。捕捉水滨，顷刻可擒兮。

九天会景门，天时，有二三日雨，遇午日景门东风起，方有雨。行兵，东北方有水阻，不可进兵，利进西方。有一朋友从川中来，知敌消息。主将可安坐收功，不日有褒封至。客将损下益上，利出师，宜用法制之。捕捉，酒醉在河边人家，即刻可擒。

九天死门兮，阴晦风生兮，严冬无雨雪飘兮。行兵开山破敌兮，营中忌刻贤去兮。主将利水，不宜步兮。客将乖违，急攻可破兮。捕捉潜移，再来可获兮。

九天会死门，天时，五更有大风起，无雨，阴晦无日，冬时有雪。行兵，执柯伐柯，开山破林，可败敌人。营中如虎，见兔不能容，贤人有去志。主将不利水战，不宜步骑，有奇至，亦可用。客将上下各一心，可破。捕捉，其人已移居，必然难捉，再来可获。

九天惊门兮，寅巳日晴兮。午未雨，丑子雷兮。行兵危险缓进兮，武夫持戈助吉兮。主将褒封，五日至兮。客善谋断，贤人扶助兮。捕捉西兑，据山难获兮。

九天会惊门，天时，寅巳日晴，午未日雨，丑子日雷。行兵，如履虎尾，如履薄冰，危险可畏，不可轻进。有武夫持戈相助，吉。主将五日后，有大褒封吉。客将多谋断，更有贤人辅助。捕捉，在西方峻山下扎营，不可轻进，难捉获。

九天开门兮，午未大风兮，冬时久雪不晴兮。行兵水火利乾兮，夫妇同至交通兮。主将火发，慎防灾兮。客勇宜避，亥子利进兮。捕捉动移，他往难获兮。

九天会开门，天时，无雨当晴，午未日有大风起，冬时亥子日有雪，久不得晴。行兵前有大火，后有大水，进兵利西北方。有夫妇同来，上下交通，吉。主将军中火灾起，宜防之，无害。客将步步得进，宜避之，不宜交锋。至亥子日，可进兵得利。捕捉，已往他方，难获。

八将会门，是直使门会八将，取用天盘，不用地盘。假如阳二局乙庚日戊寅时，甲戌直符加二宫，伤门直使加七宫，上临螣蛇，是螣蛇会伤门。占天时，主风动雨生，雨细风止，巳日晴明。行兵进则伤。主将宜讲和，穷寇莫追，遇奇可得大将，主将利战不利守。客将三日后，可从西方破之。捕捉在织机房妇人藏匿。他仿此。

门气休兮机巧藏，生门岂可即相当。

遇休门将兵，当隐伏埋藏，毋出轻战。遇生门可以出战，坐生击死，一敌万人。若坐死击生，必败。

伤乘金克不安和，杜发生机半是讹。

会得伤门，兵马损伤。若乘乾兑金宫，或天柱天心，金心相会，是金能克木，必然败北。

会得杜门，闭塞固守，不出营门，虽欲出兵，实系虚诞。

景气忽闭如霹雳，死中退步是谋生。

会得景门，兵威大震，锋不可当。会得死门，兵马瘟疫死亡，战必败没。惟有退兵固守，始得免祸。敌兵挑战，切勿应之。

惊门气促不为美，开气施威任纵横。

会得惊门，营中怪异虚惊，兵马不久退败。会得开门，行兵无碍，四通八达，纵横自如，莫敢当抵，兵威大震。

细详诸气之宗，亦可曲尽形容。仔细决之调度，运之处处成功。

以上细推八门所到之吉凶，各有不同，宜仔细详审，然后可以调度兵马，遇吉则动，遇凶则止，战必胜，攻必取，无不成功业。

天乙飞宫莫急进，乘之生合可逃生。

直符加庚，甲受庚克，为天乙飞宫，不宜进兵，后应则吉。若乘生门，及六仪相合，则可免灾。如六甲加己，六庚加乙，六辛加丙，六壬加丁，六戊加癸是也。

庚加丙位他不欣，我军急急进前程。

六庚加丙，则庚受丙克，为白入荧，贼兵必来，必主败北。我军当急急进兵应之，得胜，利主不利客。

白临荧位君须避，六乙加辛岂长锐。六辛加乙锋难当，此刻三军真可畏。

六庚加丙，为太白入荧惑。此时贼兵必来，营中当整顿兵马，防备以应之，不宜先出兵。六乙加辛为青龙逃走，客兵不利，不宜先出兵以攻讨，必主大败。六辛加乙为白虎猖狂，客兵利，宜先出兵以作客，则百战百胜，闻风披靡。不利为主，兵甲无存。

庚癸相加难对敌，加己为刑常遭失。

六庚加癸为大格，癸为天网，行兵阻格，难与对敌。六庚加己为刑格，己为地户，行兵伤残，必遭败北。

我军直符是六庚，我军须①避亦丙丁。切莫移军加景门，庚符所畏火来守。再坐六丙是飞勃，切莫错认龙回首。如占此时有此格，退则顺兮进则逆。

我军以六庚为直符，则兵马出入征讨，不可犯着丙丁二奇，并不可移军到景门上。庚符所畏者火也，若庚符临于丙上，名为飞勃，亦为格勃，切勿认为青龙回首。若行兵遇此时，当速退兵，回营谨守营门，可以免祸。若欲进兵大战，杀伤流血。

阳用下强非真强，阴用上弱非真弱。阴阳强弱仔细分，主客

---

① 点校者注：须，故宫藏本为"我"，据他本改。

动静须斟酌。进退吉凶要分明，疆场成败宁猜度。吉则行兮凶则逃，但取三胜可逍遥。

甲、乙、丙、丁、戊为阳时，己、庚、辛、壬、癸为阴时。阳时，则神居天上，故当用天盘奇、仪、星、门，强盛得地，旺相相生。若地盘强，天盘弱，而阳时用之，为无益。阴时，则神居地下，故当用地盘奇、仪、星、门，强盛得地，旺相相生。若天盘强，地盘弱，而阴时用之，亦为无益。阳时利为客，宜先动，用上强。阴时利为主，宜后应，用下强。为客利先进，为主利后应。利先进，则先进者胜；利后进，则后动者胜。疆场战斗，成败在于顷刻，必预先审度，使有成局在中，然后可以出战。非冒昧而行，既战求胜，可以侥幸成功者也。吉则行，凶则避。若直符使不利，不宜妄动。设贼兵压境，不能待时，则当取三胜之地以出战。三胜者，一直符，二九天，三生门。坐此三胜之地而击其冲，无有不胜。

若遇三奇多入墓，求之美格亦为祸。辟如鬼遁用伏藏，此为用格正相当。

凡局中得三奇者，固吉无不利。然乙木到坤，丙火到乾，丁火到乾，皆为入墓，虽值美格，亦不为吉，用之有凶祸。譬如丁奇与开休门相合，上临九地，为鬼遁，利于伏藏偷劫，谓之用格之正法，若在艮宫大吉。然艮宫为丁奇入墓，用之必主败亡。

自刑伏宫则吉之，请入凶地而击之。

自刑者，甲午到离，甲辰到巽，及伏吟是也。自刑之地，则祸从自起，变从中生。当急速整顿兵士，砍破营寨，以劫掠之。亦须择其门克宫克主之凶地，冲破而砍击之，大胜。

反吟格美求之进，吉凶反掌非为幸。

反吟事多反覆，不利出兵，主中途颠蹶。若得甲加丙，丙加甲，门克宫吉格，则当立刻进兵，转凶为吉，在于此时，如反掌之易。

反吟之时利乱之，击刑之时利诱时。

反吟之时，主反覆颠倒，可以扰乱贼营，乘乱砍杀以取胜。击刑之时，或设伏要路，或藏兵暗地，于是示利以诱之，佯北以引之，使敌入我伏中，起而攻击，无有不胜。

伏吟虽静亦为动，开门九天直符宫。劫寨安民行军得，奇门全在相合同。

伏吟格，天地两盘，奇、仪、星、门皆合同。虽主安静伏藏，不利动作，然亦有利动之时，要择九天伏吟之宫，直符伏吟之宫，开门伏吟之宫，此三伏吟，皆大利。一利偷营劫寨，一利恤众安民，一利行军渡险，此三者最利用伏吟。天地两盘相合同，遇吉重吉，遇凶重凶，为主为客，两者皆利。

美格占之忌重克，天地两盘与时日。甲日逢庚丙遇壬，地克天兮时克日。

美格者，如龙回首、鸟跌穴、三诈、五假、九遁之类，最忌相克。行兵尤忌下克上，或星相克，或仪相克，或门相克。一克其凶犹缓，两克其凶为重。又逢时干克日干，如甲日逢庚时、乙日逢辛时，丙日逢壬时，丁日逢癸时，皆是时干克日干，主下犯上，主胜客，行兵者不可不知之。

三奇要用须符使，乙奇逢己奇旺处。更得休门生气助，莫使惊门来相遇。

三奇最吉，若要用之，须合直符直使两宫，然后得力。如乙奇逢甲戌己，为木克土；又要乙奇到震宫旺地，始为有力；又要合休门水来相生，助之尤妙。若合惊开二门，乙受金克，虽在旺地，为力减半。地下六己，虽受乙克，而惊开金门，为己之子，子能报仇，乙木自救且不暇，安能害人？故主军亦不为灾。

丙奇最喜子逢临，虽得伤门也是欣。若得景门为比助，休门虽吉也相侵。

丙奇属火，临于甲子戊上，甲木生丙火，丙火生戊土，此宫最吉。虽合伤门，亦无伤害。木来生火，火能助丙，亦主胜捷。若合得景门，火以助火，行军大胜。若使休门来合，虽是吉门，而水能克火，反主凶祸，避之为吉。

丁在壬兮相合同，但逢伤杜不为荣。遁逃之时若得此，生门吉助定成功。

六丁加壬，为丁壬相合。若会伤门杜门，一防伤损，一防闭塞，皆不可用。若逃亡绝迹者，逢合最利。但要生门相会，以助之得吉。逃者不得，追者不见。

用奇用合举兵时，下寨安营俱取之。乙在庚兮丁在壬，丙临丁上是同心。奇仪相合两家乘，遇敌应知可罢兵。交合即为和合格，相宜主客议和成。

用奇门，得奇仪相合，则安营下寨，最为吉利，并无凶灾。乙在庚上，为乙庚相合；丁在壬上，为丁壬相合；丙在辛上，为丙辛相合；戊在癸上，为戊癸相合；甲在己上，为甲己相合。两仪相合，天地和同。主客对垒，当罢兵讲和，不战而息兵休戈矣。

安营须用本时占，庚得元武仔细看。若有山兮樵也毒，水边渔父更相参。若从大道行商贾，探听军情也是奸。须得拘留无走漏，园林村墅索其潜。

安营立寨，须用本时推占。只看六庚与元武二者所临之宫，主有贼兵来偷营劫寨，所遇皆是奸细。若在山中，樵夫便是奸细。若在水中，渔父亦是奸细。至于商贾僧道，术士乞丐等，皆系探听我军之奸细，一切概当拘留，毋得走漏。密遣兵将，于村落林木之中，搜索伏匿，必有潜躲之贼。

元武重重内带格，乙在辛上岂利客。备严来劫贼自惊，生旺搜此客伏情。

阳将阴神，两重元武，俱在时干之上。又六乙加辛为龙逃走，辛金克乙木，不利客兵。此时宜整兵严备，必有贼来偷劫，自败而还。若六乙得旺气，即当向此一路搜捉，前途必有伏兵。

辛加乙上利来客，此际占之亦是迫。若无惊开动神位，虽得凶兮无可畏。

辛加乙为白虎猖狂，辛金克乙木，上克下，主客兵大胜，主军破败。若六辛不会合惊开二门，则阴金无力，虽得猖狂，不甚为害。若会休门，则乙奇得助，辛金泄气，主客若交锋，胜败两平分。

年月日格及兼勃，庚丙之气为相逆。倘或日格月勃之，纪纲法令终须失。甲申六庚丙戌时，此为遇勃遭时格。

年月日时干，逢庚为格，庚复加丙为格勃，诸事皆勃乱阻格，颠倒难成。年干为父母，月干为兄弟，日丁为己身，时干为子孙。或以生我之干为父母，我生之干为子孙，比和之干为兄弟，天上时干为己身。合看其所格者，分类以推占之。若天干逢格，地干逢勃，为格勃，主纲常倒置，法度废坏。如甲申庚直符，逢丙戌时，此为时勃，遇格勃，先逢阻格，而后遭勃乱，诸事无成。

天遁生门六丙丁，乘之施令及登程。丙丁气旺生门助，此为用格实精明。

天上生门，合六丙，下临六丁宫，为天遁。其方可以发号施令，出兵行营，要丙丁乘旺气，又得生门助之，可以兴王定霸，威震天下。此用格之法也。

地遁开门六乙己，乙奇得使不为否。设伏安营及埋藏，万用万灵无可比。

天上开门，合六乙，下临六己，为乙奇得使。其方可设伏安营，埋藏兵马，万举万全。

人遁休门共太阴，原来此处可逃形。阴神更兼六合气，用事逢之真为利。

天上休门，合六丁，上临太阴，为人遁，其方可以藏形隐迹。若阴神更逢六合临之，可以择勇将，选贤士，说敌人，和仇雠，举兵列阵，招兵买马，设伏埋藏，大利。

青龙回首真美时，直符在丙相辅之。直符则日为大将，丙气消金性勿迟。甲丙丙甲一同看，纵是六庚相畏之。

直符六甲加六丙，为青龙回首。木来生火，主兵大利，客亦不凶，出师掠地，大振威名。直符为贵神，行兵专主大将。丙火为甲木之子，火能销金性刚烈，遇庚金即克之，不留余地。六丙加甲，为飞鸟跌穴，客兵大胜，主亦无灾，出兵战斗大利。若会合生门相助，则坐生击死，百战百胜。若丙临六庚，则客军大利，所向披靡。

吉门合丙临壬地，雀入江兮实非利。

时干六丙，加于六壬之上，为朱雀投江。虽有三吉门，与丙奇合会，亦不能救。主军得利，客兵败亡，更有文书牵缠，失水之灾。

六仪击刑真是凶，直符天乙遇亦穷。六仪非值终无吉，吉凶轻重义相同。此际切宜逃取吉，勿于此地想成功。子三戌二寅刑四，申八辰四午离中。戌刑在未寅在巽，巽有巳兮申未从。

六仪击刑，此时极凶，不可举动，行兵败亡，诸将损伤，终受刑戮，只宜固守，逃亡绝迹。虽使六仪为直符，遇之亦不可用。若其方位有刑犯不吉，则当避之，另择他方之吉利处，行事为妙。甲子到三宫，甲戌到二宫，甲寅到四宫，甲申到八宫，甲辰到四宫，甲午到九宫，皆为刑击。

入墓丁丑乙丙乾，所谋吉事一无成。

三奇入墓，闭塞不通，暗昧不振，百事皆凶。乙阴木，长生在午，墓于戌；丙火长生在寅，墓于戌；故乙丙到乾为墓。丁阴火，长生在酉，墓于丑，故丁奇到艮为墓。是谓三奇入墓，所谋诸事，百无一成。

刑格之占义实真，庚临己位是凶神。庚癸之格非为鬼，甲寅之将遁从之。本仪甲庚在虎上，庚加六癸大格时。庚加壬兮为上格，庚加甲辰非是敌。只因辰内巳居之，巳本刑申非是吉。六仪击刑在宫位，三格相逢天地施。甲申遇己壬癸上，此方用事实难支。

六庚加己为刑格，加癸为大格，加壬为小格。三格相逢，出兵车破马倒，中途而止，士卒逃亡，慎勿追赶，反招其咎。贼来冲击，彼亦自受刑伤。

直符加庚天乙飞，贼行遇此莫进窥。若至前途必有伏，定然此地带伤归。

直符加庚，为天乙飞宫格，贼来当固守以避之，切勿进兵。前途必有贼伏要害，以俟候我军。若强欲进兵，必受败伤而归。

倘居天乙伏宫中，速去丙丁备来攻。若是安居甲地上，庚凶难抵客成功。

六庚加地下直符宫，为天乙伏宫格，必有贼兵来攻劫我营。将军当速移帐房，到天上丙丁方避之。丙丁火能克金，故将军移营此地，贼来必能败退之，而别调精锐于直符方上，以防御贼至。若安居于直符之宫，则必受贼之伤残，反使贼得成功。

飞格俱从天乙飞，伏宫皆随天乙伏。

遇飞宫格，则将军当随天上直符而飞；遇伏宫格，则将军当随天上直符而伏。飞则远避，勿得进攻；伏则隐伏，勿得举动，庶免灾危。

五不遇时时克日，小人作事多利益。更兼元武相得气，此际占之贼势利。

时干克日干，为五不遇时。是下犯上，贱妨贵，主小人得利，君子道消。若更遇元武，主贼势猖獗，门宫得气，不可抵御。

丁临六癸雀入江，为主之客喜飞扬。为客强行终取败，定然将士带刑伤。

六丁加癸，为朱雀投江。下克上，遇交战，主胜客败。若欲先发兵攻人而为客，必主大败，将士刑伤。

六癸加丁蛇夭矫，为主困守莫自骄。倘然遇敌终遭害，急迁戊己可逍遥。

六癸加丁，为螣蛇夭矫。上克下，主君宜固守。倘有贼来攻我，切勿对敌，若交战必败。将军急宜迁移帐房到甲子戊、甲戌己两土宫。以土能制癸水，贼来不能为害。

三奇入墓并时日，倘或得一去乘之。所为动作皆无吉，叠叠相逢当避之。丙戌之日莫临乾，艮中丁丑一同看。壬辰巽上须知避，乙未应知坤不安。坤方本是甲之墓，乙未木墓日相连。日暮之方奇又墓，纵有铁骑也徒然。

三奇入墓者，乙奇到坤，丙奇到乾，丁奇到艮。又值日时入墓，如乙未、丙戌、丁丑是也。阴阳各有所墓，倘遇其一，即为凶。若层层叠叠逢之，当宜急避，如交锋，必主大败，片甲无存。

三胜生门及九天，直符天乙最为权。直符更得生门助，万举万全无差误。

三胜地者，生门、九天、直符三宫也，最为吉庆。行兵交战，当击其冲，士卒一可当百，万举万全，敌兵大败。

丙加直符真为利，客军得用为生气。甲加丙上主坐之，此时为主真生地。

丙加甲，利为客，宜高旗击鼓，呐喊前征，必得大胜。甲加丙，利为主，宜衔枚暗渡，设伏埋藏，后出应敌，必主大胜。

本宫阳将及门仪，阴神余气细求之。眼前见凶看阴余，阴余有喜终见喜。倘若搜索俱为凶，此际逃遁不为否。

凡作事出行行兵之本宫，看直符之阳将，及使上之阴神，与夫天盘门仪上之余气，细细推详。若逢凶格凶门，或门宫迫制，或奇仪克墓，凶祸相临，须查阴神。得吉将，余气复旺相相生，则其凶祸，不过眼前一时之灾，终久得胜。若搜索阴神又凶，余气休囚，无一善状，则兵败如山，不可抵止，急速移营，待吉时再举。

阴余所喜直符临，并兼六合及生门。但得逢门必可行，取用伤门及九天。莫逢白虎见伤残，杜门必须藏匿顺。死中有救可逃迁，景门虽喜不为绵。惊气逢忧必是忧，休门坚守不为愁。

凡作事出行行兵之本宫，阴神余气，最喜遇着直符临之，为吉利，行兵必能转祸为福。其次喜六合来临，主贼军中有人来求和，或求归降，事必成就。又要合生门以助之，兵必大胜。但逢吉门，便可出兵。若交战，最利伤门，合阴神上之九天，战必胜，攻必取。若阴神得白虎，则兵将皆有败衄伤残。得杜门，则伏藏兵马，以暗计取胜。得死门，不利行兵，当移营逃遁，避贼凶锋。得景门，火性燥烈，虽可出战以取胜，只不耐久，胜后即当收兵自固，若再进，便防败衄。得惊门，不可出兵，出必遇贼，惊惶自乱。得休门，只宜坚守安静，休兵养锐。各随所合之门，以知兵之胜败也。

翻变阴神暗余气，阴神八将起于使。余气天盘家必是，旺相休囚门宫视。龙从此处得其真，展翅飞腾万法生。阴余即是翻与暗，借神搜索真无算。

将神者，八将也。阳将者，以八将直符，加于天上本时六甲旬头而行。阴神者，以八将直符，加于天上直使之宫而行。时干为阳，故干上之将为阳将。时支为阴，故门上之将为阴神。同一八门也，一加于干上，一加于支上，两边相合而翻出吉凶。吉能变凶，凶能变吉，故曰"翻变"。干上之将吉，又要门上之将吉。若干上之将凶，得支上之将吉，则其凶可救。若支上之将又不吉，则其凶败不可救矣。余气者，以天上八门之五行，权四时之气候。当时者为旺，我生者为相，我克者为休，克我者为囚，生我者为废。假如休门属水，旺于亥子月，相于寅卯月，休于巳午月，囚于辰戌丑未月，废于申酉月，余皆仿此。余气得旺相相生之气，其吉愈吉；逢囚死之气，则虽得吉门，无可用之。气之旺相休囚，各随四时而定，无有形迹，故曰"暗余气"。是故星仪门将，遇凶未可竟言凶，遇吉未可竟言吉。必查直使之阴神，八门之余气，然后可以定之。若阴神余气，合得吉，始为全吉。凡行兵出阵，进退无阻，纵横自如，展翅飞腾，随我行向，无不胜捷。此乃借将神，借时令，以搜索其吉凶，灵应无比也。

旺相休囚即从门，吉凶反掌此处论。旺相之义非时候，生不生兮死不死。吉凶全凭余气救，生则生兮死不死。若论八门气何所，开则通兮杜则阻。景门小喜不久长，休为藏聚不飞扬。伤能转运捕捉获，惊是忧惶岂得昌。

天上八门，当审其旺相休囚之气，此气即所谓"余气"也。八门之旺相休囚，相值时候，则吉凶互易，如反掌之易。假如休门为吉门，值冬月到坎宫，得旺时，居旺地，则吉者愈吉。又如惊门为凶门，值夏月到离宫，得囚时，居囚地，则凶者不能为凶。若八门不得生旺之气，则生门不生，死门真死。若余气有救，则生门得生，死门不死，各门皆然。开则四通八达，杜则闭塞阻滞。景门发扬振作，得喜而不久长；休门休息聚会，而勿扬兵。伤门则可运粮而并捕捉，惊门则惊惶忧惧而多怪异。若未合时候者，吉凶未可据定。

天地定位，风雨无差。吉凶自呈，何用羲经。天地能变，风雨无算。六甲无主，门气难处。疆场之气，最为灵举。须自知之即有神，若是占之宜谨慎。何如生克化其真，进退吉凶从此断。门仪神将细搜寻，决此天机真骨髓。

天地高下，乾坤定位，则风雨应期，无有差忒。而奇门之天地两盘，亦如天地之安静定位，则风雨自有常期，吉凶自有定准，不必揲蓍求卦，搜寻爻象也。若天地两盘，各有生克变化，则风雨难定，必当搜索局中，以定期刻。六甲直符行于九宫，各有生克；八门休旺，各随时候，俱难定准，必于盘中参考之。至于疆场战争之事，查看局中胜败存亡，尤为灵验。但须占者自知之，以运用神妙之术。要谨慎隐秘，视其生克变化之真机，与夫进退吉凶。元奥皆从八门、三奇、六仪、阳将、阴神、余气，搜寻占断以知之，不可徒事口耳，以泄漏元机也。

法在天兮用在人，物占之应莫搜奇。壬先射覆奇克应，恍惚之中用便时。忽然午未难分别，或言辰巳是和非。此乃轩辕定时法，静中察物辨其宜。

奇门之法，元奥难知，如天之高而不穷。然天地间，事事物物，悉在其中，吉可趋，凶可避，造化可以挽回，随问随答，不假思索。顺乎天而不杂以人，自然吉凶之验，如响应声，无所不灵。切勿以私心搜索元奇，以涉于伪妄。六壬以射覆为先锋，奇门以克应为微妙，触机即发，物来顺应，凡有所遇，恍惚之中，或用当下正时，或随便撮取一时，布局推占。云翳雨濛，皆用此法，不必搜求时刻，只要静心理会，无有不验。

甲乙自然体象木，丙丁火性定无移。戊己中央必是土，庚心壬癸水金仪。直木方土金主圆，水形湾曲火形尖。木蓝土黄金色白，火为紫赤水为元。长胜他兮即木体，偏斜尖削火形占。形兼方正土为主，金末砂尘也是圆。多纹多曲皆为水，五行分属并无偏。

此以三奇六仪，推占克应之法。甲乙属木，体长，色青蓝。丙丁属火，体偏斜尖削，色紫赤。戊己属土，体方正，色黄。庚辛属金，体圆破碎，色白。壬癸属水，体多纹湾曲，色苍黑。

蓬星为白芮星黑，冲是碧兮辅是绿。中央禽将色为黄，心星色白柱星赤。任星白兮亦兼黄，英星紫兮犹兼赤。追体之时有生克，总然消长搜其实。

此以九星推占克应之法。天蓬水星，其色为白。天芮土星，其色为黑。天冲木星，其色为碧。天辅木星，其色为绿。天禽土星，其色为黄。天心金星，其色为白。天柱金星，其色为赤。天任土星，其色为白。天英土星，其色为紫。而其物之方圆曲直，亦如奇门之法推之。其物之多少新旧全缺生死，皆以生克衰旺推之。

直符贵贱及钱财，本是青龙木属排。螣蛇非丑多形怪，假作空虚异处裁。太阴雕琢文书事，又兼飞物并毛羽。六合原来是布帛，果食相连上下交。白虎物烈多伤损，铁石相兼破及危。元武通灵不测物，水族胎形字迹随。九地之司光不佳，深藏旧物及神祇。九天利器及盘旋，更得有声与有足。

此以八将推占克应之法。直符属六甲，为青龙，是贵神，主尊贵之物，及银钱财帛。螣蛇主丑陋怪异空虚花假之物。太阴主雕琢刻镂，及文书字迹，或羽毛飞动之物。六合是布帛果实，二体交连合之物。白虎是燥烈损伤之物，或铁石之类，其体必有破坏，兼有锋芒。元武是水中鱼蛇卵蛋，字迹屈曲多纹之物。九地是故旧神像，糊涂暗昧不明之物。九天是刀蚓旋转活动，有声有足、光亮玲珑之物。

甲乙之气是青龙，木体苍然直瘦同。更有丝麻兼布帛，总然花果属相从。丙丁之物朱雀是，彩体华形状若尖。更有文书兼字迹，羽毛飞舞属相连。戊己之属是螣蛇，形若盘旋有口斜。物属土形方且厚，沙与磁器真不谬。庚辛白虎属是金，体洁有坚若有声。阳气在时真铁石，阴强必定是金银。壬癸之属元武是，两体相成形假如。鳞甲水中一切物，更兼水曲及珍珠。

此以时干推占克应之法。甲乙属木，故其物青苍直瘦，或丝麻布帛花果之类。丙丁属火，故其物华彩偏斜尖角，文字飞动羽毛之类。戊己属土，故其物盘旋，有口，方厚，磁器砖瓦之类。庚辛属金，故其物坚实，洁净有声之物。在阳宫是铁石，在阴宫为金银。元武属水，故其物多纹湾曲，鳞甲珍珠水族之物，或其形状皆两体合成一物。

休为坎坑象，包裹亦相同。生是初成物，身如山体隆。伤为转动者，其气附青龙。杜有难通利，非成无有终。景气必奢华，光芒体似霞。死中无活物，体废定无差。惊气多伤损，有口及歪斜。开门通利物，刚健动相加。

此以八门推占克应之法。休门属水，故其物有坑坎缺陷，外有包裹。生门属土，是新成之物，其身高大，如山之有峰峦。伤门属木，故其物能震动，有响声。杜门属木，故其物闭塞不通，尚未成就者。景门属火，其物华彩，有光芒，皎洁可爱。死门属土，其物死而不活，且废缺不全。惊门属金，其物伤损缺口，歪斜不正。开门属金，其物圆转通利，刚健能动，是官贵家所存者。

诸物形体有分属，将神主管各归宗。上衣下裳成六合，丝麻布帛是青龙。石为白虎金同主，九天金主石难同。元武螣蛇俱转变，再观利器九天重。直符常为首领物，元武多来下物看。太阴六合交合物，有声飞舞入九天。歪异螣蛇伤是虎，元武乘之有秽污。

此以阳将阴神，推占克应之法。诸物之形体，遇六合为上衣下裳，相和合而成一物。青龙即直符，为丝麻布帛之物，白虎为金石之物，九天为金铁之物。元武螣蛇相合，其物能转移变动者。白虎九天相合，为利器刀枪。直符是首上之物，元武是下体之物。太阴六合相合，是两体相合文彩之物。九天是飞扬有声之物，白虎是伤残之物。螣蛇是怪异歪斜之物，元武是污秽不洁之物。

击刑之物必无全，定为身伤体不坚。更逢刑格占同类，不缺身躯少半边。入墓之物不遇时，更兼美物不扬之。天乙飞宫将欲损，动之破败真有准。伏宫之格埋藏物，此物常藏不常露。玉女守门物喜食，阴私和合喜盈溢。青龙逃走受损伤，本物身形将有失。白虎猖狂口大开，一般美物忽然衰。白入荧兮因火成，荧入白兮因火败。丁合重重何所主，兼之饮食妇人依。青龙回首钱财进，旺相休囚是纵机。飞鸟跌穴文书至，门神气内合其宜。五行属主多全备，一一挨排仔细推。合体合形合其的，总然灵应要相随。取其配合各相当，多生多喜多光辉。多死多伤多破败，阴阳变化依此推。

此以诸格推占克应之法。击刑刑格，主刑伤破败，其物必主伤残破缺。奇仪入墓，必非应时之物，暗晦无光彩。天乙飞宫，将损未损，动之方破败。天乙伏宫，其物隐藏不露，无人见者。玉女守门，其物从饮宴中来，阴私和合之物。龙逃走，其物受伤，身形破缺。虎猖狂，其物有口而张开，美物忽变为丑恶。白入荧，是火中煅炼而成者。荧入白，是为火所烧毁而败者。上下两丁相合，玉女重重，当有酒食欢迎，妇人归依者。龙回首，钱财进益；鸟跌穴，文书到家。总以八门阴神余气旺相休囚推断之，天地两盘，推排无差，自无不验。其奇、仪、星、门，多生则多喜，有光辉；多死则多伤，有破败。

人取年干为命，生时之局为定。便取本命为题，次看九星何宜。

推人年命，以本人生时奇门之局为主，然后即于局中搜寻本生年干支之局，即为其人之本命。取其本命之局，以推人一生之穷通夭寿，吉凶祸福，妻财子禄，俱可知也。

正时推占重时位，符为我今使为配。

此不知本命，而以正时推占命运也。天上直符宫之星仪门将为本身；符下地盘之星仪门将为住宅，为子孙；直使之门为立业，为妻妾，为官职，为客旅；直使下地盘之星仪八门为地头，为任所，为子女。

生我之干为父母，我生之干为子息。比肩即是兄弟，克我官禄并疾。我克妻位及财，阴阳分别宜忌。十干之气本流通，命数相逢有吉凶。合用奇仪评消长，九宫休旺视门中。

推人年命，以局内年干为主，以正时推占，则以局内天上时干为主，查看各宫。凡奇仪之生我干者为父母，我干所生之奇仪为子息，与我相比肩之奇仪为兄弟，奇仪之克我干者为官、为疾厄，我干所克之奇仪为妻妾、为财禄、为奴仆。皆以奇仪之阴阳，分男女贵贱。以八门之生克休旺，以定各属之吉凶。

父母休兮亲更切，兄弟爱敬心诚竭。子孙不合聚与藏，官禄安稳病难灭。妻妾当为重似珍，财帛丰隆永不绝。

休门主休养安和。父母逢休，父慈子孝，和气蔼然。兄弟逢之，真心爱敬，无分彼我。子孙逢之，少有和合，各守家园。官禄逢之，功名唾手，职位安稳。疾病逢之，阴虚暗疾，延拖难愈。妻妾逢之，幽闲贞静，和谐得助。财帛逢之，钱财进益，滔滔不绝。

父母生兮光最重，兄弟和顺且多情。子嗣兴旺及忠诚，官禄荣华无疾生。妻女和同诚且贞，生平财帛自嘉亨。

生门主发生安闲。父母逢生门，主财禄旺相，安富尊荣。兄弟逢之，和顺爱敬，情谊深切。子孙逢之，家道兴隆，义高德厚。官禄逢之，官职高升，荣华赫奕。疾厄逢之，身躯强壮，无灾无疾。妻妾逢之，和顺贞洁。财帛逢之，积聚富厚。

父母伤兮半似萍，兄弟交谊淡无情。子嗣气美多振发，官禄颇佳疾不成。妻妾才德调内治，欲多财帛用辛勤。

伤门主震动伤残。父母逢伤门，残忍寡爱，性若浮萍。兄弟逢之，一生不和，无情无义。子孙逢之，后嗣美丽，振作英发。官禄逢之，显赫威权，亦多掣肘。疾病逢之，手足拘挛，骨节疼痛。妻妾逢之，才德俱全，内治有力。财帛逢之，谋运奔走，辛勤成家。

父母杜兮难达，兄弟不堪交接。子嗣欲得阴功，官禄难分病息。妻妾性难调和，晚年方许财帛。

杜门主闭塞无为。父母逢杜门，一生蹇滞，牢守家园。兄弟逢之，彼此睽违，情同陌路。子孙逢之，艰生少育，须藉阴功。官禄逢之，仕途蔽塞，难得职位。疾厄逢之，少病少灾，风症宜防。妻妾逢之，心性闭涩，难以调和。财帛逢之，少年贫窭，晚来方裕。

父母景兮假爱，兄弟面目相待。子嗣生多实少，官禄疾病年少。妻妾初和后怨，财帛虚花实算。

景门主张大虚花，事无实济。父母逢景门，主浮躁虚假，狂风疾雨。兄弟逢之，无情少义，面上虚文。子孙逢之，生产难育，继养螟蛉。官禄逢之，少年早发，忽升忽降。疾病逢之，风火暴症，易作易止。妻妾逢之，聪明智慧，心性乖舛。财帛逢之，以无为有，虚张实少。

父母死兮难济，兄弟莫伸仁义。子嗣虽有若无，官禄疾厄无气。妻妾见克方存，财帛耗伤聊聚。

死门主死亡败绝，凡百无成。父母逢死门，病不离床，死亡相继。兄弟逢之，无情少义，刑克伤亡。子孙逢之，刑伤忤逆，虽有若无。官禄逢之，功名不遂，南亩终身。疾病逢之，有病难疗，终至殒生。妻妾逢之，必有死亡，继室方安。财帛逢之，虚耗伤败，聚散不常。

父母惊兮难稳，兄弟两两存心。子息才多少德，官禄散迁并疾。妻妾位内不和，财帛虽有无多。

惊门主惊慌不安。父母逢惊门，生平多恐，父子不和。兄弟逢之，乖戾欺妒，各使神通。子孙逢之，恃才矜夸，刻薄少情。官禄逢之，凶险地面，散职闲员。疾厄逢之，卒暴惊险，危笃傍徨。妻妾逢之，诡诈口舌，夫妇不和。财帛逢之，寡少难聚，入不偿出。

父母开兮性似萍，兄弟疏淡半无情。子孙在此多聪俊，官禄丰隆疾不侵。妻妾多贤及多德，资财虽聚非有益。

开门主豁达开畅。父母逢开门，性不真切，浮泛相侍。兄弟逢之，意不相联，似亲非亲。子孙逢之，聪明俊秀，科甲贵显。官禄逢之，功名显达，职位高迁。疾厄逢之，一生少病，强健安和。妻妾逢之，正直果决，内助贤能。财帛逢之，资财难聚，聚亦易散。

直符天乙为多吉，螣蛇古怪半虚花。太阴谋算非全美，六合多欢岂是伪。白虎伤残多破损，元武心灵诡诈准。九地暗晦少繁华，九天无情宁是假。

此以八将推占人命之法。直符为贵神，加本命，非贵即富，正直端方，人皆尊敬，生平有吉无凶。若加于别宫，各以其类推占。螣蛇加本命，做人必古怪难交，言语欺诳，作事虚花，有名无实。太阴加本命，一生善于计算，阴谋诡计，终无良策。六合加本命，心性和同，恩仇一类，善恶无分，同流合污。白虎加本命，做人残刻无情，所遇伤损，一生破败。元武加本命，不是穿窬，①便是劫盗，立心阴险，做事恶毒。九地加本命，主阴谋晦

---

① 穿窬，读作 chuān yú，指凿穿或爬越墙壁进行盗窃。

滞，昏迷度日，毫无光彩之色。九天加本命，虚张声势，假装门面，实少情义，不可依仗。

探取格局命宫占，星吉仪安生气全。若得将神为我用，格高元内占为天。若寻子午卯酉位，或一合一定无偏。五行全备为生气，上下循环为转旋。此乃占之为尊格，五行迫逆莫枝连。旺气最喜阳生明，不堪阴气迫相兼。占之性气何所主，旺相休囚将性看。

此以格局推占人命之法。凡人本命之宫，要六仪无克，九星不投墓库击刑之乡，不合凶格，宫门相生，阳将阴神，逢直符、太阴、六合、九天扶助，又落在子午卯酉四正宫，又属阳时阳星生旺，此为最尊贵之高格局。主其人才学出众，安富贵荣，科甲连登，官居极品，出将入相，封先荫后，贵极之命。而其气性，即于八将、九星、奇仪、八门之旺相休囚定之。

坐之青龙，属之仁风。乘之美格，多始多终。腾蛇之性，虚戏无诚。成之败之，多疑多吟。太阴之才，多谋多为。刚柔其性，廉洁其德。六合多情，心性如萍。男无悭吝，女有妖淫。白虎金神，性急无情。女则多伤，男则多刑。元武诡谲，穿窬盗贼。性多奸诈，暗地筹画。九地濛濛，其质多恭。幽隐暗计，为毒为凶。九天锵锵，其气扬物。无私无曲，为暴为刚。

此又以八将推占人性情。六甲为直符，属青龙，其人仁厚温和。若合得天格更妙，作事有始有终。腾蛇之性，虚花不实，无有诚信，多猜疑，善呻吟，有成有败。太阴多谋多为，能刚能柔，性则廉洁。六合面面有情，心无专主，不生悭吝。女命逢之，淫乱污秽。白虎性刚激烈，逼迫无情，有杀伐之心，遭刀兵之惨，在女人则有伤损。元武性多奸诈，不是穿窬，便是劫盗，暗地谋人，人难防避。九地心性昏濛，禀质重厚，能阴谋，善筹画，作事能下毒手。九天性气发扬，浮躁刚暴，英气逼人，令人难当。然心无私曲，挈日月而行，不为暗昧事。

十干迫制不堪当，甲乙金宫怕性刚。丙丁坎内宜无吉，戊己原来惧杜伤。庚辛离上为仇敌，壬癸俱愁生死方。

　　此以十干迫制，推占人命之法。甲乙属木，加于乾兑两金宫，甲被金克。金旺木衰，则主有折伤之祸；木旺金衰，则木无恙。丙丁属火，加于坎宫，被水克之。水旺火衰，则主有灭亡之祸；火旺水衰，则火无害。戊己属土，加于震巽两宫，土被木克。木旺土衰，则有痈疽①疮毒之患；土旺木衰，则土无伤。庚辛属金，加于离宫，金受火克。火旺金衰，则有痰火嗽痨之病；金旺火衰，则金无恙。壬癸属水，加于坤艮两宫，水被土克。土旺水衰，则有下元虚耗之灾；水旺土衰，则水平安。凡门宫奇仪同宫，相克犯，亦如此法占之。

　　九宫最喜是天乙，螣蛇白虎有疾厄。太阴诸宫俱发之，六合不堪女淫佚。元武最喜厄并财，九地藏财为大吉。九天烈性何所宜，官禄命宫真有益。

　　此以八将加宫，占人年命。八将之中，最喜是直符贵神。命宫及父母、兄弟、子孙宫遇之，必主富贵荣华。螣蛇、白虎加之，必主有疾病。太阴吉神，不拘何宫加之皆吉。六合之宫，百事和谐。惟妻妾宫最忌之，有此必主淫佚无耻，丑声远播。元武各宫俱不宜，惟疾厄宫加之，则终身少病；财帛宫加之，则善聚金钱，必成富翁。九地幽暗闭藏，诸宫不喜，疾厄宫遇之尤不喜，必至死亡。惟财帛宫逢之吉，金银满室，贼盗不能偷劫。九天性烈，他宫不宜，惟官禄宫逢之，则主功名显达，职位高迁。本命宫遇之，尤为喜庆。

　　宫中合格有忌宜，三遁不宜为中吉。甲丙丙甲诸位尊，岂堪疾厄为上格。金临火位财有耗，火临金位为疾病。螣蛇天矫俱为凶，朱雀投江厄内厄。小格大格并入墓，天网击刑伤且祸。诸凶最喜疾厄宫，又有相同及不同。螣蛇天矫生怪异，不堪疾厄最为凶。诸般美格俱喜之，此是疾厄当忌时。

　　此以所合格局，推占人命法。诸格中有宜有避，如天地人三遁是吉格，

---

① 痈疽，音 yōngjū，毒疮。

而人命宫中得之则不吉，只可安守家园，不能显达。惟甲加丙，丙加甲，各宫皆利。而疾厄宫得之，又主一生疾疾缠绵。太白入荧惑，作事受亏，一世贫穷。荧惑入太白，火旺克金，嗽痨喘急。六癸加丁，昏迷惑乱，事事伤嗟。六丁加癸，忧愁惊恐，自投刑狱。庚加癸为大格，庚加壬为小格，庚加己为刑格。奇仪入墓，天网四张、击刑、自刑诸凶格，逢之俱有刑伤阻格；惟疾厄宫逢之，则无灾无疾。若逢关格、反吟、伏吟，主反胃痞塞。腾蛇夭矫、白虎猖狂，不利疾厄，逢之必主久病淹缠，怪异癫狂之病，有性命之忧。其余诸美格，疾厄宫中皆喜之。

直符九星透义易，临宫配卦占凶吉。更有门宫配卦法，阴阳动静互相质。爻中纳甲配宗亲，穷通寿夭六位陈。世是命兮身是应，若居吉位显尊荣。大限阳升阴即降，便从命上起初终。小限升沉反于此，周而复始出身中。再查贵神与禄马，刑冲破煞及三凶。

此以直符直使，所到之宫，配合重卦，以推人年命。直符之九星为上卦，地下之宫为下卦，合之成重卦。此以占男子，占在家，及本身之吉凶。直使之门为上卦，地下之宫为下卦，合之成重卦。此以占妻妾，占妇人，及出外经营仕进之吉凶。既成卦象，配以纳甲，取其生克，加以六亲，世爻为命，应爻为身，大运以轨数取之。视世爻之策若干，分阴阳老少之数，再加纳甲干支，先天之数，共得若干，以卦爻六数去之，用余数为初限；倍余数，去六数为中限；倍中限，去六数为末限。每爻十年，周而复始，此大运也。大限自世爻起，阳爻自下而升，阴爻自上而降，五年一爻，周而复始。小限亦从世爻起，阳爻自上而降，阴爻自下而升，周而复始。再查贵神禄马到何爻，刑冲破煞在何位，则穷通寿夭，贫富贵贱，皆可预知。详具别卷。

择日须知兼所忌，本命行年宜畏避。三奇要识五行全，六神随运看兴替。莫将次第说盛衰，泊宫本位君须记。数重刑害数重丧，几处凶神几祸至。纯阳不利纯阳龙，纯阴不利纯阴地。自刑一遇便遭凶，造命荒唐岂为利。龙虎二符遇三奇，若能得地偏多喜。阴阳对照百神藏，胜于九宫数尊帝。此是通元经内文，句句真诠须细味。

此系选择吉日法也。凡本命行年，不可遇刑冲破害，符使要得吉星方吉，若遇凶星凶门，必遭殃祸。自刑之日，尤不可用。至于《通书》中选择，必造成一命局，尤属不通。甲辰壬，甲寅癸，一为天网，一为地网，俱不可用。然得三奇相合，反能召吉。一切起造营葬，总得太阳对照，百凶皆避，不敢为殃。

阴阳二遁分三元，逆顺诸宫自具陈。第一随年求太岁，次看月建打头轮。月建轮流分善恶，分明更检九宫因。乾坎艮离为吉宿，坤兑震巽是凶宾。中宫土宿非良曜，九座维兹要杀人。超神接气能无误，择日临方是此真。

年月日时，俱分三元。年月俱用一四七阴局，日则冬至后用阳局一七四，夏至后用阴局九三六。阳顺行，阴逆行。第一要查太岁在何宫，次查月建在何宫。即将年月干支所到宫之星，吊入宫中，顺飞九宫，以查生克吉凶。假如阳一局，以一宫起甲子，二乙丑，三丙寅，四丁卯，如丁卯年月，即以四绿入中宫，五黄飞出在乾，六白在兑。九星所到，各有吉凶。惟五黄最凶，到处犯之，无有不伤。人口选择，宜慎之。

随日既能神妙用，再从月建觅游神。从建求来起太岁，只将太岁避凶神。丧门岁前二宫是，官符岁后八宫分。此是三神游地下，犯之立见祸相侵。太岁原为地下君，犯之飞祸入门庭。受祸无非是家长，一家沦落不由人。丧门偏要收魂魄，犯之丧祸便临门。死者就中多少壮，常闻哭泣聒比邻。官符自古招官讼，犯者纷纷起斗争。枷锁狱中无计免，他时流泪不由人。岁破之星忧宅母，白虎丧讼小儿凶。病符灾疾忧家长，吊客死符丧祸重。惟有太阳并福德，添丁生子制诸凶。太阴除病家生女，龙德能消瘟疫空。此是仙人真秘诀，凡夫莫与论其踪。

此论择日，以十支方取太岁定吉凶也。以地盘岁支位上，起一太岁，二太阳，三丧门，四太阴，五官符，六死符，七岁破，八龙德，九白虎，十福德，十一吊客，十二病符，顺行十二宫。犯太岁，杀宅长，大凶。修太阳，能制诸煞，移床此方，必生子。犯丧门，主死丧哭泣。修太阴，散病患，主生女。犯官符，主口舌官讼。犯死符，主灾病死亡。犯岁破，杀宅母。修龙德，散瘟讼。犯白虎，主哭泣死亡，杀小儿。修福德，添丁生子。犯吊客，主丧服。犯病符，主疾病。

极究机中元奥，凡占俱备无空。观之宫内何主，次搜消息吉凶。泄尽天机元妙，当为圣主图功。虽得千金勿授，妄传小辈兴戎。若将此法轻言，罪犯天诛不宥。谨藏金匮玉函，更宜三缄其口。

此赋发尽奇门元奥，诸事皆备。先观符使两宫，是何格局，有无生克，是否刑墓。然后搜寻其吉凶而详断之，得其要妙之法。可以占卜百事，可以趋吉避凶，可以营造驱遣。战必胜，攻必取，兴王定霸，建功立业，宰制六合，传名千古，真济世之宝也。若妄传匪类，使得其法，兴兵造乱，屠毒生灵，为害不小。慎之重之。